iyi ki kitapla
www.timas.

fatma aliye

uzak ülke

FATMA KARABIYIK BARBAROSOĞLU

TİMAŞ YAYINLARI
İSTANBUL 2008

fatma aliye
uzak ülke

FATMA KARABIYIK BARBAROSOĞLU

Bu kitap
Emine Eroğlu'nun yayın yönetmenliğinde,
Seval Akbıyık'ın editörlüğünde
yayına hazırlandı.
Kapak tasarımı **Ravza Kızıltuğ**
tarafından yapıldı.
İlk 2 baskı 2007 Ocak ayında
toplam 5.000 adet,
3. baskı 2008 Ekim ayında 1.500 adet
olarak yayımlandı.
Kitabın Uluslararası Seri Numarası
(ISBN) : 978-975-263-506-7

Baskı ve cilt:
Sistem Matbaacılık
Tel: (0212) 482 11 01

TİMAŞ YAYINLARI

Adres: Alayköşkü Cad. No: 11
Cağaloğlu / İstanbul
Telefon: (0212) 511 24 24
Faks: (0212) 512 40 00
Posta: P.K. 50 Sirkeci / İstanbul
e-posta: timas@timas.com.tr
www.timas.com.tr

TİMAŞ YAYINLARI/1585
ROMAN DİZİSİ/70
KÜLTÜR BAKANLIĞI YAYINCILIK
SERTİFİKA NO: 1206-34-003089

fatma aliye

uzak ülke

FATMA KARABIYIK BARBAROSOĞLU

FATMA KARABIIK BARBAROSOĞLU

Afyon'da doğdu. İstanbul Üniversitesi Edebiyat Fakültesi Felsefe Bölümü'nü bitirdi (1984). Aynı bölümde, Türk-İslam Felsefesi Anabilim Dalı'nda "Tasavvufi Eğitimin Değerlendirilmesi" başlıklı teziyle yüksek lisans eğitimini tamamladı (1987). İ.Ü. İktisat Fakültesi Sosyal Yapı-Sosyal Değişme Anabilim Dalı'nda "Modernleşme Sürecinde Moda-Zihniyet İlişkisi" başlıklı teziyle sosyoloji doktoru oldu (1994). Yazar, 2001 yılında Gün Akşamsızdır adlı öykü kitabıyla Türkiye Yazarlar Birliği 2000 değerlendirmesinde yılın hikâyecisi seçildi.

Yayınlanmış eserleri:

- *Moda ve Zihniyet (inceleme)*
- *İmaj ve Takava (makaleler)*
- *Şov ve Mahrem (inceleme)*
- *Sözün ve Sükutun Renkleri (deneme)*
- *Okuyucu Velinimetimizdir (deneme)*
- *Ramazanname (deneme)*
- *Otobüsname (deneme)*
- *Acı Deniz (öykü)*
- *Gün Akşamsızdır (öykü)*
- *Senin Hikayen (öykü)*
- *Ahir Zaman Gülüşleri (öykü)*
- *İki Kişilik Rüyalar (öykü)*
- *Bahçeler ve Sokaklar (öykü)*
- *Hiçbiryer (roman)*
- *Uzak Ülke: Fatma Aliye (roman)*
- *Kamusal Alanda Başörtülüler (inceleme)*
- *Medyasenfoni (roman)*

Fatma Aliye Hanımefendi'ye
96 yıl önce,
Ahmet Mithat Efendi, "Bu kitap sensin" diyerek
satırlar üzerine kaydedilmiş hayatınızı,
verilebilecek "en güzel hediye" olarak takdim etmişti size.
Vefatınızın 70. yılına armağan,
bu defa bendeniz,
huzurunuza "sizi" ve dahi "bizi" getiriyorum.
Lütfen kabul buyurunuz.

dip hikâye

Bu kitap, üst üste binmiş arayışların kitabı.

Ben, Fatma Aliye'yi aradım.

Yaşadığı çağda, çağdaşlarından ve kendinden geriye kalan hayatlarda. O, mümin bir âlime olarak, muasır medeniyetlerde Osmanlı kadınına yer aradı.

Romanlar yazdı.

Makaleler yazdı.

Mesajı kaleminden önde koştu.

İmparatorluktan geri kalan, harflerden de çekilirken, Fatma Aliye de kendi kaderine çekildi.

1926'dan, öldüğü tarih olan 1936'ya kadar evden kaçan kızını aradı.

Ulaşabildiği kızı değil, kızının tanassur edişinin hikâyesi oldu.

Kızı İsmet, Katolik rahibe olarak ruhunu teslim etmiş İsmet, evden ayrıldıktan sonra, annesine kendisini bir daha hiç göstermedi.

Oysa Ahmet Cevdet Paşa'dan kalan bütün mallar 'bulunacak kızın' uğruna harcanmıştı.

Modern Türkiye Cumhuriyeti'nin ilâhiyat profesörleri ile Osmanlı bakiyesi Rahibe İsmet Topuz, zamanın bir yerinde, Tunus topraklarında bir fotoğraf olarak kayıtlı kaldı. Kendisini Ahmet Cevdet Paşa'nın torunu olarak karşılamaya hazır olanlardan tek bir ricası oldu. Kimliği hakkında asla konuşulmayacaktı.

Konuşulmadı.

okumak

1862

* Bismarck, Prusya Başbakanı oldu. * Victor Hugo "Sefiller"i, Ivan Turgenvey "Babalar ve Oğullar"ı yazdı. * Amerikalı yazar Henry David Thoreau öldü. * Yunanistan'da Kral I. Otto askeri devrimden sonra istifa etmek zorunda kaldı. * Fransız Besteci Debussy öldü. * Lion Foucault, ışık hızını ölçtü. * Johann von Lamont, yeryüzü akımlarını keşfetti. * Kızılhaç'ın kurulması fikri ortaya atıldı. * Bismarck, Prusya Başbakanı oldu. * Victor Hugo "Sefiller"i, Ivan Turgenvey "Babalar ve Oğullar"ı yazdı. * Amerikalı yazar Henry David Thoreau öldü. * Yunanistan'da Kral I. Otto askeri devrimden sonra istifa etmek zorunda kaldı. * Fransız Besteci Debussy öldü. * Lion Foucault, ışık hızını ölçtü. * Johann von Lamont, yeryüzü akımlarını keşfetti. * Kızılhaç'ın kurulması fikri ortaya atıldı. * Bismarck, Prusya Başbakanı oldu. * Victor Hugo "Sefiller"i, Ivan Turgenvey "Babalar ve Oğullar"ı yazdı. * Amerikalı yazar Henry David Thoreau öldü. * Yunanistan'da Kral I. Otto askeri devrimden sonra istifa etmek zorunda kaldı. * Fransız Besteci Debussy öldü. * Lion Foucault, ışık hızını ölçtü. * Johann von Lamont, yeryüzü akımlarını keşfetti. * Kızılhaç'ın kurulması fikri ortaya atıldı. * Bismarck, Prusya Başbakanı oldu. * Victor Hugo "Sefiller"i, Ivan Turgenvey "Babalar ve Oğullar"ı yazdı. * Amerikalı yazar Henry David Thoreau öldü. * Yunanistan'da Kral I. Otto askeri devrimden sonra istifa etmek zorunda kaldı. * Fransız Besteci Debussy öldü. * Lion Foucault, ışık hızını ölçtü. * Johann von Lamont, yeryüzü akımlarını keşfetti. * Kızılhaç'ın kurulması fikri ortaya atıldı. * Bismarck, Prusya Başbakanı oldu. * Victor Hugo "Sefiller"i, Ivan Turgenvey "Babalar ve Oğullar"ı yazdı. * Amerikalı yazar Henry David Thoreau öldü. * Yunanistan'da Kral I. Otto askeri devrimden sonra istifa etmek zorunda kaldı. * Fransız Besteci Debussy öldü. * Lion Foucault, ışık hızını ölçtü. * Johann von Lamont, yeryüzü akımlarını keşfetti. * Kızılhaç'ın kurulması fikri ortaya atıldı. * ismarck, Prusya Başbakanı oldu. * Victor Hugo "Sefiller"i, Ivan Turgenvey "Babalar ve Oğullar"ı yazdı. * Amerikalı yazar Henry David Thoreau öldü. * Yunanistan'da Kral I. Otto askeri devrimden sonra istifa etmek zorunda kaldı. * Fransız Besteci Debussy öldü. * Lion Foucault, ışık hızını ölçtü. * Johann von Lamont, yeryüzü akımlarını keşfetti. * Kızılhaç'ın kurulması fikri ortaya atıldı. * Bismarck, Prusya Başbakanı oldu. * Victor Hugo "Sefiller"i, Ivan Turgenvey "Babalar ve Oğullar"ı yazdı. * Amerikalı yazar Henry David Thoreau öldü. * Yunanistan'da Kral I. Otto askeri devrimden sonra istifa etmek zorunda kaldı. * Fransız Besteci Debussy öldü. * Lion Foucault, ışık hızını ölçtü. * Johann von Lamont, yeryüzü akımlarını keşfetti. * Kızılhaç'ın kurulması fikri ortaya atıldı. * ismarck, Prusya Başbakanı oldu. * Victor Hugo "Sefiller"i, Ivan Turgenvey "Babalar ve Oğullar"ı yazdı. * Amerikalı yazar Henry David Thoreau öldü. * Yunanistan'da Kral I. Otto askeri devrimden sonra istifa etmek zorunda kaldı. *

Aylardan Ekim'di.

Gün hükmünü tamamlamış; vakit akşama kavuşmuştu. Her şey yolunda görünüyordu. Her şey sırasına uygun. Cevdet Efendi'nin akrabaları gelmişti Lofça'dan. Hoşbeş, gelenlerin yerleştirilmesi, gönüllerinin alınması derken, Adviye Hanım yorgun düşmüştü. Hiç beklenmeyen bir saatte sancılanmaya başlamış; sancıların geçici değil kalıcı olduğuna kanaat getirilince, gecenin bir yarısı Karagümrük'e arabacı ve kalfa ile birlikte, iki de cariye gönderilmişti ebe kadını getirmek için.

Gidenlerin eli koynunda kalmıştı. Ailenin güvendiği ebe kadın, bir yakınının ani ölümü üzerine apar topar Çorlu'ya gitmişti. Kadınlar hiç beklemedikleri bir hal ile karşılaşınca önce şaşırmış, sonra şaşkınlıkları korkuya, korkuları çaresizliğe gark olmuştu. Arabacı Hüsmen Çavuş, dirayeti ile kadınların korkularını tedbire çevirdi. "O ebe olmadığına göre başka ebe olacak" dedi.

Başka ebe, bilinmeyen bir ebe idi. Bilinmeyen ebe, güvenilmeyen ebe demekti. Gece yarısı uykusundan uyandırılan başka bir ebe kadın, önce arabacıdan sonra da konakta kendini beklemekte olanlardan çekindi. Çekindikçe, eli ayağı birbirine dolandı. Her evin soğan doğrayışı ayrı hesabı; görgüsü bilgisi de farklıydı elbette. Gittiği bu konak nasıl bir konaktı? İnşallah gelen misafir, kolay gelirdi.

Hastanın yanına girdiğinde, kadınların usul usul tekbir getirmekte olduğunu gördü. Acılar içindeki Adviye Hanım, gelenin Ali Sedat'ın ebesi Naciye Kadın olmadığını anlamadı bile. Yaşlanmıştı sanki. Biraz da esmerleşmiş miydi Naciye Kadın?

Odadakiler, Adviye Hanım'ın ağrısının şiddetini, ebe kadını tanımadığını fark edince anladılar. Kalfa Kadın kaş ile göz arası, "Naciye Kadın" dedi yeni gelen ebeye. Yeni gelen, Naciyeliği derhal kabul etti. Bu iyi idi. Bir başkasının isminin içinde emniyette olacaktı. Kendisine emniyet edildiğini fark edince etrafa buyruklar yağdırmakta gecikmedi.

Gece, buyruklar içinde geçti.

Sabah ezanı okunuyordu. Adviye Hanım için çetin geçen gece, Cevdet Efendi için hiç geçmemişti. Yatsı ezanından sabah ezanına kadar, hiç abdest tazeleme ihtiyacı duymadan Mushaf'ın başında sabahlamıştı. Sabah ezanıyla birlikte, belki beklenilen teşrif etmiştir umudu ile hareme kulak kabarttı. Ses yoktu. Kadınların usul usul getirdiği tekbir duyuluyordu sadece.

Aniden, keskin bir "Allahuekber" sesine bir bebek sesi karıştı. Oh nihayet! Hamdüsenalar olsun! Cevdet Efendi, secdelere doyamadığı o sabah namazının lezzetini hayatı boyunca hatırladı.

Gelen bebek bir kız idi. Bahşiş az olacaktı demek ki. İlk çocukları bir erkekmiş ama ikincisinin de erkek olmasını isterlerdi muhakkak, diye düşündü ebe. Bebeği ılık suda yıkayıp göbek bağını keserken, "Sesi de, talihi de güzel olsun" diyecekti ki, "Aklı güzel olsun" deyiverdi. Kendi kızlarının akılsızlığından çok çektiğinden mi bu dua dökülüvermişti dilinden? Odadaki cariyeler birbirlerine baktı. Şimdiye kadar, hiç kız bebeklere aklı güzel olsun diye dua edildiğini işitmemişlerdi.

Ebe kadın, vay ben ne söyledim, diye şaşırmak yerine, "Söyleyene değil, söyletene bak" diyerek, şaşkınlığını kendinden bile gizlemeye muvaffak oldu. "Aklı güzel olsun" dediği bebeği itina ile kundağa sardı. Üzerine keten bir gömlek geçirip, beline gayret kuşağını bağladı. Dudakları kıpır kıpır. Kendisine mi bebeğe mi dua ettiği meçhul. Nihayet bebeciğin başına bohçadan çıkan inci püsküllü takkeyi geçirip, yorgun annenin kucağına bırakıverdi.

Kalfa Kadın, o sıra Cevdet Efendi'ye haberci gönderdi.

Cevdet Efendi, bebeğin kız olduğunu odaya girer girmez dokuz yaşındaki cariye Mercan'dan öğrendi. "Kız kız" diyordu Mercan, sanki kendisine oyuncak bir bebek gelmiş gibi heyecanlı. "Hem de akıllı bir kız."

Cevdet Efendi, kucağına verilen bebekle beraber kıbleye yöneldi. Sağ kulağına ezan okuyup arkasından kelime-i şahadet getirdi; sol kulağına besmele ile beraber, "Fatma Aliye, Fatma Aliye, Fatma Aliye" diye tekrar etti.

Cariye Mercan koşarak çıktı odadan. Merdivenleri inerken, "Akıllı kızın adı Fatma Aliye, akıllı kızın adı Fatma Aliye" diye bütün haremi inletti.

Mercan'ın sesiyle, Lofça'dan gelen kadınlar harekete geçti. Adviye Hanım'a geçmiş olsun demek için odaya girişleri, ebe kadını epey sinirlendirdi. "Ben nazardan korkarım" dedi Kalfa'ya. "Derhal mangal hazırlayın. Üç gün geçmeden loğusa yatağına misafir mi kabul edilirmiş! Görülmüş duyulmuş şey midir!"

Kalfa Kadın, bir taraftan misafirler duyup da alınacaklar diye, diğer taraftan da maazallah akıllı bebek nazara uğrayacak diye korktu. Mangalı derhal hazırlattı. Adı Naciye olmayıp da Naciyeliğe sığınmış kadın, Lofçalı kadınların adedince karanfil attı mangalın üstüne. Kem gözler varsa, karanfiller derhal patlardı.

Karanfiller patlamaya başlayınca, ebe kadın Lofçalı misafirleri odadan kaçırmak maksadıyla olmadık huysuzluklar yaptı. Nihayet kadınlar odadan çıkınca, bebeğin saçından bir tel, annesinin saçından da bir tel alıp mangalın üstüne attı. "Biri gidip kadınların üstünden başından bir iki parça getirsin" dedi.

Adviye Hanım, Cevdet Efendi'nin kendisini tebrik için geldiği vakitten beri, ebenin Naciye Kadın olmadığını fark ettiği halde sesini çıkarmamıştı. Ama kadının abuk sabuk davrandığını görünce, ikaz etme lüzumu hissetti: "Efendi bu âdetleri hiç tasvip etmez. Aman kulağına gitmesin!"

Ebe, Adviye Hanım'ın söylediklerine hiç aldırmadan mangalı körüklemeye devam etti.

"Üzerliksin havasın

Her derde devasın

Mavi göz, yeşil göz
Sarı göz, elâ göz
Hangisi nazar eylemişse
Onların nazarını boz"

1864

* Osmanlı'da Teşkil-i Vilayet Kanunu yayınlandı. Her din ve mezhep mensubu mevcut nüfusuna göre belde meclisine üye göndermeye başladı. * Danimarka-Prusya Savaşı'yla Schleswig-Holstein sorunu başladı. Londra Konferansı'yla soruna çözüm arandı..Viyana Barışı ile Danimarka, Schleswig, Holstein ve Lauenberg'i Avusturya ve Prusya'ya teslim etti. * Abraham Lincoln Amerikan Başkanlığı seçimlerini yeniden kazandı. * Karl Marx tarafından Londra'da "Uluslararası İşçi Birliği" kuruldu. * Tolstoy, "Savaş ve Barış"ı yazdı. * Ünlü sosyolog Max Weber doğdu. * Louis Pasteur pastorizasyonu keşfetti. * Rusya Kafkasyalı Müslümanları göçe zorladı. * Osmanlı'da Teşkil-i Vilayet Kanunu yayınlandı. Her din ve mezhep mensubu mevcut nüfusuna göre belde meclisine üye göndermeye başladı. * Danimarka-Prusya Savaşı'yla Schleswig-Holstein sorunu başladı. Londra Konferansı'yla soruna çözüm arandı. Viyana Barışı ile Danimarka, Schleswig, Holstein ve Lauenberg'i Avusturya ve Prusya'ya teslim etti. * Abraham Lincoln Amerikan Başkanlığı seçimlerini yeniden kazandı. * Karl Marx tarafından Londra'da "Uluslararası İşçi Birliği" kuruldu. * Tolstoy, "Savaş ve Barış"ı yazdı. * Ünlü sosyolog Max Weber doğdu. * Louis Pasteur pastorizasyonu keşfetti. * Rusya Kafkasyalı Müslümanları göçe zorladı. * Osmanlı'da Teşkil-i Vilayet Kanunu yayınlandı. Her din ve mezhep mensubu mevcut nüfusuna göre belde meclisine üye göndermeye başladı. * Danimarka-Prusya Savaşı'yla Schleswig-Holstein sorunu başladı. Londra Konferansı'yla soruna çözüm arandı. Viyana Barışı ile Danimarka, Schleswig, Holstein ve Lauenberg'i Avusturya ve Prusya'ya teslim etti. * Abraham Lincoln Amerikan Başkanlığı seçimlerini yeniden kazandı. * Karl Marx tarafından Londra'da "Uluslararası İşçi Birliği" kuruldu. * Tolstoy, "Savaş ve Barış"ı yazdı. * Ünlü sosyolog Max Weber doğdu. * Louis Pasteur pastorizasyonu keşfetti. * Rusya Kafkasyalı Müslümanları göçe zorladı.* Osmanlı'da Teşkil-i Vilayet Kanunu yayınlandı. Her din ve mezhep mensubu mevcut nüfusuna göre belde meclisine üye göndermeye başladı. * Danimarka-Prusya Savaşı'yla Schleswig-Holstein sorunu başladı. Londra Konferansı'yla soruna çözüm arandı. Viyana Barışı ile Danimarka, Schleswig, Holstein ve Lauenberg'i Avusturya ve Prusya'ya teslim etti. * Abraham Lincoln Amerikan Başkanlığı seçimlerini yeniden kazandı. * Karl Marx tarafından Londra'da "Uluslararası İşçi Birliği" kuruldu. * Tolstoy, "Savaş ve Barış"ı yazdı. * Ünlü sosyolog Max Weber doğdu. * Louis Pasteur pastorizasyonu keşfetti. * Rusya Kafkasyalı Müslümanları göçe zorladı. * Osmanlı'da Teşkil-i Vilayet Kanunu yayınlandı. Her din ve mezhep mensubu mevcut nüfusuna göre belde meclisine üye göndermeye başladı. * Danimarka-Prusya Savaşı'yla Schleswig-Holstein sorunu başladı. Londra Konferansı'yla soruna çözüm arandı. Viyana Barışı ile Danimarka, Schleswig, Holstein ve Lauenberg'i Avusturya ve Prusya'ya teslim etti. * Tolstoy, "Savaş ve Barış"ı yazdı.

Ne saadet! Zevcesi mektup yazabiliyordu artık! Mektubu önce kokluyor Cevdet Efendi; sonra yüzüne gözüne sürüyor. Bosna teftişinin bu kadar uzayabileceğini hiç düşünmemişti. Burada gördüğü bütün çocukları Ali Sedat'a benzetiyor. Ali Sedat'ı hatırlatan her şeyi, Ali Sedat'a hediye olarak ulaştırmak istiyor.

Fatma Aliye'nin keskin bakışları geliyor gözünün önüne. İki yaşındaki bir kız çocuğu nasıl bu kadar akıllı bakabilir. Her küçük erkek çocuğu ne kadar Ali Sedat'ı hatırlatıyorsa, her kız çocuğu Fatma Aliye'ye benzemezliği yüzünden Fatma Aliye'yi bulup getiren oluyor. Ah hasret, ne yaman alevin var!

Mektubu tekrar yüzüne gözüne sürüyor Cevdet Efendi. Üçüncü defa okumaya başlıyor. Ne olurdu daha uzun olsaydı. Her şeyi teferruatıyla kâğıda düşürüverseydi Adviye Hanım.

"Ali Sedat tam koşarken..." diye hikâye ediverseydi.

Yorgunluğuna rağmen hemen cevap yazmak istiyor. Ne kadar hızlı cevap gönderirse, karşılığının da o kadar hızlı olacağını biliyor.

Besmele-i Şerif çekerek başlıyor yazmaya:

"16 Muharrem 1282 - Saraybosna

Bu hafta postasıyla bir kıt'a mektubunuzu aldım... Mektubu yüzüme güzüme sürdüm. Kendi yazın olduğu için ne kadar sevindim, tarif edemem. Bayağı, seni görmüş kadar hazzettim."

Dert inletir, hasret söyletirmiş, öyle mi? Aşk'ın yerine hasreti koyuşuna şaşırıyor. Zihindeki kelimelerin şahidi var mıdır?

Üç gündür uykusuzdu Cevdet Efendi. Ama bunu yazmayacaktı. Kadınlar, çocuklar gibidir. Sıkıntının adı bile onları ziyadesiyle sıkar. Darda olanı anlamak yerine, yekdil olup anlamak yerine, "Katlanma sen de o zaman" deyiverirler.

Evinden ocağından ayrı düştüğü, hasretin dört bir yanına uçurumlar açtığı demlerde, Ali Paşa'nın hükmüne ulu orta karşı koyuşunu hatırlıyor. Hokkaya diviti batırmışken, divitin ucuna Ali Paşa'nın sesi gelip yerleşiyor. Diviti kâğıda kavuşturacakken, Ali Paşa'nın sesi kâğıt ile kalemin birbirine kavuşacağı yolu kesiyor. Ses, közlerin yerini çoktan ılık küllerin aldığı mangala doğru seyrediyor, peşi sıra yazılmayı bekleyen kâğıtları götürerek.

Ali Paşa'nın kini herkesin malûmu idi. Susmalı mıydı? Bir ceza gibi başına sarılmış olan olağanüstü memuriyete rağmen, oddan ocaktan ayrı düşmeye rağmen dönüp gitse o zamana, yine aynı şeyi tekrarlayacağını düşünüyor. Pişman değil. Niyeti değişmediğine göre niye pişman olsun ki! "Devlet-i ebed müddet için Cevdet Efendi'nin odunun ocağının hasrete gark olmasının bahse değer bir tarafı yoktur. Sahibimiz Allah."

"Sahibimiz Allah" deyişiyle birlikte sanki oda ısınıyor. Sanki hasret azalıyor. Sanki uzaktaki yakın oluyor. Mektuba geri dönüyor. Divitin ucunu ele geçirmiş olan Ali Paşa'nın sesi çoktan gitmiş.

Adviye Hanım gün sayıyor. Üçüncü bebeğin erkek olmasını ümit ediyor. Ali Sedat'a bir dayanak. Çocuğun ismini bile hazır ettiğini fark ediyor. İsmail Neyyir. Cevdet Efendi'nin babası İsmail ile Adviye Hanım'ın babası Neyyir. Adviye Hanım'ın ev ahalisini, çocukları ama en çok da kendisini satır satır yazmasını bekliyor Cevdet Efendi.

"Siz ne haldesiniz? Elbet şimdi yalıdasınız. Bunlara dair bir şey yazmıyorsunuz. Yoksa yeni kâtibe olduğunuzdan öyle çok lâkırdılar yazamıyor musunuz?"

Gülümsüyor. Bu satırları okur okumaz, Adviye Hanım'ın içine bir hırs düşeceğinden emin. Böyleyken böyle oldu, diye uzun uzun yazmaya çalışacak.

"Ali Sedat'ın, ez-Zariyat cüzüne çıktığını bildirmişsiniz. Ziyadesiyle memnun oldum. Artık ona güzel bir Mushaf almak gerekir. Olmazsa benim Mushafımı Ali Sedat'a veriniz."

Duvara bir hayal olarak düşmüş Ali Sedat'a bakıyor Cevdet Efendi.

Mekke'de, Makam-ı İbrahim'de bir gece bekletilen paralardan Muharremiye gönderecek. Ali Sedat'a bir de Boşnak çocuklarının giydiği kıyafetten yaptıracak.

Göndereceği hediyeler ile meşgul iken aydınlanan yüzü ansızın soluyor. Hiç yazmak istemediği bahse geliyor sıra. Yazmamak yanlış anlaşılacak biliyor. Cevdet Efendi'ye, Adviye Hanım tarafından kıskanılıyor olmak hem iyi geliyor, hem de onu korkutuyor. Kıvamında tutulmuş kıskançlık güzeldir, değil mi? Lâkin kadınların kıskançlığında kıvam aranır mı? Yeni baştan ikna cümleleri kurmak zorunda kalmak kalemini kurutuyor.

"Yine evlenme lâkırdıları yazmışsın, artık bu sözleri istemem. Halkın ağzına niçün bakıyorsun? Ben evlenecek olduğum vakit, başımdan bir nikâh geçirmek niyetiyle evlendim ve Allah'tan öyle istedim. Şimdiye kadar başka suret hatırıma gelmedi ve Allah göstermesün. Halkın dedisi kodusu bitmez ve niçün söylüyorlar deyü gücenmek iktiza etmez."

Beyhude yere yazdığını biliyor. Ama yine de yazmalı. Adviye Hanım'ın kıskançlığı en azından bu satırların okunduğu demlerde yatışacak. Biliyor bunu.

Mektupların başını seviyor. Son kısmı, zevcesini incitmek pahasına yazmak zor geliyor. Adviye Hanım'ın cömertliğinden memnun. Ama ne olur azıcık hesap bilse! Divitini hokkaya esirgeyen bir yumuşaklık ile batırıyor. Sanki harflerin hareketi ne kadar yavaş olursa, zihninden akıp kelâma dönüşenler de o kadar zarif ve yumuşak olacak.

"Bilirsiniz ki, ben size masraf için az olmuş çok olmuş deyü bir şey söylemem, fakat bu defa sizin masraflarınızı ziyadece görüyorum. İşkodra'ya gittiğimde masraf bu kadar değil idi. Şimdi ziyade masraflarınız neden oluyor? Ben burada az çok bir şey arttırmaya çalışıyorum. Siz de ol tarafta öyle yapmalısınız. Zira şimdi buranın ve oranın maaşı 35.000 guruşu geçiyor. Her

vakit böyle vermezler. Böyle vakitte biraz arttırmak lâzım gelir. Şimdi İstanbul'da selâmlık ve ahur masrafı pek az olmak lâzım gelir. Halbuki hesapça ay be ay onar bin guruşdan ziyade masraf olmuş demek oluyor. Daima sonunu düşünerek harcamak lâzım. Sonu düşünenler, evvelinde de ahirinde de zorluk çekmezler. Bunları size nasihat ve ihtar olarak yazıyorum efendim, bundan gücenmemenizi rica ederim."

Oh çok şükür! Yazabilmişti işte. Ama niçün borçlanıyor Advive Hanım? Niçün tedbirli davranmayı akıl etmiyor? Yardımsever olması iyi bir şey elbet. İhtiyaç sahiplerinin ihtiyacını gidermeye çalışmak her türlü takdirin üstünde. Amma velâkin, haddi aşan her şey zıddına inkılâp eder. Hesap bilmeden yol almak olmaz.

Mektubu nihayetlendiriyor.

"Her halde sağ ve var olasınız efendim."

Yazmanın sonu yok. Hasretinin yükünü yazıya beyhude yere sığdırmaya çalışmak niye! Son bir defa bakıyor yazdıklarına. Zarfı kapatıyor.

Odanın soğukluğuna, yalnızlığının soğukluğu karışıyor. Meyus ve mükedder bakıyor mavi gözleri. Sakalını sıvazlıyor. Kendinden bile saklayacağı gözyaşı, sakalının içine çiy tanesi gibi karışıyor.

1865

* İleride "Genç Osmanlılar" olarak bilinecek İttifak-ı Hamiyyet kuruldu. * ABD'de Abraham Lincoln, düzenlenen suikast sonucu öldürüldü; yerine Andrew Johnson Başkan seçildi. * Amerikan İç Savaşı sona erdi. * Bismarck ve III. Napolyon Biarritz'de buluştu. * Ku Klux Klan kuruldu. * John Stuart Mill, "Auguste Comte ve Pozitivizm"i yazdı. * Joseph Lister tıbbi tedavide karbonik asit kullanarak antiseptik cerrahi müdahalelere başladı. * Massachusetts Teknoloji Enstitüsü (MIT) kuruldu. * Pasteur, ipekböceği hastalığının tedavisinde ulaştığı başarıyla Fransız ipek endüstrisini kurtardı. * Atlantik kablo hattı tamamlandı. *İlk defa bir kadın akademisyen, Maria Mitchell, Vassar Koleji'ne astronomi profesörü olarak atandı. * İlk halı süpürgesi kullanılmaya başlandı. * Amerika'da ilk defa yataklı demiryolu vagonları tasarlanıp kullanılmaya başlandı. * W.E.H. Lecky, "Avrupa'da Rasyonalizmin Yükselişi ve Etkisi" adlı kitabı yazdı. * İleride "Genç Osmanlılar" olarak bilinecek İttifak-ı Hamiyyet kuruldu. * ABD'de Abraham Lincoln, düzenlenen suikast sonucu öldürüldü; yerine Andrew Johnson Başkan seçildi. * Amerikan İç Savaşı sona erdi. * Bismarck ve III. Napolyon Biarritz'de buluştu. * Ku Klux Klan kuruldu. * John Stuart Mill, "Auguste Comte ve Pozitivizm"i yazdı. * Joseph Lister tıbbi tedavide karbonik asit kullanarak antiseptik cerrahi müdahalelere başladı. * Massachusetts Teknoloji Enstitüsü (MIT) kuruldu. * Pasteur, ipekböceği hastalığının tedavisinde ulaştığı başarıyla Fransız ipek endüstrisini kurtardı. * Atlantik kablo hattı tamamlandı. *İlk defa bir kadın akademisyen, Maria Mitchell, Vassar Koleji'ne astronomi profesörü olarak atandı. * İlk halı süpürgesi kullanılmaya başlandı. * Amerika'da ilk defa yataklı demiryolu vagonları tasarlanıp kullanılmaya başlandı. * W.E.H. Lecky, "Avrupa'da Rasyonalizmin Yükselişi ve Etkisi" adlı kitabı yazdı. * İleride "Genç Osmanlılar" olarak bilinecek İttifak-ı Hamiyyet kuruldu. * ABD'de Abraham Lincoln, düzenlenen suikast sonucu öldürüldü; yerine Andrew Johnson Başkan seçildi. * Amerikan İç Savaşı sona erdi. * Bismarck ve III. Napolyon Biarritz'de buluştu. * Ku Klux Klan kuruldu. * John Stuart Mill, "Auguste Comte ve Pozitivizm"i yazdı. * Joseph Lister tıbbi tedavide karbonik asit kullanarak antiseptik cerrahi müdahalelere başladı. * Massachusetts Teknoloji Enstitüsü (MIT) kuruldu. * Pasteur, ipekböceği hastalığının tedavisinde ulaştığı başarıyla Fransız ipek endüstrisini kurtardı. * Atlantik kablo hattı tamamlandı. *İlk defa bir kadın akademisyen, Maria Mitchell, Vassar Koleji'ne astronomi profesörü olarak atandı. * İlk halı süpürgesi kullanılmaya başlandı. * Amerika'da ilk defa yataklı demiryolu vagonları tasarlanıp kullanılmaya başlandı. * W.E.H. Lecky, "Avrupa'da Rasyonalizmin Yükselişi ve Etkisi" adlı kitabı yazdı. * İleride "Genç Osmanlılar" olarak bilinecek İttifak-ı Hamiyyet kuruldu. * ABD'de Abraham Lincoln, düzenlenen suikast sonucu öldürüldü; yerine Andrew Johnson Başkan seçildi. *

Aliye, 1865 yılında, yani üç yaşındayken Halep'e gitti. İstanbul'da, Hocapaşa Yangını'nın dilden dile günlerce konuşulan ürpertisini bilmedi. Dadıların, lalaların çocukları durdurmak için uydurduğu, yangın yerinden beslenen korku hikâyelerini hiç bilmedi.

Aliye, korkusuz bir çocuktu. Haremde değil de selâmlıkta vakit geçirmesine kızan bazı cariyeler, harem ile selâmlık arasındaki geçidin ne kadar tehlikeli olduğunu anlatarak Aliye'nin selâmlığa geçmesine mani olmak istediler. Kendileriyle dolaşmak yerine Süleyman Efendi'nin dizinin dibinde oturmasına gönül koydular. Şu küçücük kız kendilerini beğenmiyordu ha!

Aliye'nin etrafına korkudan bir duvar örmeye çalıştılar. Umacı, hamam anası, Çarşamba karısı, gulyabani, kesik baş, cin, peri, cadı, şeytan... Kendilerini korkutan ne varsa Aliye'yi de korkutur umuduyla, zihinlerindeki resimleri "korkunun kahramanları" olarak ortaya döktüler. Korkunun kahramanlarını özene bezene yeni hikâyelerin içine karıştırdılar. Nafile.

Aliye, kendisini korkutmak için sesini ve yüzünü korkunç bir hale getirmeye çalışan cariyelere akıllı akıllı baktıkça, cariyeler kendi kazdıkları kuyuya düşüp, geceleri tek başlarına ayak yoluna bile gidemeyecek bir ürpertinin içinde didiniyorlardı.

Korkuyla geçirilmiş bir gecenin ardından, sabahleyin yeni korku hikâyeleri uydurmaktan geri kalmıyorlardı. Cariyeler "Kızlar selâmlığa gitmez. Padişahın emri var. Gidenleri zaptiyeler yakalar, zindancı hapseder, cellât da başını koparır" diye anlatmaya başlayınca Aliye sakin sakin dinler, "Pederimi görmeme Padişahımız niye kızsın ki!" derdi.

Aliye'yi en çok korkutan yangındı. Halep'te değil de İstanbul'da olsaydı, Hocapaşa Yangını'nın dehşetini yüreğinde yaşayacaktı. 29 Ağustos 1865 tarihinde Hocapaşa'da çıkan yangın tam iki gün sürdü. Cağaloğlu, Kadırga, Kumkapı, Nişanca, Sultanahmet semtlerinde yüzlerce ev, konak ve bina kül oldu.

Yangından arta kalan sokakların sahibi korku. Binaların iskeletini kendisi için enstrümana çeviren rüzgâr, korkunun sesini her an yeni bir beste olarak sundu; yangın artığı binalar korkuyu besledi.

İşlerinden dönen insanlar akşamın dar vakti bildiler, karanlığın gelmekte olduğunu haber veren her ikindi sonrasını. Çünkü kış akşamları, ikindinin arkasında hazır beklemektedir. Akşam ezanı oldu mu sokaklardan, hele de yangın artığı sokaklardan geçip gitmek mümkün değildir. Işıksız sokakların bekçisi korku. Onun için yurt dışına giden her seyyah önce ışıkları gördü. Karanlığı hükmü altına alabilmiş ışıklar ile, gecenin gündüz gibi olduğu şehirler ile muzaffer olunacağını yazdılar ilk önce.

Şehremanetinin ıssız sokaklara tahta direkler üzerine koyduğu gaz lâmbalarının titrek ışığı rüzgâra yenildi. Yenilmemenin rengini ve sesini aradı Avrupa topraklarında gezinen her Osmanlı. Her akşam, lâmbacının sırtında eğri büğrü bir merdiven ile dolaşıp lâmbaları yakışını ve her sabah söndürüşünü, üstelik sert rüzgârların lâmbacıdan evvel lâmbaları söndürüp sokakları karanlığa peşkeş çekişini, zihinlerinde bir kıymık gibi dolandırdılar.

Medeniyet demek, sokaklar demekti. Sokaklarını korkunun beklediği bir ülkeye medeniyet gelir miydi? Bütün teşbihlerini ziya ve nur üzerinden yaptılar.

Günlerce konuşulmuş Hocapaşa Yangını, yaşıtlarının zihinlerine yeni korku hikâyeleri sunarken, üç yaşındaki Aliye, Halep'te pederinin kahvecisi Süleyman Ağa'ya sığındı. Süleyman Ağa'nın anlattıklarına. Sordukça söyleyen Süleyman Ağa, en yakın arkadaşı oldu. Süleyman Ağa, çocuk olmaktan vazgeçmiş Aliye için masal şehri idi. Sordukça söyleyen adam, küçük kızın bütün sorularını eksiksiz cevapladıkça onun muhabbetini kazandı.

Haremi sadece uyku diyarının meskeni bilen küçük Aliye, uyanır uyanmaz selâmlığa koştu daima. Selâmlıkta sadece Süleyman Ağa değildi, Aliye'yi merakın kuyularından çekip çıkaran. Aliye sordukça soruyor, her sorduğu soruya kendini tatmin eden cevaplar aldıkça, bambaşka diyarlara yürüdüğünü zannediyordu. Karşısındakinin çocuk değil de, konuşup söyleşilecek bir cevher olduğunu fark eden herkesin meftunu idi Aliye. Cevdet Paşa'yı ziyarete gelen İngiliz Konsolosu Mösyö Eskin, başlangıçta, çocuktan al haberi ilkesince muhabbet göstermişti küçük Aliye'ye.

Mösyö Eskin bilmekteydi ki, kız çocuklarının selâmlıkta dolaşması pek sık rastlanan bir hal değildir. Hatta çoğu erkek çocuğu için bile, harem, selâmlıktan daha eğlencelidir. Kadınların ayak vurup el değdirdikleri her yer eğlenceden nasibini alır çünkü. Meşk eden kızlar, konağın çocuklarını "cicim, cicim" diyerek nazlayan halayıklar, haremi masal şehrine çevirmeye yeterdi.

Bu iki karış boyundaki küçük kızı ilk defa selâmlıkta gördüğünde, bir yaramazlık yapıp da selâmlığa kaçtı herhalde, diye düşünmüştü Mösyö Eskin. Fakat sonraki günlerde de, Kahveci Süleyman Ağa'nın dizinin dibinde kısacık sorup uzun uzun dinleyen haline rastladıkça, Aliye'ye bigâne kalamadı. Çocuklara pek muhip olmamasından dolayı kısa zamanda, selâmlıkta Mösyö Eskin ile küçük Aliye'nin musahabesi, dilden dile dolaşmaya başladı.

Kazara, Mösyö Eskin Aliye'yi görmeden selâmlıktan ayrılmak durumunda kalsa, bütün güzel şeylerin kazasını yapmak lâzım gelir umdesine en az müminler kadar inandığından, bir dahaki sefere aradaki boşluğu telâfi ediyordu. Küçük Aliye, bu yaşlı adamın kendisine gösterdiği muhabbetten o kadar mesut idi ki, onun yanında kendisini kocaman bir kız gibi hissediyordu. Mösyö ile her konuyu mütalâa edebilirmiş gibi geliyordu.

Çocukken çocuk olmaktan azat edilmek ne saadettir. Aliye, bu saadeti en çok Kahveci Süleyman Ağa'nın ve Mösyö Eskin'in muhitinde buluyordu. Fakat bir gün Mösyö Eskin ile hararetli hararetli konuşurken, ansızın susuverdi. Gözleri Mösyö Eskin'in gözlerindeyken taş kesildi Aliye. Mösyö, önce çocuğun ne söyleyeceğini unuttuğu için hatırlamaya çalıştığını zannetti. Çocuk sabit gözlerle bakarken, yavaş yavaş soluyordu. Sanki karşısında korkunç bir sahne vardı ve bu sahneye seyirci olduğu için ıstırap çekiyordu.

Mösyö'nün, "Ne oldu; bir şey mi var?" diye sual eylemesinden sonra, seyretmek mecburiyetinde olduğu sahnenin içinden güçlükle sıyrılarak, adamın kucağına sıçrayıp boynuna sarıldı.

O vakte kadar, Mösyö'nün cehennemde yanacağını aklına hiç getirmemişti. O, Müslüman olmadığına, bir kâfir olduğuna göre elbet cehennemde yanacaktı. Adama gözünü dikmiş bakarken, onun alevlerin içinde yok olduğunu görüyordu. Salonda karşısında durduğu adam gitmiş, yerine alevlerin içinde yanan adam gelmişti. Alevler gittikçe yaklaşıyordu. Aliye, kendisiyle uzun uzun söyleşip değer veren bu adam için bir şey yapamamanın ezikliği içindeydi.

Yaşlı adam, karşısında yaprak gibi sallanan çocuğa bir müddet endişe ile baktıktan sonra, "Ne var, ne oluyor?" diye tekrar sordu.

Yanan adamın yerini, şimdi karşısında oturan adam almıştı. Alevler yavaş yavaş çekildi. Yangın söndü.

Küçük kız, adamın boynuna sıkı sıkı sarıldı: "Gâvurlar cehennemde yanacaklar imiş, ben seni çok seviyorum. Yanacaksın diye acıyorum."

Mösyö Eskin, çocuğa bu tür bilgiler vermemeleri gerektiği konusunda Cevdet Paşa'yı uyardı.

Yıllar sonra Fatma Aliye, çocukluğundaki bu acı tecrübenin başka acı tecrübelere geçit olacağını bilmeden sevdi, başkalarının dilinde adı "gâvur" olan dostlarını.

Kendinde henüz yangına benzemeyen "sevgi", kızı İsmet'te yangının adı olacaktı.

Yakan olacaktı.

Yıkan olacaktı.

1868

* Şûrây-ı Devlet Kanunu yayınlandı. Bu kanunla Meclis-i Vâlâ iki kısma ayrıldı; yüksek dereceli devlet memurlarından oluşan ve kanunları yapmakla görevli Şûrây-ı Devlet ile, kanunları uygulayan Divân-ı Ahkâm-ı Adliye kuruldu. * İngiliz ordusu Etiyopya'ya girdi, Magdala'yı ele geçirdi. * Rusya, Semerkant'ı işgal etti. * İspanya'da devrim oldu; Kraliçe II. Isabella tahttan indirildi. * L. M. Alcott "Küçük Kadınlar"ı, Dostoyevski "Budala"yı yazdı. * Avusturya'daki okullar, kilisesinin kontrolünden çıkarıldı. * Tchaikovsky "I. Senfoni"sini besteledi. * Manchester'da ilk defa Sendikalar Kongresi düzenlendi. * ABD Başkanı Johnson, bir kabine üyesinin görevine haksız yere son vermekle yargılandı fakat Senato tarafından temize çıkarıldı. * Rus yazar Maksim Gorki doğdu. * Charles Darwin "Evcilleştirme Altında Hayvanların ve Bitkilerin Değişimi"ni yazdı. * Chicago'da ilk et paketleme fabrikası açıldı. * Şûrây-ı Devlet Kanunu yayınlandı. Bu kanunla Meclis-i Vâlâ iki kısma ayrıldı; yüksek dereceli devlet memurlarından oluşan ve kanunları yapmakla görevli Şûrây-ı Devlet ile, kanunları uygulayan Divân-ı Ahkâm-ı Adliye kuruldu. * İngiliz ordusu Etiyopya'ya girdi, Magdala'yı ele geçirdi. * Rusya, Semerkant'ı işgal etti. * İspanya'da devrim oldu; Kraliçe II. Isabella tahttan indirildi. * L. M. Alcott "Küçük Kadınlar"ı, Dostoyevski "Budala"yı yazdı. * Avusturya'daki okullar, kilisesinin kontrolünden çıkarıldı. * Tchaikovsky "I. Senfoni"sini besteledi. * Manchester'da ilk defa Sendikalar Kongresi düzenlendi. * ABD Başkanı Johnson, bir kabine üyesinin görevine haksız yere son vermekle yargılandı fakat Senato tarafından temize çıkarıldı. * Rus yazar Maksim Gorki doğdu. * Charles Darwin "Evcilleştirme Altında Hayvanların ve Bitkilerin Değişimi"ni yazdı. * Chicago'da ilk et paketleme fabrikası açıldı. * Şûrây-ı Devlet Kanunu yayınlandı. Bu kanunla Meclis-i Vâlâ iki kısma ayrıldı; yüksek dereceli devlet memurlarından oluşan ve kanunları yapmakla görevli Şûrây-ı Devlet ile, kanunları uygulayan Divân-ı Ahkâm-ı Adliye kuruldu. * İngiliz ordusu Etiyopya'ya girdi, Magdala'yı ele geçirdi. * Rusya, Semerkant'ı işgal etti. * İspanya'da devrim oldu; Kraliçe II. Isabella tahttan indirildi. * L. M. Alcott "Küçük Kadınlar"ı, Dostoyevski "Budala"yı yazdı. * Avusturya'daki okullar, kilisesinin kontrolünden çıkarıldı. * Tchaikovsky "I. Senfoni"sini besteledi. * Manchester'da ilk defa Sendikalar Kongresi düzenlendi. * ABD Başkanı Johnson, bir kabine üyesinin görevine haksız yere son vermekle yargılandı fakat Senato tarafından temize çıkarıldı. * Rus yazar Maksim Gorki doğdu. * Charles Darwin "Evcilleştirme Altında Hayvanların ve Bitkilerin Değişimi"ni yazdı. * Chicago'da ilk et paketleme fabrikası açıldı. * Şûrây-ı Devlet Kanunu yayınlandı. * L. M. Alcott "Küçük Kadınlar"ı, Dostoyevski "Budala"yı yazdı.

Aliye ne zaman okuma yazma öğrendiğini hatırlamıyor. Ağabeyi Ali Sedat'a gelen hocaların meclisine katılırken, toprağın suyu çekişi gibi belleyivermişti esasında ağabeyine anlatılan dersleri. Henüz beş yaşında iken, Kur'an'ı baştan sona kadar okuyup bitirdi. Mızraklı İlmihal'i, Mevlid-i Şerif'i okumaya başladı. Harekeli bütün kitaplar Aliye'nin fethetmesini bekleyen diyarlardı.

Ne oyundan, oyuncaktan, ne de eğlence ve cümbüşten hazzeden küçük kız, kendisini harflerin dünyasına atıyordu her fırsatta. Annesine ders veren hoca hanıma giden tepsiyi kapıda bekliyor; halayıkların, "Cicim, sana yeni tepsi çıkaralım" davetlerini geçersiz kılarak "hocânım"ın artıklarını yemeye gönüllü oluyordu. "Âlim kişilerin artıklarını yiyenler de âlim olur" sözüne o kadar inanıyordu ki, bunun için ne mümkünse yapacaktı. Hocânımın artıklarını yemek için kapıda beklerken, bir taraftan da kitap okuyordu.

Kapıyı açıp da henüz altı yaşında olan kızının kitap üzerinde su gibi aktığını gören Adviye Hanım, onu kolundan tutup derhal pederine götürdü.

Helecandan kalbi çıkacakmışçasına koşarak götürdü küçük Aliye'yi. Sanki çocuk okurken okuyamaz oluverecekti de, Adviye Hanım bu olağanüstü vaziyete Paşa'yı şahit kılamadığıyla kalacaktı.

Zevcesini helecan içinde gören Paşa kaygı ile sordu: "Hayırdır inşallah?"

"Hayır hayır. Aliye bu harekeli kitapları okuyabiliyor."

Cevdet Paşa, kadınların biri bin eyleyen, bin eyleyip de kendilerini telâşa gark eden helecanlarına aşina idi. Belli ki ağabeyinden hevesle bir iki yeri ezberlemiş, validesi de onun ezberlediği yerleri okuduğu zannına kapılmıştı.

Şimdi belli olurdu. Validesinin okuyor diye Aliye'nin önüne koyduğu kitaptan rastgele bir sahife çevirdi. Küçük kız, hiç helecanlanmadan saatin ritimlerini hatırlatan bir tıkırtı ile okudu. Paşa hayret etti etmesine, lâkin pekâlâ bu küçük kızın Allah vergisi bir hafızası olabilirdi ve bir duyduğunu bir daha unutmayan bir hal ile kitabı okuyor gibi yapabilirdi. Bir sayfa daha açtı Cevdet Paşa. Ahenk değişmedi. Bir sayfa, bir sayfa daha. Aliye okudukça valide ve pederinin yüzündeki ışık arttı. En sonunda Paşa, sayfaları bütün olarak değil, parça parça okuttu. Ahenk bozulmuyordu. Parmağı ile işaret ettiği yerleri okumasını istedi. Okudu küçük kız.

Pederinin işaret ettiği yerleri okudukça, kendi içindeki diyarların sayısının arttığını zannediyordu. Okudukça kanatlanıyordu küçük Aliye. Okudukça hafifliyordu.

Altı yaşındaki kızının, koca adamlar gibi okuyabildiğini gören Paşa, mükâfat olarak bir avuç para verdi.

İlmin diline yol almaya çalışan küçük kız, avucuna konulan paradan ürktü. Ona en iyi mükâfat, "Aliye, bakalım bunu okuyabilecek misin?" suali ile verilecekken, avucuna bırakılmış paralardan korktu Aliye. Bu cezayı hak etmediğini düşündü. Paraları bırakıp kaçtı.

Paşa babasının "ihsanını" bırakıp kaçan Aliye, konağa gelip giden yatılı öğrencilerin kitaplarını, kâğıtlarını karıştırmayı âdet edinmişti. Konakta saz çalan kızlar, toplanıp "küme faslı" icra eylemeye başlayınca, Aliye'nin hafiyelik dakikaları gelmiş olurdu. Yavaşça süzülürdü odalardan birine. Doğruca masaya giderdi. Önce sahibinin el yazısını okumak için masanın üzerine rastgele bırakılmış el yazılarına dalardı. Sonra kitaplarını karıştırmaya başlardı. Kiminin masasında 'Muhayyelat-ı Aziz Efendi' olurdu, kiminin masasında 'Elf-i Leyle.'

Aldığı zevk katlanırdı. Sahiplerinin haberi olmadan bir kitabın sayfalarında gezinmek, gökyüzünden konağa bakmak gibi gelirdi Aliye'ye. Buradaydı ama burada değildi. Rüya âlemi. Kendisini diğer bütün insanlardan şanslı görüyordu. Kardeşi Semiye'den bile. O, irade ile rüya görmeyi bilmiyordu. Oturmuş, küme faslı icra eyleyen kızlara bakıyordu. Üç beş kızın çalıp söylediği şarkı, insanı nereye götürebilirdi ki! Aliye, gitmek istediği yere gidebilendi. Okudukça kanatlanıyordu. Kanatlandıkça daha yükseklere çıkmak istiyordu. Yükseğe çıktıkça dünya başka türlü görünüyordu.

1872

* Osmanlı Devleti, Yemen'i yeniden topraklarına kattı. * İspanya'da iç savaş başladı, Carlos Fransa'ya kaçtı. * İngiltere'de kabul edilen bir yasayla "gizli oy uygulaması"na başlandı. * ABD'de genel af ilân edildi ve 500 kadar konfederasyon yanlısının siyasi hakları iade edildi. * Alphonse Daudet, "Tarascon ve Tartarin"i, Jules Verne "80 Günde Devriâlem"i yazdı. * İngiliz filozof Bertrand Russell ve Alman düşünür Ludwig Feuerbach doğdu. * Cizvitler Almanya'dan çıkarıldı. * Brooklyn Köprüsü açıldı. * İlk uluslararası futbol maçı, İngiltere ile İskoçya arasında oynandı. * Osmanlı Devleti, Yemen'i yeniden topraklarına kattı. * İspanya'da iç savaş başladı, Carlos Fransa'ya kaçtı. * İngiltere'de kabul edilen bir yasayla "gizli oy uygulaması"na başlandı. * ABD'de genel af ilân edildi ve 500 kadar konfederasyon yanlısının siyasi hakları iade edildi. * Alphonse Daudet, "Tarascon ve Tartarin"i, Jules Verne "80 Günde Devriâlem"i yazdı. * İngiliz filozof Bertrand Russell ve Alman düşünür Ludwig Feuerbach doğdu. * Cizvitler Almanya'dan çıkarıldı. * Brooklyn Köprüsü açıldı. * İlk uluslararası futbol maçı, İngiltere ile İskoçya arasında oynandı. * Osmanlı Devleti, Yemen'i yeniden topraklarına kattı. * İspanya'da iç savaş başladı, Carlos Fransa'ya kaçtı. * İngiltere'de kabul edilen bir yasayla "gizli oy uygulaması"na başlandı. * ABD'de genel af ilân edildi ve 500 kadar konfederasyon yanlısının siyasi hakları iade edildi. * Alphonse Daudet, "Tarascon ve Tartarin"i, Jules Verne "80 Günde Devriâlem"i yazdı. * İngiliz filozof Bertrand Russell ve Alman düşünür Ludwig Feuerbach doğdu. * Cizvitler Almanya'dan çıkarıldı. * Brooklyn Köprüsü açıldı. * İlk uluslararası futbol maçı, İngiltere ile İskoçya arasında oynandı. * Osmanlı Devleti, Yemen'i yeniden topraklarına kattı. * İspanya'da iç savaş başladı, Carlos Fransa'ya kaçtı. * İngiltere'de kabul edilen bir yasayla "gizli oy uygulaması"na başlandı. * ABD'de genel af ilân edildi ve 500 kadar konfederasyon yanlısının siyasi hakları iade edildi. * Alphonse Daudet, "Tarascon ve Tartarin"i, Jules Verne "80 Günde Devriâlem"i yazdı. * İngiliz filozof Bertrand Russell ve Alman düşünür Ludwig Feuerbach doğdu. * Cizvitler Almanya'dan çıkarıldı. * Brooklyn Köprüsü açıldı. * İlk uluslararası futbol maçı, İngiltere ile İskoçya arasında oynandı. * Osmanlı Devleti, Yemen'i yeniden topraklarına kattı. * İspanya'da iç savaş başladı, Carlos Fransa'ya kaçtı. * İngiltere'de kabul edilen bir yasayla "gizli oy uygulaması"na başlandı. * ABD'de genel af ilân edildi ve 500 kadar konfederasyon yanlısının siyasi hakları iade edildi. * Alphonse Daudet,Tarascon ve Tartarin"i, Jules Verne "80 Günde Devriâlem"i yazdı. * İngiliz filozof Bertrand Russell ve Alman düşünür Ludwig Feuerbach doğdu. * Cizvitler Almanya'dan çıkarıldı. * Brooklyn Köprüsü açıldı. * İlk uluslararası futbol maçı, İngiltere ile İskoçya arasında oynandı.

Hoca Mustafa Efendi, üç yıldır yaz kış gelmekte olduğu Cevdet Paşa'nın konağına, artık bir daha gelemeyecekti. Kar gibi temiz ve beyaz küçük sarığı, daima yeni ve temiz görünen cübbesi ve uzun boyu ile Hoca Mustafa Efendi, bir daha görünmeyecekti. Aliye'nin önündeki yürünmemiş yolları, yürünmüş bir tecrübeye çeviren Hoca Mustafa Efendi, ilmin ziyasını Aliye'nin gönlüne bir daha düşüremeyecekti.

Yalnız edebiyat, tarih değil, coğrafya ve felsefe de okutan, okuttuğu her şeyi vazıh bir lisan ile anlatıp, kibar tavırlarıyla öğrencilerini kendisine bağlayan Hoca Mustafa Efendi'nin sesini, konağın duvarları duymayacaktı. Ama Aliye, o sesi ve o üslûbu zihninde daima saklı tutmaya çalışacaktı.

Hoca Mustafa Efendi'nin ölümünden sonra, Fatma Aliye'nin kafasını kalbine gömen duruşu, annesine fena halde dokundu. Eskiden beri görüştükleri, fakat pederlerinin Girit'e tayininin çıkmasından sonra aralarına mesafe giren dostları, İstanbul'a avdet etmişlerdi. Hoşgeldin ziyaretinde bulunmak için acele eden Adviye Hanım'ın esas niyeti, yaşları Aliye'ye yakın olan iki kız kardeş ile Aliye'nin arkadaşlık yapmasını temin etmekti. Aliye kitapların dünyasından çıkmalıydı artık. Okumak iyi de. Nereye kadar!

Aliye, iki hemşire ile pek kolay anlaşıp kaynaştı. Kızlar hem resim yapıyor, hem de piyano çalıyorlardı. Ama Aliye'yi esas ilgilendiren, kendisine hiçbir şey söylemeyen kitapların dünyasına dalıp çıkmalarıydı. Onların okuduğu kitaplar Aliye'ye hiçbir şey söylemiyordu. Uçarken uçmaz olmuştu. Her şeye katlanırdı da, bir kitabın sayfalarının artık kendine bir şey söylemez oluşuna katlanamazdı.

Aliye her fırsatta Giritlilerin konağına gitmek istedikçe, Adviye Hanım kızının artık büyüdüğü için piyanoya, resme meylettiğini düşünüp seviniyordu. Neydi öyle! Ali Sedat'ın yanında, Ali Sedat'ın hocalarıyla... Kız olduğunu unutacak diye korkuyordu.

Annesinin, Paşa babasına, "Aliye için bir piyano hocası tutmanın zamanı geldi" dediği sıralarda Aliye, bulduğu her türlü Fransızca mecmua ve kitabın yüzüne saatlerce bakıyordu. Bu kitaplardaki harfler, kendi okuduğu harflere benzemiyordu. Yine de, kaç türlü harf olduğunu çıkarırsa kendi kendine okuyabilirmiş gibi, birbirine benzeyen harfleri yan yana yazıyordu. 'A'ya benzeyenler yan yana. 'B'ye benzeyenler yan yana. Fransızcanın bütün elifbasını tasnif etmişti kâğıt üzerine, lâkin bunların sesinin nasıl olduğunu bir türlü çıkaramamıştı.

Bir gece, rüyasında Fransızca alfabe gördü. Şeklini bilip sesini bilmediği bütün harflere tek tek ses verdiğini gördü. Uyanır uyanmaz ihtiyar sütbabasını buldu. Kimselere söylemeden ve kimselere göstermeden, kendisine bir Fransızca alfabe bulup getirmesini tembihledi. İhtiyar, böyle gizli saklı işlerde hayır olmadığını söylediyse de, Aliye, ille de alfabe, dedi. Üç gün boyunca ne yedi, ne içti. Sonunda ihtiyar razı oldu. Resimli güzel bir alfabe bulup getirdi.

Fransızca alfabeye kavuşan Aliye, odasına kapandı. Kitabı helecanla açtı. İlk dersi, sanki biliyormuş gibi, gözden geçirdi. Bir daha, bir daha. Ama olmuyordu. Bu hurufat, bu yazı kendisine hiçbir şey söylemiyordu. Yazı ketum davrandıkça, Aliye'nin inadı artıyordu. Dört gün boyunca, yuvasından çıkacak fareyi kollayan kedi gibi, gözünü sayfadan çekmeden baktı Aliye. Sebat eden kavuşurdu. Arayan bulurdu. Bu harfler sırrını kendisine açmadıkça, bu odadan çıkmayacaktı. Elbet bir gün dilsiz harfler dillenecekti.

Ah, harflerin sesini sorabileceği biri olsaydı. Ama soramazdı. Validesi ne diyordu kızlarına Fransızca öğreten konakların bahsi geçince, "Hiç olur mu efendim! Dilini değiştiren, dinini değiştirir. Gâvurun dili ile bizim ne işimiz var? Arapça öğrenir. Farsça öğrenir. Ama bir mümin niye gâvurun dilini öğrenmeye meyletsin? Dilini değiştiren, dinini de değiştirir!"

Fransızca alfabenin sayfalarında, sudaki aksini bulmaya çalışan peri padişahının kızı gibi sararıp solan Aliye için, annesi piyano hocasını getirdi odasına. Darülmuallimat'ta muallime olan Refika Hanım yeni ihtida etmişti, Mekteb-i Harbiye öğrencisi olan Sadık Bey ile evli idi. Sadık Bey Mekteb-i Harbiye'de bulunmak zorunda olduğundan, hanesine haftada bir defa gelebiliyordu. Bu durumda Refika Hanım'ın haftada iki üç gün konakta yatılı kalmasında bir beis yoktu.

Aliye, piyano hocasını piyano hocası olduğu için değil, bir ecnebi olduğu için sevdi. Refika Hanım İngiliz'di ama olsun.

Piyano dersi biter bitmez Aliye, Refika Hanım'ı odasına davet ediyor; yazı masasının başına oturup kitap dolabından herhangi bir kitabı çıkararak 'Elf-i Leyle' diye okuduktan sonra, "Aklıma geldi de, gecenin Fransızcası ne acaba?" diye soruyordu. Cevabı aldıktan sonra, başka bir kelimenin Fransızcasının peşine düşüyordu. Sora sora bildiği Fransızca kelimelerin sayısını elliye kadar çıkardı. Arada bir, kelimelerin arasına deyim ve atasözü de sıkıştırmayı ihmal etmiyordu. "Biz böyle deriz, acaba Fransızlar bunu nasıl söyler?" diye hocasından cevap bekliyordu. Aliye sordukça Refika Hanım'ın ona duyduğu muhabbet artıyor, Aliye'nin sorularıyla kendini vatanında buluyordu.

Henüz on yaşındaki bu küçük kız, ne kadar akıllı ve ne kadar başka idi. Soru sorarken insanın ta içine bakıyor; cevap veren, soru soranın gözlerindeki ışık ile, içinde birikmiş ama kendisinin bile farkında olmadığı bilgileri bulup çıkarıyordu. Soru soran ile cevap veren bir ganimeti paylaşıyorlardı. Paylaştıkça ganimet artıyor, arttıkça paylaşılan, her defasında başka bir şeye dönüşüyordu.

Ama henüz paylaşılmamış bir şey vardı. Bu şey, Aliye'nin bütün takatini alıyordu. Geceleri çekmecesine kilitleyip, gündüzleri koynunda taşıdığı alfabe, hâlâ daha kendisine bir şey söylemeyendi. Günlerdir aynı sayfaya bakmaktan, o sayfaya bakmadığı zamanlarda da her yerde o sayfanın gölgesini görür olmuştu. Ama harfler tek başına ve sağırdılar.

Piyano dersi bitmiş, Aliye'nin odasına çıkmışlardı. Refika Hanım'ın, "Sizin yaşınızda böyle güzel masası ve kitap dolabı olan kaç genç kız vardır?" -on yaşında olmasına rağmen Aliye'ye kimse çocuk diyemezdi - diyen mültefit tavrından cesaret aldı Aliye.

Sesini kıstı, Refika Hanım'a, kendisine vereceği sırrın asla ve kat'a ifşa edilmemesi gerektiğini büyük bir ciddiyetle söyledikten sonra çocukluğuna geri döndü.

"Dolabımda Fransızca kitaplar da olsun istiyorum. Bilseniz, geceleri uyuyamıyorum" dedi.

Bu isteğini söylerken, âşığının adını zikreyleyen kara sevdalı gibi kendinden geçmiş, adeta damarlarındaki kan çekilmiş, yüzü kararmıştı.

Refika Hanım, Fransızca öğrenmek için geceleri uyuyamamayı anlayamadı. Niçin bir Fransızca hocası tutulmuyordu?

Kızlarına Frenkçe tahsil ettiren konaklara Frenk kadınlarının girip çıktığını, Cevdet Paşa'nın konağının böyle bir hale müsait olmadığı gibi, validesinin de kızların Frenkçe öğrenmesine pek karşı olduğunu söyledi Aliye.

Refika Hanım, kendisinin din değiştirmesiyle birlikte "içimizden biri" olarak, Cevdet Paşa Konağı'na kabul edilmekte olduğunu anlayınca pek sevindi. Aliye'ye yardımcı olacağını, ona Fransızca okumayı öğreteceğini söyledi.

Günlerdir aynı sayfaya bakmakta olan Aliye, Refika Hanım'ın sağır ve dilsiz hurufata ses vermesinden sonra kendinden geçti. O nasıl aşk idi ki, alfabeden bir an bile ayrılmak istemiyor, gece gündüz sazının tellerinde eğleşen musikişinaslar gibi, sese ses eklemek için kendini unutacak kadar harf oluyordu. Gündüzleri talimini yapacağı en iyi yer arka bahçedeki salıncaktı. Salıncağa oturuyor; koynundan alfabesini çıkartarak hem bir önceki dersini tekrar ediyor, hem de bir sonraki dersin sayfalarına göz gezdiriyordu.

Adviye Hanım, kızının piyano dersi almasından pek hoşnut idi. Nasıl da yerinde bir karar vermişti. Çocukluğunu kitap sayfalarında eğleşerek geçiren Aliye, genç kız olmanın eşiğinde nazlı nazlı salıncakta sallanıyordu.

Sırtını konağa veren Aliye böyle usul usul sallanırken, onu seyreden annesi, kızının sallanmayı bile unutacak kadar hülyalara dalmış olduğunu zannediyor, Refika Hanım'a adeta minnet duyuyordu. Aşk olsundu! Kadın ne kadar işinin ehliydi böyle! Aliye'nin içinde bile bir ahenk keşfedip, harekete geçirebilmişti.

Aliye'nin içindeki ahenk, öğrenme rüzgârının emrindeydi. Salıncakta dersini temrin edip yavaşça odasına gidiyordu. Çünkü odasına girip çıkanlar oluyordu. Ama onun Frenkçe bellediğini katiyen kimse görmemeliydi. Salıncakta sallanırken üzerine bir gelen olsa, kitabını yavaşça koynuna koyuveriyor, sonra hülyalı hülyalı bahçeye nazar etmeye başlıyordu.

O gün, odasına gitmek için geçtiği salonun tenhalığından istifade ile kitabını koynuna koymamıştı. Fakat pederi ansızın karşısına çıkıverdi. Aman Yarabbi! Gök delindi. Yer çöktü. İkisinin arasında sıkışmış bir Aliye. Çaresizlik içinde elindeki kitabı elbisesinin kıvrımları arasında saklamayı düşündü.

Cevdet Paşa, çocuğun halindeki fevkaladeliği sezerek, çok sıradan bir şey sorarmış gibi, "Nedir o?" dedi.

Aliye, soruyu cevaplamaktansa dilini yutmuş olmayı tercih ederek, put gibi dondu kaldı.

Pederi kendisine bakmaya devam ediyordu. Verilebilecek hiçbir cevap yoktu. Soruların ve cevapların iklimini daima lâtif bulan Aliye için, o an konuşmak fazlasıyla yüktü. Pederinin sorusunu cevapsız bırakmayı da göze alamayacağı için kitabı gösterdi.

Cevdet Paşa kitaba baktı. Bu kitabın Aliye'de ne işi vardı!?

Dört yıl önce zevcesinin helecan içinde, "Paşam, Aliye'niz harekeli kitapları okuyabiliyor" diye selâmlığa gelişini hatırladı.

"Sen, bu kitabı okuyabiliyor musun?" dedi ihtiyatla. Besbelli resimlerine heves edip almıştı kitabı.

Aliye başkasına ait olan bir kitap ile yakalandığı için suçluluk hissediyordu.

Titreyerek tuttuğu kitabın sayfalarını açıp okumaya başladı. Okudukça, Paşa'nın taaccübü arttı. Bu konakta Fransızca bilen biri yoktu ki! Öyle ise, Aliye Fransızca okumayı kimden öğrenmişti!?

Bu küçük çocuğun karşısında daha fazla dağılmamak için, "Sana Fransızca da okutsunlar" dedi.

Aliye'nin ayakları yerden kesildi. Boşuna mı korkmuştu? Boşuna mı saklanmıştı bunca vakit? Ah, istemek ne güzeldi. İstediğine kavuşmak ne güzel.

İçindeki saatin ritmi hızlandı. Hadi Aliye daha, daha, daha, daha.

1875

* Bosna-Hersek'te ayaklanma oldu. Sultan Abdülaziz bölgede reform yapmayı kabul etti. * Selanik'te "Kadınlar için Ayine" dergisi yayınlanmaya başladı. * İngiltere'de Toplum Sağlığı Kanunu kabul edildi. * Küba'da isyan başladı. * İngiltere, Mısır Hidivi'nden Süveyş Kanalı hisselerinin bir kısmını satın aldı. * Mark Twain "Tom Sawyer"ı yazdı. * Prusya'da dini otoritelerin yetkisi kaldırıldı. * Bizet, "Carmen Operası"nı besteledi. * P.E. Lecoq "galyum" elementini buldu. * Londra'da kadınlar için sağlık eğitimi veren bir okul açıldı. * Bosna-Hersek'te ayaklanma oldu. Sultan Abdülaziz bölgede reform yapmayı kabul etti. * Selanik'te "Kadınlar için Ayine" dergisi yayınlanmaya başladı. * İngiltere'de Toplum Sağlığı Kanunu kabul edildi. * Küba'da isyan başladı. * İngiltere, Mısır Hidivi'nden Süveyş Kanalı hisselerinin bir kısmını satın aldı. * Mark Twain "Tom Sawyer"ı yazdı. * Prusya'da dini otoritelerin yetkisi kaldırıldı. * Bizet, "Carmen Operası"nı besteledi. * P.E. Lecoq "galyum" elementini buldu. * Londra'da kadınlar için sağlık eğitimi veren bir okul açıldı. * Bosna-Hersek'te ayaklanma oldu. Sultan Abdülaziz bölgede reform yapmayı kabul etti. * Selanik'te "Kadınlar için Ayine" dergisi yayınlanmaya başladı. * İngiltere'de Toplum Sağlığı Kanunu kabul edildi. * Küba'da isyan başladı. * İngiltere, Mısır Hidivi'nden Süveyş Kanalı hisselerinin bir kısmını satın aldı. * Mark Twain "Tom Sawyer"ı yazdı. * Prusya'da dini otoritelerin yetkisi kaldırıldı. * Bizet, "Carmen Operası"nı besteledi. * P.E. Lecoq "galyum" elementini buldu. * Londra'da kadınlar için sağlık eğitimi veren bir okul açıldı. * Bosna-Hersek'te ayaklanma oldu. Sultan Abdülaziz bölgede reform yapmayı kabul etti. * Selanik'te "Kadınlar için Ayine" dergisi yayınlanmaya başladı. * İngiltere'de Toplum Sağlığı Kanunu kabul edildi. * Küba'da isyan başladı. * İngiltere, Mısır Hidivi'nden Süveyş Kanalı hisselerinin bir kısmını satın aldı. * Mark Twain "Tom Sawyer"ı yazdı. * Prusya'da dini otoritelerin yetkisi kaldırıldı. * Bizet, "Carmen Operası"nı besteledi. * P.E. Lecoq "galyum" elementini buldu. * Londra'da kadınlar için sağlık eğitimi veren bir okul açıldı. * Bosna-Hersek'te ayaklanma oldu. Sultan Abdülaziz bölgede reform yapmayı kabul etti. * Selanik'te "Kadınlar için Ayine" dergisi yayınlanmaya başladı. * İngiltere'de Toplum Sağlığı Kanunu kabul edildi. * Küba'da isyan başladı. * İngiltere, Mısır Hidivi'nden Süveyş Kanalı hisselerinin bir kısmını satın aldı. * Mark Twain "Tom Sawyer"ı yazdı. * Prusya'da dini otoritelerin yetkisi kaldırıldı.

I-

Aliye, hem hukuk hem de tıp tahsil etmiş, üstelik pek çok mevzuda yararlı eserler vermiş olan İlyas Matar Efendi'nin, 1872-1875 tarihleri arasında, üç yıl boyunca talebesi oldu.

İlyas Matar Efendi, Cevdet Paşa'nın konağında ikamet ediyor; gündüzleri yüksek okula ders vermeye gidiyor, akşamları da Paşa'nın çocuklarına Fransızca belletiyordu. Ama en hakiki öğrencisi Aliye idi.

Dersler hızla ilerliyordu. İlyas Matar Efendi, yorulmak nedir bilmeyen öğrencisine bir taraftan konuşma öğretiyor, bir taraftan da eline tutuşturduğu küçük bir sözlük yardımıyla Fransızca metinleri Türkçeye çevirmesini istiyordu.

Kendisine söylenen her şeyi yapıyordu Aliye. Yorulmadan, şikâyet etmeden. İlyas Matar Efendi, Fransızcadan Türkçeye çeviriler yapabilen öğrencisine, bu defa Türkçeden Fransızcaya çeviri vazifesi verdi.

Talebesinin gayreti, hocanın öğretme aşkını kuvvetlendiriyordu. Fransızca metinleri, Arapça metinler takip etti.

İlyas Matar Efendi ile dersler devam ederken, Aliye için Darülmuallimat'ı ikincilikle bitiren bir hanım hoca bulundu. Çocukluğundan beri selâmlığın ikliminde gezinen Aliye için. Bu hanım hoca Aliye'yi kadınların dünyasına yaklaştıracaktı. Bu kadar başarılı olmuş bir hanım hoca yaklaştıramazdı da kim yaklaştırabilirdi?

Ümit edilen vuku bulmadı. On üç yaşındaki çocuk, kendisine takdim edilen hocânım ile birlikte, neden kadınların bildiklerini daha iyi bilemediklerini düşünmeye başladı. İşte hoca diye takdim edilen, üstelik okulunu ikincilikle bitirerek muvaffakiyetini tescillemiş olan bu kadın, Aliye'ye hiçbir şey öğretemiyordu.

Aliye, hocasının el yazısını görünce şaşırdı. Böyle yazı mı olurdu? Üslûpsuz bir yazı, yüzü olmayan bir insan kafası gibiydi Aliye için. O, gizli gizli konaktaki öğrencilerin defterlerini karıştırırken, risalelere eklenmiş derkenarlara bakarken, her birinin üslubundan yazının sahibine, oradan da karakterine varırdı. "Bu aceleci" derdi, mim'in kuyruğunu savrukça çekenlere. "Bu ürkek" derdi, sad'ın kurdelesini titrekçe çizmiş olanlara. Ama kendisine hoca diye tutulan bu hocânımın üslûbu yoktu. Kararsızdı. Güzel ya da çirkin olması değil, yazısının kararsız olması rahatsız etmişti Aliye'yi.

Yazısındaki üslûpsuzluğu affedebilirdi Aliye ama hocasının ne jeolojiden haberi vardı, ne kozmografyadan. Bunları hiç mi merak etmemişti? Oysa yerin altındaki dünya kadar, gökyüzündeki dünyalar da Aliye'nin alâkasına mazhardı.

Aliye, "Bana bir harf öğretenin kırk yıl kölesi olurum" hükmüne olan inanç ile hocasının verdiklerini ezberlemeye çalışıyor; kendisi için hiçbir şey ifade etmeyen dolambaçlı ifadelerden gözünün nurunu esirgemiyordu.

O öğrenmek için sordukça, hocânım onun, bu soruları kendisini küçük düşürmek kastıyla, mahsus sorduğunu düşünüyor, aralarındaki uçurum geçilemez ve köprü kurulamaz bir hal alıyordu.

İlyas Matar Efendi ile lisanın mecrasında pürüzsüz yolculukları devam ederken, yaşadığını fark ettirecek, kendisine hayat enerjisi sunacak yeni şeyler öğrenme arzusunu hocânımdan sonra doyuramaz hale gelmişti Aliye. Fransızca öğrenmek vücudunun bir parçası idi. Kendiliğinden oluyordu adeta. Görmek gibi, duymak gibi. Aliye yeni helecanlar istiyordu. Önce kendisini zorlayacak, karşısında kale gibi duracak; sonra Aliye, gayreti ile o kaleyi fetheden olacaktı.

Susuz bırakılmış bir çiçek gibi solgun ve nefessiz kalmışken, bir gün biraderi kendisi için fazla olan kitaplarla birlikte 'Letaif-i Rivayat'ı da verdi. Biraderi bir kitap vermemişti Aliye'ye, uç uca eklenecek dünyaların anahtarını vermişti. Dolambaçlı yolları sevmeyen Aliye, bilginin böylesine çapaksız, böylesine doğrudan, böylesine insanın zihnine ulaşabilir olmasından mesut, uçarak dolaştı kitap sayfalarında. Akraba efendilerden birine okutulan 'Telamak' tercümesine kulak misafiri olurken, sözü bu kadar yoran satırlardan nefret etmişti. Eskiden ak sayfalara düşen her türlü yazının insana kanat taktıran bir gücü olduğunu zannediyordu. Değildi işte. Bir geyiğin başını mağaradan çıkarması için ne çok kelime ziyan edilmişti. Satırlar satırları kovalıyor, geyik başını mağaradan bir türlü çıkarmıyordu.

Kime ne faydası vardı o satırların! Kelâm niye böyle yorulurdu! Her cümle bir bilgiye işaret etmeliydi. Her şeyin bir karşılığı olmalıydı. "Faydasız ilimden Allah'a sığınırım" hadis-i şerifini, işte tam bu sıralarda hıfzetti. Hayatı boyunca öğrendiği her şeyin, müdafa ettiği ve bellettiği her şeyin, bir faydasının olmasını düstur edindi. Bir mümin için atılan her adım, sarf edilmiş her bakış Yaradan'ın ilmine ulaşmak için vesile olmalıydı.

İlmin yollarında hocalarının açtığı patikadan ilerleyen Aliye, 'Letaif-i Rivayat' ile buluşmasından sonra, hoca olmadan da kitaplardan bilgi edinebileceğini keşfetti. Bu defa, hoca konağa gelmeyecekti. O, hocanın kitaplarına ulaşacaktı. Sütbabasına, "Ahmet Mithat Efendi" diye bir pusula yazdı. Bu zatın bütün kitapları bulunup alınacaktı.

Alındı. Önce 'Hâce-i Evvel' geldi. O vakte kadar hiç hendese okumayan Aliye, kitaba bakarak oradaki şekilleri çizdi. Hendesinin sularında yüzmeye başlamışken, sütbabası bu defa 'Hasan Mellâh'ı getirdi. Bu kitabın bir önceki ile hiç alâkası yoktu. Ama güzeldi. Hayata karışamayan Aliye, kitaplardaki hayata pek çabuk karıştı. Romanın o kadar tesirinde kaldı ki, bir kitabın sayfalarında demir atmamış olduğu demlerde, gözünün önünden akıp gitmekte olan 'Hasan Mellâh'a teslim oldu.

Hurufat üzerinden nefesine ulaştığı bir hocası vardı artık Aliye'nin. Talebe hocasını biliyordu, lâkin hoca henüz talebesinden haberdar değildi. Yıllar sonra haberdar olduğunda, onu tanıtmak için seferber olacak, üstelik ikisi 'Hayal ve Hakikat' namında bir de ortak roman yazacaklardı.

13 yaşına gelen Aliye, tesettüre girmişti. Tesettüre girmesi ilim tahsil etmesine mani olacak diye korkarken, hiçbir değişik-

lik olmamıştı. En çok annesinin itirazından korkmuştu Aliye. "Gelinlik kız, öyle hoca karşısında ders mi talim edermiş!" demesinden. Ama korktuğu başına gelmedi. Beyaz namaz örtüsünü başına alıyor, yine eskisi gibi İlyas Matar Efendi'nin karşısına oturuyordu.

Her şey yolunda gibiydi. Derken dümdüz ilerleyen yol, bir kıvrımla kesintiye uğradı; hayatının en güzel yılları, Cevdet Paşa'nın Yanya Valiliği'ne atanmasıyla sekteye uğrayıverdi. Hiçbir şeyin tadı kalmamıştı sanki. İlyas Matar Efendi, sadece dil öğretmekle kalmıyor, o yaştaki birinin anlayabileceği ne varsa öğretmeye çalışıyordu Aliye'ye. Ama öğrencisinin bilme arzusu, pederi ile birlikte gitmişti sanki.

Akşamları İlyas Matar Efendi ile ders yaparken ayrılık acısını kısmen unutan Aliye, gündüzleri hiç kimselerin görmediği köşe bucakta gizli gizli ağlıyordu.

Sanki yalnız pederi için öğrenmekteydi. Yalnız pederinin hayreti, gayretini attıran bir kimyaydı. Pederinin geçip gitmediği odalarda, sofalarda ders bellenir miydi?

Pederini şaşırtmadan, pederine ne kadar öğrenmiş olduğunu göstermeden, yeni şeyler için ufkunu açık ve temiz tutması mümkün görünmüyordu. Kendini bildi bileli, bir kürsünün üzerinden baktığını düşündüğü pederine görünmek içindi bunca gayret. Malûmat paylaşmak içinse, Aliye için paylaşmanın başkişisi pederiydi.

Ağlamaktan fena olduğu bir öğleden sonra, şiş gözlerini gördü aynada. Akşam derse oturabilme gayretini elde edebilmek için, bir an önce pederine ulaşabilmenin bir yolunu bulmalıydı.

Yazıhanesine oturdu. Mektup kâğıdı çıkardı ve kendisini Fransızca yazarken buldu.

Arkasından kovalayan varmış gibi yazıyordu.

Karşısında pederi varmış gibi.

Yazdıkça içindeki ateş suya değermiş gibi.

Sayfalarca yazdı. Daha da yazacaktı. Validesinin odaya girdiğini bile fark etmeden yazıyordu. Yazarken kâh gülüp kâh kaşlarını çatıyordu.

Bir müddet seyretti kızını Adviye Hanım.

Kendisine hiçbir şey söylemeyen hurufatı hükmü altına alışına baktı.

Baktı ve korktu.

Bu kadar uzun ne yazılırdı! Hem de bu yaban harflerin gövdesinde.

Mektup mu yazıyorum demişti!? Kime yazılırdı bu mektup? "Pederime" diyordu Aliye. Ya pederine değilse?.. Ya eskilerin dediği gibi, yazı yazmayı öğrenen her genç kız için korkulan, "sevdiğine nâme" ise bu satırlar. Babasına yazıyor idiyse niye Türkçe değil de gâvurca yazıyordu? İşin içinde bir iş vardı muhakkak. Ya yazılanlar yüz kızartıcı bir şeydi, ele geçince kimsenin anlamaması için gâvurca yazılıyordu ya da doğrudan bir gâvura yazılıyordu. Aman Allah'ım! Dünya başına yıkıldı Adviye Hanım'ın. Aliye akıllı kızdır. Semiye olsa belki diyecek. Ama kız kısmısı, belli mi olur canım? Gençlik rüzgârı deli deli esmeye başlayınca, akıl uçar gider kuş misali.

Aliye'nin elinden mektubu almak lâzım. Alıp İlyas Matar Efendi'ye göstermek lâzım. Ama kırmadan ve üzmeden. Şimdiye kadar kendisini bir defa bile incitmemiş kızını, Adviye Hanım da incitmemeli. Kızı dört yıldır kâtibeliğini yapıyor, onun adına yazılacak mektupları incecik parmaklarıyla yazıyordu. Korkusunu hayrete çevirmeye çalışıyor Adviye Hanım.

"Aliye, sen pederine Fransızca mektup kaleme alacak kadar kemale erdin mi? Hele yazdıklarını İlyas Matar Efendi'ye bir gösterelim."

Annesinin kendisinden saklamaya çalıştığı korkuya bir anlam veremiyor Aliye. Yazdığı mektubu zarfa koyup annesine takdim ediyor: "Hocam okuduktan sonra emir buyurun da postaya versinler."

Kızı ne kadar emindi kendinden böyle. Demek ki sahiden pederine yazmıştı bu satırları. Ama bu mümkün müydü? Koca koca delikanlılar, koca adamlar yıllarca uğraşıp da öğrenemezken, şu on üç yaşındaki kız mı bellemişti gâvurun dilini? Hem insan nasıl olur da, söylemek istediklerini gâvurun dilinde söyleyebilirdi?!

Haremin kapısına çağırttı İlyas Matar Efendi'yi. Şüphelerini görünmez kılmaya uğraşarak mektubu takdim etti. "Aliye pederine mektup yazmış. Bir eksiği, kusuru varsa bakıverin de postaya versinler."

İlyas Matar Efendi hiç şaşırmadan okudu mektubu. Evet, Aliye pederine mektup yazmıştır. Kusursuz bir Fransızca ile. Eğer valideleri hanımefendi isterlerse kerimelerine Türkçe söylerler, kerimeleri de onu derhal Fransızcaya çevirebilir.

Adviye Hanım, Frenkçenin kızı ile kendisi arasına girmekte olduğunu hisseder. Sanki kızı, kendisinin hiç bilmediği bir lisanın sınırları içinde uzaklaşmaktadır.

Mektup postaya verilir.

II-

Aliye'nin Fransızca satırları, aralarındaki mesafeyi ve hasretin acısını şiddetlendirmişti adeta. Yanya Valisi Cevdet Paşa, kendisine gönderilen mektuptan ve kızının Fransızcadaki başarısından pek memnun olduğunu ifade eden bir cevap yazarken, esasında kararını vermişti. İlmi kadar irfanı da başkalarına benzemeyen bu çocukta, Hz. Peygamber'in kızı Fatıma'ya duyduğu sevgiyi bizzat yaşadığını düşünüyordu. Lâkin bunu öteki iki çocuğuna hissettirmemeliydi. Mektuba cevap yazarken, onları Yanya'ya aldırtmaya karar vermiş olduğunu bilhassa zikretmedi. Sonra, "Aliye bir mektup yazdı, Cevdet Paşa'nın olmazlarını oldurttu" diye lâkırdı çıkardı haremde. Semiye, ablasını hep kıskanmıştı. Hem başlarda kardeşine yardımcı olmaya çalışan Ali Sedat da Aliye'ye karşı gaddarlaşmıştı. Ah kardeş kıskançlığı, Habil ile Kabil'den kalan miras.

Her bir kelimesine kendini katarak gelen Aliye'nin mektubuna, Cevdet Paşa kendisini tuta tuta cevap yazdı. Resmiyetin mesafesine sığındı. "Nur-u aynım Aliyem" diye başladığı mektubu iptal etti.

En iyisi annelerine hitaben yazmaktı. Haremin ahvalini sorduktan ve dahi herkese selâm ettikten sonra Aliye'nin mektubuna sıra düşürmek en iyisi idi. Böylece dikkat çekmezdi. Pederinin yüreğinde saklı tuttuğu Aliye resmi, herkese aşikâr kılınmamış olurdu.

"Aliye'nin yazmış olduğu Fransızca mektup, bizi ziyadesiyle memnun etmiştir. Takdirlerimi kendisine beyan ediniz. Bahar mevsiminde Tirieste postasıyla yola çıkmak için hazırlıklarınızı tamam eyleyiniz."

III-

Fatma Aliye, pederine yazdığı mektubun Yanya daveti ile cevaplanmasından pek mesut oldu. Pederi, validesine hitaben yazmıştı ama olsun. Validesine mektubu okuyan bizzat kendisiydi. Validesi, önce mektubu kendisi okumuş, sonra da kızından tekrar dinlemişti. Aliye'nin okuyuşu sanki her şeyi başkalaştırıyordu.

Paşa "Gelin!" diye emir buyurmuştu öyle mi? Gitmek ile kalmak arasındaki bütün kuyuları dolaştı Adviye Hanım. Gitmek istiyordu istemesine ama... Ah o vapur! Git git bitmezdi yollar. Bir sürü ecnebi de olacakmış üstelik. Gözünü kapatıp açtığında, Paşa'nın yanında oluvereceği bir varış istiyordu.

Tirieste postasıyla İstanbul'dan hareket edecekleri güne kadar, haremde hazırlıklar bitmedi. Fatma Aliye'nin hayal meyal hatırladığı Şam seyahati silik bir resim gibiydi.

Henüz başlamamış olan Yanya seyahatini, bir ressam titizliği ile detaylandırdı. Seyahat başlamadan önce, zihninde defalarca seyahatin provasını yaptı Aliye. Vapura binişini, yolcularla sohbet edişini. En çok da, yabancılarla Fransızca konuştuğunu hayal etti. Sanki karşısında bir yabancı varmış gibi, bir onun yerine, bir kendi yerine konuştu. Kendi kendine kurduğu diyaloglar o kadar çok hoşuna gitti ki, insanın, hem kendisi hem de bir başkası olabilmeyi başarması olarak gördü roman yazmayı. 'Hasan Mellâh'ı okuduğu günden beri, zihninden roman yazmaya başlamıştı. Aliye'den Aliye'ye diyaloglar ile henüz kâğıda düşmemiş ilk roman taslaklarını zihninde teşekkül ettirmeye başladı.

Sefer günü geldiğinde, tekrar tekrar eksiklikler kontrol edildi. Tembihler yapıldı. Sağa sola son bir defa daha nazar edildi. Adviye Hanım çocuklarına, "Yanınıza almak istediğiniz en mühim eşyalarınızı bir defa daha tetkik edin" dedi.

Emine Semiye en mühim eşya olarak, Fransa'dan gelen bez bebeğini, Ali Sedat da kilitli bir cilt içinde muhafaza olunan kitabını almıştı. Fatma Aliye, "Benim için en mühim şey eşyalarımın arasında yok" dedi. "Hadi getir, gidiyoruz" diye uyardı kızını Adviye Hanım. "O benim için hep eksikti" dedi Fatma Aliye, rüya âleminden konuşur gibi. Adviye Hanım kızdı, "Hadi Aliye, git getir şu eksiği."

"Biyanki Kamusu eksik."

"Getir o zaman."

"Benim Biyanki Kamusum yok!"

Adviye Hanım, rüya âleminden konuşan Aliye'nin densizliğine iyice kızdıysa da, halayıkların önünde kızgınlığına gem vurmaya muvaffak oldu.

Aliye, annesini kızdırdığının farkında idi. Son bir ümitle, seyahate çıkmadan belki de kendisine Biyanki Kamusu'nun alınıvereceğini hayal etmişti. Dört cildi sekiz lira idi. Dadısından, on lira değerinde dantelalı, farbelalı kadife bir elbise istemiş olsa idi, derhal alınırdı. Ama Fransızca bir kitap için, sekiz lira kolay kabul edilebilir bir şey değildi. Aliye bunu biliyordu.

Adviye Hanım, kızının gururunu incitmiş olabileceğini düşünerek gönlünü almak istedi.

"Gemide kamusu ne yapacaksın?"

Aliye, daha fazla kamus muhabbeti yapmak istemiyordu. Biraderi ile hemşiresi alaylı nazarlarla bakmaya başlamışlardı işte.

Annesine cevap vermek yerine, af dileyen bir ifadeyle baktı.

Adviye Hanım affettiğini, "Hele bir sağ salim Yanya'ya vasıl olalım, pederiniz bir çaresine bakar" ifadesiyle beyan etti.

Denkler arabalara yerleştirilip yalı halkı ile vedalaşılırken, İlyas Matar Efendi, bu kabiliyetli talebesinin Fransızcada aldığı yolun kesintiye uğrayacağından ziyadesiyle endişeli olarak, birkaç Fransızca kitap hediye etti.

Hayalini kurduğu Biyanki Kamusu yerine Fransızca kitaplar. Olsun.

Yolculuk, tam da Adviye Hanım'ın korktuğu gibi bir yolculuk oldu. Gemide dilleri kendisine benzer tek bir âdem yoktu. Gemi görevlileri bile söylediklerini anlamıyordu. İhtiyaçları karşılanmamış olarak bekliyorlardı. Kadın kamarottan ümitlenmişti Adviye Hanım. Kadın kadının halinden anlar diye düşünmüştü en azından. Dili diline, dini de dinine benzemeyen birisi, sırf kadın olduğu için Adviye Hanım'a yakın gelmişti.

Ali Sedat, kafilenin reisi sayılırdı erkek olması hasebiyle. Ama o, herkesten ziyade kendisini kitabının sayfalarına kilitlemişti. O kadar Fransızca dersler. "Hadi oğlum Ali Sedat."

Ali Sedat, Fransızca konuşmaya meraklı olanın Aliye olduğunu söyledi, suçüstü yakalanmış çocuğun suçu üstünden atma telâşına benzer bir telâş ile. "Pederimize Fransızca mektuplar yazıyordu ya!"

Fatma Aliye, validesinin gözlerinin içine baktı. "Müsaadeniz olur mu valideciğim?" dedi.

Müsaade ne demek!

Müsaade çıktıktan sonra Aliye'nin Fransızcası, annesinin ve kardeşlerinin gurbetini azalttı; en çok da Aliye'yi kanatlandırdı. Bir taraftan validesinin ve kardeşlerinin ihtiyaçları için aracı oluyor, bir taraftan gemi halkı ile sohbet ediyordu.

Herkes bir vesileyle Aliye ile sohbet etmek istiyordu. Evvelâ bu Osmanlı kızının Fransızcasına hayran oluyor, sohbet ilerledikçe küçük kızın muhakeme gücü, fiziki dünyanın ahvaline dair fikir beyan edişi karşısında şaşırıyorlardı.

Muhatabı şaşırdıkça, şaşkınlığını pürdikkat dinleyişine yükledikçe, Aliye'nin dimağı iyice açılıyor; kendisini bile şaşırtan bilgiler, saklandıkları yerden sıralı bir şekilde çıkıyordu.

Gemidekilerin hayretiyle birlikte Fatma Aliye, "Rabbim hayretimi arttır" hadis-i şerifinin manasına erdi.

Hayreti, 1910'a kadar ilmini arttıran bir iklim olmaya devam etti. İmparatorluk, yatağından çekilmiş bir nehir gibi kururken; Fatma Aliye Hanım, istikbal için umut devşirmeye devam etti 1922'ye kadar, hem kalemiyle hem kelâmıyla.

1926'dan sonra, hayretin tefekküre değil de acıya açılan penceresiyle tanıştı. Acı veren hayret, tefekküre kanat çırpmaz olmuştu.

1878

* Osmanlı Rus Savaşı'nda (93 Harbi) Ruslar Edirne'yi alıp, Yeşilköy'e kadar ilerlediler. Osmanlı Devleti ateşkes talep etti. Yunanistan, Osmanlı Devleti'ne savaş ilân etti. Ayastefanos Anlaşması imzalandı ancak yürürlüğe girmedi. İngiliz filosu, Sultan'ın ricası üzerine İstanbul'a vardı. * Berlin Anlaşması imzalandı. * Meclis-i Mebusan tatil edildi, Kanun-i Esasi askıya alındı ve Birinci Meşrutiyet sona erdi. * Ali Süavi ve arkadaşları Çırağan Sarayına bir baskın düzenledi. Hedefleri, Sultan Abdülhamid'i tahttan indirip yerine V. Murad'ı tekrar padişah yapmaktı. İsyan kısa sürede bastırıldı. *Almanya İmparatoru I. Wilhelm'e suikast düzenlendi. * Antisosyalist Kanun Almanya'da yasalaştı. * İtalya'da ayaklanma başladı, halk Avusturya'dan Güney Tirol ve Trieste'yi ele geçirmek için kendi topraklarını geri istedi. * David Hughes mikrofonu keşfetti. * İyodoform ilk defa antiseptik olarak kullanıldı. * Mannlicher kesintisiz ateş eden silâhı üretti. * Amerika'da ilk bisiklet imal edildi. * Osmanlı Rus Savaşı'nda (93 Harbi) Ruslar Edirne'yi alıp, Yeşilköy'e kadar ilerlediler. Osmanlı Devleti ateşkes talep etti. Yunanistan, Osmanlı Devleti'ne savaş ilân etti. Ayastefanos Anlaşması imzalandı ancak yürürlüğe girmedi. İngiliz filosu, Sultan'ın ricası üzerine İstanbul'a vardı. * Berlin Anlaşması imzalandı. * Meclis-i Mebusan tatil edildi, Kanun-i Esasi askıya alındı ve Birinci Meşrutiyet sona erdi. * Ali Süavi ve arkadaşları Çırağan Sarayına bir baskın düzenledi. Hedefleri, Sultan Abdülhamid'i tahttan indirip yerine V. Murad'ı tekrar padişah yapmaktı. İsyan kısa sürede bastırıldı. *Almanya İmparatoru I. Wilhelm'e suikast düzenlendi. * Antisosyalist Kanun Almanya'da yasalaştı. * İtalya'da ayaklanma başladı, halk Avusturya'dan Güney Tirol ve Trieste'yi ele geçirmek için kendi topraklarını geri istedi. * David Hughes mikrofonu keşfetti. * İyodoform ilk defa antiseptik olarak kullanıldı. * Mannlicher kesintisiz ateş eden silâhı üretti. * Amerika'da ilk bisiklet imal edildi. * Osmanlı Rus Savaşı'nda (93 Harbi) Ruslar Edirne'yi alıp, Yeşilköy'e kadar ilerlediler. Osmanlı Devleti ateşkes talep etti. Yunanistan, Osmanlı Devleti'ne savaş ilân etti. Ayastefanos Anlaşması imzalandı ancak yürürlüğe girmedi. İngiliz filosu, Sultan'ın ricası üzerine İstanbul'a vardı. * Berlin Anlaşması imzalandı. * Meclis-i Mebusan tatil edildi, Kanun-i Esasi askıya alındı ve Birinci Meşrutiyet sona erdi. * Ali Süavi ve arkadaşları Çırağan Sarayına bir baskın düzenledi. Hedefleri, Sultan Abdülhamid'i tahttan indirip yerine V. Murad'ı tekrar padişah yapmaktı. İsyan kısa sürede bastırıldı. *Almanya İmparatoru I. Wilhelm'e suikast düzenlendi. * Antisosyalist Kanun Almanya'da yasalaştı. * İtalya'da ayaklanma başladı, halk Avusturya'dan Güney Tirol ve Trieste'yi ele geçirmek için kendi topraklarını geri istedi. * David Hughes mikrofonu keşfetti. * İyodoform ilk defa antiseptik olarak kullanıldı. * Mannlicher kesintisiz ateş eden silâhı üretti. * Amerika'da ilk bisiklet imal edildi. * Osmanlı Rus Savaşı'nda (93 Harbi) Ruslar Edirne'yi alıp, Yeşilköy'e kadar ilerlediler. Osmanlı Devleti ateşkes talep etti.

Kânunuevvel'in yirmi altıncı gecesi seher vaktine kavuşmuşken, Ruslar, Şıpka'nın doğusundaki İsve köyü gediğinden taarruza geçti.

Köyün delikanlıları odun getirmeye gitmişti. Rus askerlerini ocaklarının dibine kadar gelmiş görünce var güçleriyle bağırdılar. Naralar yankılandı köyün semalarında.

Öyle naralar ki, uykularından uyanan erkekler silâhlarına davrandı. Kadınları ve çocukları camilere doldurup, düşmana karşı köylerini müdafaaya hazırlandılar. Ama gelenler Bulgarlar değil Ruslardı. Ateş yaklaştıkça karşı koymanın imkânsız olduğunu gördüler.

Kaçmak en iyisi idi. Ama kaçamadılar. O köyden geriye, o gece başka köylerde ve kasabada misafir olanlar kaldı.

Civar köylerdeki halk, araba ve hayvan tedarik ederek yola koyuldu. Eşyalarından değerli olanları yanlarına aldılar, teşkilâtlı bir şekilde yola düştüler.

Zaptiyeler yoldan çevirdi halkı: "Rauf Paşa'dan telgraf var. Mütareke oldu. Herkes evine dönsün."

Gerisin geri evin yolunu tuttu, saatlerdir yürümekte olan halk. Ama şikâyetleri yoktu. Gidecekleri yer ocaklarıydı.

Atlar arabalardan çözüldü. Değerli eşyalar yerlerine kondu. Analar, ocaklarının sönmeyişine şükretti; lâkin hamur yoğurmaya koyuldukları bir vakitte emir geldi.

"Ahaliyi şimdi hicret ettirin. Mala, eşyaya bakacak gün değildir."

Telgrafların ardı arkası kesilmedi.

Gece yarısı bütün kapılar çalındı. Evlerine kavuştuklarını zannederek kendilerini emniyetli yataklarına bırakmış olan bedenler, buz gibi bir havanın içine uyandırıldı.

Ne olup bittiğini anlayamadılar bile. Sadece yola düştüler. İdrak edebildikleri tek şey, burada kalamayacakları oldu. Kar, buz ve çamur içinde nereye gittiklerini bilmeden yola bıraktılar kendilerini.

Şıpka Ordusu'nun bozgun firari askerleri, Çırpan ve Zağra ahalisine yetişip,

"Aman din gardaşlar! Acele edin! Düşman geliyor!" dediler.

Kendini yola bırakmış olan halka, korku salıp hareket kabiliyeti vermeye kalktılarsa da netice tersi oldu. Uykusuzluktan ve soğuktan bitap düşmüş kadınlar, kucaklarındaki bohçayı bıraktıklarını zannederken, kundaktaki çocuklarını yere düşürdüklerini fark etmediler.

Akıl başta değildi.

Dağlardan ölüm geliyordu.

Rüzgârdan ölüm geliyordu.

Ölüm geldikçe akıl gidiyordu.

"Kosaklar yetişti" diye bir ses duyuldu.

Sesin ardından bir kıyamet koptu.

Akıl başta değildi.

Kundaktaki masum çocukları, Moskof eline düşmesin diye Meriç'in sularına attı analar. Musa kıssası yol mu gösteriyordu?

Saatlerdir yolda olan Ayşe, yavrusunu Meriç'in sularına atamadı. "O bebekle yürüyemezsin" diyen yaşlı kadına verdi kulağını. Hayır, kızmadı. Komşusunun iki yaşındaki çocuğunu karlar üzerine bırakırken, "At ile araba bulup seni almaya geleceğiz" deyişine baktı bir vakit.

"Yürüsene!" diyenlere aldırmadı.

"Durdukça nefesin tükenir ayazda."

"Yürü hadi! Bebeni bırak da yürü!"

Karşılarına çıkan firariler korku üstüne korku yığıyordu. Alelacele dehşet hikâyeleri anlatıyorlardı, yolda olanları yollarından alıkoyduklarını fark etmeden.

Durdu, bebeciğine baktı. Uzun uzun baktı. Bakışının sonsuz olmasını murat ederek. Dünyadan aklında kalacak son şey, yavrusuna ettiği nazar olacakmışçasına.

"Hadi, yürüsene!" diyenlerin öfkesi artıyordu. Aldırmadı. Karnı açtı bebeciğinin. Ama sütü gelmemişti. Açlık, uykusuzluk ve yorgunluk bebeciğinin nafakasını alıp gitmişti. Yerden bir avuç kar aldı. Kar, kar değildi. İçine çamur karışmıştı. Kan karışmıştı. Meriç'e yaklaştı. Nehir ne gamsız akıyordu.

Nehir olmak istedi Ayşe. Nehir. Akıp giden nehir.

Ölüm niyetine değildi Meriç'in sularına atlayış. Kurtuluş niyetine. Bebeciğini saran kolları, bebeği için sepet olurdu belki de.

"Zaman da senin" dedi Meriç'in sularına atlarken, "mekân da senin."

"Kadın nehre düştü" dedi küçük bir çocuk. Büyükler seslerini çıkarmadı. Sanki şahit olmaktan vazgeçtiler sükûtlarını büyüterek. Şahit olurlarsa Ayşe'nin intiharına şahitlik etmiş olacaklardı. Sanki onlar görmezse, bilmezse, Ayşe intihar etmemiş olacaktı. Ayşe günaha batmamış olacaktı.

Küçük çocuk, büyüklerin susuşuna hiç mana veremedi. Yalnız yaşlı bir kadın, "Hadi, sen devam et" dedi küçük çocuğa, "onun yolu sudan olacak. Seninki topraktan. Hadi, yürü de bitsin bu yol."

Kurdun kaptığı, kuşun kaptığı, toprağın ve korkunun kaptığı geride kaldı. Yolda olanlar, yolda olup da hiçbir yere varamayanlar Plevne ve Şıpka'nın düştüğü haberini aldığında, Skobelef kumandasındaki süvariler Rodop dağlarını aşıp Harmanlı'ya vardı. Bir avuç çocuk ve kadın vardı, korkularını yağdıracakları yürek olarak. Top ateşini duyanlardan gücü olanlar dağlara kaçtı. Gücü olmayanlar Meriç'in sularına sığındı. Ama hiçbirinin Musa kıssasını hatırlayacak Ayşe kadar vakti olmadı.

Edirne, bir umut olarak yol gösterdi, Kosak ve Bulgar zulmünden kurtulabilmeyi başaranlar için.

Ruslar kendi kinlerini aşıladılar Bulgaristan topraklarında. Bir hafta öncesine kadar birbirinin sofrasına oturan Müslümanlar ile Bulgarları birbirine düşürdüler. Türklerin silâhını alıp Bulgarlara verdiler. "İntikamcı" adı verilen bir fırka kurdurdular Bulgarlara. İntikamcı. Buldukları her Müslümana her türlü mezalimi yapacaklardı. Çocuk ya da kadın. Hasta ya da ihtiyar fark etmeyecekti. Dağları korku bekleyecekti, intikamcıların hikâyeleri bekleyecekti bundan böyle. Girdikleri köyleri yaktılar. Malları yağmaladılar ve hicret etmeye gücü yetmediği için kalanları, işkence ederek, tecavüz ederek öldürdüler. Kazanacakları zaferin gücünün, korkudan beslenmesini istediler en ziyade. Zaferden çok hasar ile ilgilendiler.

Bu savaşın içinden genç bir asker olarak Faik çıktı. Dirayetli Faik. Osman Paşa, yardımcı kuvvet getirmesi için, onu ot yüklü bir at arabasının içine saklayıp gönderdi. Yolda, Bulgarlar at arabasının yolunu kesti.

Arabacı bile bilmiyordu otların arasında bir askerin saklandığını. Kendisine bir şey söylenmemişti. Yalnız, yükü boşaltacağı nokta söylenmişti. Yükün bir insan olduğunu bilmeden bekledi arabacı. Bilseydi... Otun üzerindeki yabaları alıp, "Hura, dehu!" diye naralar atarak ota saplayan komitacılara, sırrı ifşa ederdi bakışları.

Ne arabacıda bir kaygı vardı, ne de ottan gelen bir ses. Komitacılar sonunda yoruldu. Bir şey olsaydı ses gelirdi, diyerek arabacıya yol verdiler.

Arabacı otların arasında bir adam taşımakta olduğundan habersiz, dört nala ulaştı kendisine söylenen yere. "Emanetiniz otların içinde" diyecekti ve otların boşaltılmasını söyleyecekti menzile vardığında. Söyleyeceğini söylemeden önce, otlardaki kanı gördü. Onca dipçiğe ve yaba darbesine ıh bile demeyen bu yiğit kimdi!

Otların arasından genç bir asker çıktı. Kan kaybından ölmek üzere olan bir asker.

Ölmedi. Padişahın Kolağası Faik Bey olarak, bir yıl sonra Fatma Aliye Hanım ile evlendi.

1879

* Alsace-Lorraine, Almanya'dan ayrıldığını açıkladı. * Rus komünist diktatörler Stalin ve Troçki doğdu. * Fransa'da Anti-Cizvit Yasası teklif edildi. * Herbert Spencer "Etik İlkeleri"ni yazdı. * İlk elektrikli tramvay, E.W. Siemens tarafından Berlin Ticaret Fuarı'nda sergilendi. * Dünyaca ünlü fizikçi Albert Einstein doğdu. * Londra'da ilk telefon santrali kuruldu. * Henry James "Papatya Değirmenci"yi yazdı. * Alsace-Lorraine, Almanya'dan ayrıldığını açıkladı. * Rus komünist diktatörler Stalin ve Troçki doğdu. * Fransa'da Anti-Cizvit Yasası teklif edildi. * Herbert Spencer "Etik İlkeleri"ni yazdı. * İlk elektrikli tramvay, E.W. Siemens tarafından Berlin Ticaret Fuarı'nda sergilendi. * Dünyaca ünlü fizikçi Albert Einstein doğdu. * Londra'da ilk telefon santrali kuruldu. * Henry James "Papatya Değirmenci"yi yazdı. * Alsace-Lorraine, Almanya'dan ayrıldığını açıkladı. * Rus komünist diktatörler Stalin ve Troçki doğdu. * Fransa'da Anti-Cizvit Yasası teklif edildi. * Herbert Spencer "Etik İlkeleri"ni yazdı. * İlk elektrikli tramvay, E.W. Siemens tarafından Berlin Ticaret Fuarı'nda sergilendi. * Dünyaca ünlü fizikçi Albert Einstein doğdu. * Londra'da ilk telefon santrali kuruldu. * Henry James "Papatya Değirmenci"yi yazdı. * Alsace-Lorraine, Almanya'dan ayrıldığını açıkladı. * Rus komünist diktatörler Stalin ve Troçki doğdu. * Fransa'da Anti-Cizvit Yasası teklif edildi. * Herbert Spencer "Etik İlkeleri"ni yazdı. * İlk elektrikli tramvay, E.W. Siemens tarafından Berlin Ticaret Fuarı'nda sergilendi. * Dünyaca ünlü fizikçi Albert Einstein doğdu. * Londra'da ilk telefon santrali kuruldu. * Henry James "Papatya Değirmenci"yi yazdı. * Alsace-Lorraine, Almanya'dan ayrıldığını açıkladı. * Rus komünist diktatörler Stalin ve Troçki doğdu. * Fransa'da Anti-Cizvit Yasası teklif edildi. * Herbert Spencer "Etik İlkeleri"ni yazdı. * İlk elektrikli tramvay, E.W. Siemens tarafından Berlin Ticaret Fuarı'nda sergilendi. * Dünyaca ünlü fizikçi Albert Einstein doğdu. * Londra'da ilk telefon santrali kuruldu. * Henry James "Papatya Değirmenci"yi yazdı. * Alsace-Lorraine, Almanya'dan ayrıldığını açıkladı. * Rus komünist diktatörler Stalin ve Troçki doğdu. * Fransa'da Anti-Cizvit Yasası teklif edildi. * Herbert Spencer "Etik İlkeleri"ni yazdı. * İlk elektrikli tramvay, E.W. Siemens tarafından Berlin Ticaret Fuarı'nda sergilendi. * Dünyaca ünlü fizikçi Albert Einstein doğdu. * Londra'da ilk telefon santrali kuruldu. * Henry James "Papatya Değirmenci"yi yazdı. * Alsace-Lorraine, Almanya'dan ayrıldığını açıkladı. * Rus komünist diktatörler Stalin ve Troçki doğdu. * Fransa'da Anti-Cizvit Yasası teklif edildi. * Herbert Spencer "Etik İlkeleri"ni yazdı. * Alsace-Lorraine, Almanya'dan ayrıldığını açıkladı.

I-

Fatma Aliye, 17 yaşında, kendisinden dokuz yaş büyük olan, Abdülhamit'in Kolağası Faik Bey ile evleniyor. Pederi münasip gördüğü için. Pederine hürmetsizlik olarak görülebilecek her şeyi iptal etmeye, yok saymaya hazır. İlk romanını yazarken bile, yani evlendikten 13 yıl sonra, kahramanı Fazıla'yı da, aksi, pederine hürmet etmemek olacağı için üvey annesinin yalanlarına boyun eğdirir. Nişanlısından ayırır. Sevmediği bir adam ile evlenmeye razı gösterir. Roman kahramanı bile pederine hürmetsizlik etse, bu hürmetsizliğin, Aliye'nin Ahmet Cevdet Paşa'ya hürmetsizliği olarak kabul edileceğinin endişesi içinde.

Düğünleri kibar konaklarındaki düğünler gibiydi, ne bir eksik ne bir fazla. Şatafat, sahibinin güçsüzlüğünü ifşa eden oyuncaktır. O, güzel bir gelin olmanın helecanından daha çok, zevci ile uzun geceler Fransızca konuşarak, Fransızcasını daha da ilerletmenin hayaliyle tutuşmaktadır.

Faik Bey kimbilir neler görmüş, neler okumuştu. Aliye şimdi kendisine yabancı olan bu bilgilerin, nikâhtan sonra önüne derya gibi açılacağından ne kadar emin. Ne kadar mutlu. Değil mi ki pederi, Faik Bey'i kendisine damat olarak uygun görmüş.

Nikâh kıyılır kıyılmaz Fahire Teyzesi, kendisinden sadece birkaç yaş büyük olan Fahire Teyzesi, Faik Bey'in resmini getiriyor: "Bak Aliye, ne kadar yakışıklı, değil mi?"

Önce resme bakmak istemiyor Aliye. Resim ne ki! Bir suretten bir insan tanınamayacağına göre. Zevci ile tanışarak evlenmenin faydaları üzerine, Matmazel Alpha ile geceler boyu ettiği muhavereleri hatırlıyor. Alpha, arkadaşlık etmeden evlenmeyi hiç anlayamıyor. "Evlenecek kişiler birbirlerinin fikirlerini iyi bilmeli" diyor.

Pederi, Faik Bey'i tanıyor olmalı. Fikirlerini biliyor olmalı. Kızına, Aliyesine münasip gördüğüne göre.

"Hadi baksana" diye ısrar ediyor Fahire. Aliye bakmayı kendisine yakıştıramıyor. Bakmamasının ise, Faik Bey'e karşı saygısızlık ve isteksizlik olarak anlaşılabileceğinden endişeli:

"Koltuk merasimine kadar zihnimde çizdiğim Faik Bey'e bakacağım."

II-

Zihinde gezdirilen fotoğrafa hakikisi hiç uymamıştır. Faik Bey'in fazlasıyla asker yüzünde, edebiyatın izleri bulunamamıştır. Olsun. Felsefe ve siyaset konuşacaklardır. Bu yeter.

Ama olmamıştır. Faik Bey düşlediği gibi değildir. Fransızcası sıradan, yetersiz. Üstelik Faik Bey kitap okumayı sevmediği gibi, kitap okuyan kadınları da sevemeyeceğini ima etmiştir. Elindeki romanı kaldırıp atması, Fatma Aliye'ye ne kadar ağır gelmiştir.

Faik Bey, paşa kızının gözyaşlarını görmek istemişti belki. Pederine şikâyet edilmeyi beklemişti.

Ama o şikâyet etmedi; iyi terbiye görmüş bütün kızlar gibi, şikâyeti lisanından uzak tuttu. Faik Bey ile arasına kırmızı bir çizgi çekti. Her insan bir ülkedir. Kendi ülkesinin sınırlarını muhatabı için belirginleştirmek, boynunun borcu idi bundan böyle.

Faik Bey'den öğrenebileceği bir şey yoktu. Kaldırılıp atılmış Fransızca romandan sonra, esas mesele Aliye'nin Fransızcasının gerilememesi idi. Olanda hayır vardır, diye beyhude teselli bulmaya çalıştı.

Pederini görse idi hiç olmazsa. Pederinin sohbetinden istifade etse idi. Her şey uzaklaşıyordu. Böyle düşünmemişti evliliği. Hiç böyle düşünmemişti. İlimden uzaklaştıran olmasa idi Faik Bey, her şey daha kolay olacaktı.

Saklı saklı yazdı. Zihninden yazdı. Zihninden okudu. Daha önce okuduklarının, hiç kimse tarafından imha edilmeyeceğinden emin olduktan sonra, öğrendiği her şeyi artık Aliyece yeniden yorumlaması gerektiğini anladı.

Zihinden yazmak için, tabiat eşsiz bir arkadaş. Bahçede ağır ağır dolaşırken, yaseminlerin, frezyaların, aslanağızlarının her birinin karşısında uzun uzun dururken, onu görenler botaniğe merak sarmış zannediyorlardı. Düşünüyordu. Düşünmek, anlamak demekti. Anlamak demek, dağılmamak demekti. Dağılmadığı için, Faik Bey ile arasında çizdiği kırmızı çizgiyi, öfkenin değil saygının çizgisi olarak koruyabileceğine umudu artıyordu.

Faik Bey romanların onu kötülüğe meylettireceğini zannediyordu. Gazetelerde, roman okuyarak ifsat olmuş kadınların hikâyeleri dolandıkça, Faik Bey'in ikna olması pek kolay değildi. Daha da tuhaf olanı, roman yazan koca koca adamların, bizzat yazdıkları romanlarda romanın kadınlar için ne kadar tehlikeli olduğundan bahis açmalarıydı. Sirke ekşidir ama benim sirkem balın kardeşidir.

Gizli gizli yazmalarına, gizli gizli yaptığı tercümeler eşlik etti bir vakit. Emine Semiye, ablasının tercümelerini görünce istihza ile güldü. Ne yapacaktı ki bu tercümeleri!? Emine Semiye, ablasının "Bastırırım" cevabı karşısında şaşırdı. Ne eniştesi Faik Bey izin verirdi zevcesinin bir kitap bastırmasına, ne de pederleri Ahmet Cevdet Paşa.

Düşünmek demek, lisanın sınırları içinde yolculuk etmek demekti. Nedenlerin, niçinlerin, nasılların ehemmiyeti yoktu. Yaptığını en iyi şekilde yapmak istiyordu Aliye. Ama tercüme ettiği kitabın bir kısmı, bir başkası tarafından bastırılmıştı bile. Yılmak yok. Azim, Aliye'nin ikiz kardeşi.

Bir ülke gibi inşa ettiği düşünce iklimine, Faik Bey'i bir kitabın sayfalarıyla dahil etmeye muvaffak oldu on bir yılın sonunda.

Faik Bey'in on bir ay süren Konya görevi ve Fatma Aliye'nin doktorların ümitsiz dediği hastalığı yenmesi, ikisini aynı iklimde, düşüncenin ikliminde buluşturdu yeniden. Kitap okuyan kadınlardan nefret etmiyordu artık Faik Bey, zevcesiyle okuduğu kitabı paylaşmaktan mütelezziz oluyordu hatta. Okuyan ve düşünen kadının, eşine hürmetsiz olacağının doğru olmadığını göstermiyor muydu Fatma Aliye Hanım! Bütün romanların ifsat edici olduğunu söyleyenler yanılıyordu elbet. İşte Volonte. Nasıl ibret verici idi.

Biri söyler biri dinlerken ve sözleri arka arkaya inci gibi dizerken, muhabbet şıra kıvamına geldi. Fatma Aliye, "Efendim, Volonte'yi zat-ı âliniz de bu kadar beğendiğine göre tercümesinde hayır vardır elbet" deyiverdi.

"Elbette hayır vardır."

Fatma Aliye Hanım kulaklarına inanamadı. Yani, kendisinin bu eseri tercüme etmesine müsaade mi ediyordu Faik Bey?

"Elbette! Hay hay!"

Ayakları yerden kesildi. Kanatlandı. Salonun tavanları açılıp, gök kubbe tavan olarak geldi üstlerine. Yanlış mı duyuyordu?

On bir yılın sonunda. Onca sıkıntıyla geçmiş on bir yılın sonunda! Kâğıdın ve mürekkebin kokusu, Fatma Aliye için yasak ve uzak ülke olmaktan çıkıyordu.

1879 Paris

19 Ekim 1862 tarihinde, dünyanın dört bir tarafında bebekler dünyaya geldi. Cennet bahçelerinden gül niyetine yeryüzüne bırakılıverdi bebekler. Hep bırakıldığı gibi.

Doğdular. Kimisi hanesine ay gibi. Kimisi göklerden indirilmiş ceza gibi. Kimi sabaha karşı. Kimi gecenin son dakikasında. Ama iki bebeğin sadece doğum tarihi değil, talihi de birbirine karıştı. Fatma Aliye'nin doğduğu saatlerde, Nicholas ile Émilie'nin bir kızları oldu. Babasından evvel, İstanbul'dan yeni dönmüş olan Louise Amca kucağına aldı bebeği. Osmanlı topraklarında açılacak olan 50. okul için bağış toplamaya gelmişken, bir sürpriz olarak kucağında bulduğu yeğenini Tanrı'ya adadığını söyleyerek tuttu dakikalarca. Nicholas ile Émilie'nin, ne demek istediğini pek de anlamadığı dualar eşliğinde: "Tanrım, mesajını aldım. Marie bebek, senin bana gönderdiğin mesaj. Kalbime yazdım bu mesajı. Marie kulun senin adını İstanbul'a yazacak" dedi.

Yardım toplamak amacıyla geldiği hiçbir sefer, küçük Marie'yi kucağına almadan ayrılmadı. Bir köşeye çekilip saatlerce söyleşti küçücük bebek ile. Her gelişinde Marie'ye İstanbul'dan hediyeler getiriyor, asıl vatanının İstanbul olduğunu söylüyordu. Önce kısık bir sesle başlıyor, sonra yavaş yavaş sesini yükselterek cümlesini tekrarlıyordu her defasında:

"Hikâyen seni İstanbul'da bekliyor. İstanbul bizim olmalı. Bizim olmalı. Bizim olmalı. Bizimdi. Bizimdi. Hep bizimdi. Herkesten önce bizimdi."

Önce kısık bir sesle başlıyor, sonra yavaş yavaş sesini yükselterek cümlesini tekrarlıyordu her defasında: "Hikâyen seni İstanbul'da bekliyor. İstanbul bizim olmalı. Bizim olmalı. Bizim olmalı. Bizimdi. Bizimdi. Hep bizimdi. Herkesten önce bizimdi."

Marie, kulağında Louise Amca'nın İstanbul'u ile büyüyor; İstanbul'u satın alınabilecek, Marsilya'ya getirilebilecek bir şey olarak hayal ediyordu.

Amcası, "Bizim olacak" dedikçe, o da, "Bizim olacak, bizim olacak!" diye el çırpıyordu.

"Biz kimiz?"

"Bütün Katolik dünyası."

Marie büyüyor, Louise Amca onu İstanbul için hazırlıyordu. Émilie, kızından ayrılmak ister mi? Bir gün Louise'ye, "Neden İstanbul'da Katolik okullar açmak bu kadar önemli?" dedi. Louise, "Çünkü" dedi, "oradakilere Fransızca öğreteceğiz." Fransızca öğretmek için bu kadar emeğe değer miydi? "Değer" dedi Louise, "dünyada ne kadar çok kişi Fransızca konuşursa, o kadar çok Fransız gibi yaşayıp düşünen olur. Ne kadar çok Fransız gibi yaşayan olursa, o kadar Fransız malları satılır. Bu ne demektir? Bu bütün Fransızların zengin olmasıdır."

Louise'nin anlattıkları Émilie'ye çok dolaylı geldi. Masal gibi. "Borçlu adam" masalına benziyordu. Dikenler büyüyecek, koyunların yünleri dikenlere takılacak, dikenlerdeki yünler toplanıp satılacak. Satılan yünlerle borçlar ödenecek. Uzun iş. Louise, ne diye böyle paralıyordu ki kendini! Açık denizlerde onca fırtına arasında.

Émilie Louise'nin helecanını ne kadar paylaşmayansa, kızı o kadar paylaşandı.

Köyüne sığamayacak kadar büyüdüğünde, önce Paris'e, birkaç yıl sonra da İstanbul'a gitti.

İstanbul'a gitmek için gemiye binmeden önce, Louise Amca ona son dersini verdi. "Tanrı'nın ismini yazacaksın. Nereye yazacaksın? İnsanların kalbine. Bütün kalpler senin, unutma. İyi işlersen bütün kalpler senin. Kalplerin senin olması için ne yapacaksın? Emek vereceksin. Emek vermeden hiçbir şey senin olmaz. Sana emanet edilen çocukları önce seveceksin. Onları aşk ile bağlayacaksın kendine. Her şeyi olmalısın onların, her şeyi."

Hiç bilmediği bir diyara, hiç bilmediği çocukların her şeyi olmak için gitmek. Zordu. Çok zor. Belki birkaç yıl önce daha zordu. Ama şimdi gitmek, hem de İstanbul'a gitmek, en ziyade kendi yaraları için merhemdi. Louise Amca bilmiyordu. İyi ki de bilmiyordu. Paris'te rahibeliği bırakmanın eşiğine gelmişti. Aşk için her şeyden vazgeçilebileceğini tecrübe etmişti. Paris'in sokaklarında ansızın karşısına çıkan o adama nasıl delicesine tutulmuştu. Rahibe Terasa yardım etmeseydi hiç çıkamazdı o kuyudan. Çıkmış mıydı? Her an yeniden çekileceğini sanıyordu. Nereye baksa, o adamın hayalini görüyordu. Rahibe Terasa, "Bu Tanrı'nın son sınavı" diyordu. "Bütün rahibeler geçer bu sınavdan. Kazananlar ebediyen kazanır. Kaybedenler ebediyen kaybeder."

Louise Amca, yeğeninin içinde açılmış vadilerden habersiz anlatıyordu. Bütün kalplerin değil, sadece o adamın kalbinin kendisinin olmasını hâlâ istiyordu Rahibe Marie. Hâlâ... Yeniden karşılaşsalar, yine öyle baksa. Yine öyle, o hiç kimselerde olmayan ses ile konuşsa: "Rahibe olmak için fazla güzelsiniz!"

Her şeyi unutabilirdi Rahibe Marie. Ama o ses. O sesi unutamıyordu. "Çünkü" demişti Rahibe Terasa, "kulak son sınavdır. Tanrı, en son ses ile sınar kızlarını. Ses, doğrudan ruha değer. Bu sınavı geçince, o adamın sesi senin olur. Senin sesin değdiği her yeri etkiler. Az kaldı Rahibe Marie, az kaldı. Ses, o adamın sesi olmaktan çıkacak, senin sesin olacak. Yakında senin sesin."

O ses, kendi sesi olmamıştı. Bir deri bir kemik kalmıştı. İçindeki ses, dünya ile arasına giriyordu işte. O ses, kendi sesi değildi. O adamın sesiydi. O adamın sesi Rahibe Marie'yi parçalıyordu. Bölüyordu. Lokma lokma. Tel tel. Manastırın ıslak, karanlık gecelerinde, en yaşlı rahibe bile ibadetini yapmış, kendini uykuya bırakırken; Rahibe Marie yüzüne rüzgârın değeceği yerler arardı. Adamın sesi, ona içinden buyruklar vermeye başlardı el ayak çekilince: "Bütün öteki rahibelere bak. Onların rahibe olmaktan başka şansları yok. Sen rahibe olamayacak kadar güzelsin." O ses yankılanmaya başlayınca, içinde dağları delecek, ummanı bir nefeste geçebilecek gücü buluyordu.

İçindeki bütün seslerden haberdar olduğunu, her defasında şaşırtıcı bir şekilde ifade eden Rahibe Terasa, Rahibe Constantine'in güzelliğini anlatmıştı. Rahibe Constantine ve güzellik. Kâğıt üzerinde bile yan yana gelemeyecek kadar uzak duruyordu. "Onun sınavı çok zordu" dedi Rahibe Terasa. "Çok zor. Ama Tanrı, sadece sevdiklerine zor sınavlar bahşeder. Güvendiklerine. Constantine, güzelliğinden bir elbiseden vazgeçer gibi vazgeçti. Vazgeçtiğimizin büyüklüğü kadar Tanrı'nın ihsanına kavuşuruz. Rahibe Constantine de kavuştu."

Louise Amca hâlâ konuşuyor. Hâlâ yeni öğütler veriyor. Louise Amca'nın sesi, o adamın sesi gibi... İmtihanı bitiyor mu? Kazanmış mıydı? Kendisini o kadar etkileyen ses, artık Louise Amca'nın sesi olduğuna göre, yakında Rahibe Marie'ye geçecekti. O sesi içinde taşıyacaktı. Taşıyacaktı.

"Zayıflar, çirkinler, öksüz ve yetimler, sevgi tohumunu en çabuk yeşertenlerdir, unutma. Sen başkalarının ittiklerine, gözden çıkardıklarına sahip çıkacaksın. Kendini bulamamışlara, kendini bir yük gibi taşıyanlara."

Rahibe Marie, İstanbul'daki hikâyesini bulmaya giderken; Fatma Aliye "nasibi"ni bulmuştu. Bulmuş muydu? Rahibe Maria Le Havre limanından ayrılırken o adamı geride bıraktığını biliyordu.

Fatma Aliye Hanım, düğün günü neleri geride bıraktığını hiç bilmedi.

yazmak

1890

* Amerika'da New York Times gazetesi "eroin"i "en kuvvetli ağrı giderici" olarak tanıtan ve kullanımına özendiren reklâmlar yayınlamaya başladı. * Ermeniler Kumkapı'da nümayiş düzenledi. * Hollandalı ressam Van Gogh öldü. * Brüksel Genel Senedi ile köle ticareti yasaklandı. * Agatha Christie doğdu. * Sultan Abdülhamit'in Japonya'ya gönderdiği Ertuğrul firkateyni, dönüş yolunda şiddetli bir tayfuna tutularak battı. * Ermeniler Birinci Sason İsyanı'nı başlattı. * Amerika'da New York Times gazetesi "eroin"i "en kuvvetli ağrı giderici" olarak tanıtan ve kullanımına özendiren reklâmlar yayınlamaya başladı. * Ermeniler Kumkapı'da nümayiş düzenledi. * Hollandalı ressam Van Gogh öldü. * Brüksel Genel Senedi ile köle ticareti yasaklandı. * Agatha Christie doğdu. * Sultan Abdülhamit'in Japonya'ya gönderdiği Ertuğrul firkateyni, dönüş yolunda şiddetli bir tayfuna tutularak battı. * Ermeniler Birinci Sason İsyanı'nı başlattı.* Amerika'da New York Times gazetesi "eroin"i "en kuvvetli ağrı giderici" olarak tanıtan ve kullanımına özendiren reklâmlar yayınlamaya başladı. * Ermeniler Kumkapı'da nümayiş düzenledi. * Hollandalı ressam Van Gogh öldü. * Brüksel Genel Senedi ile köle ticareti yasaklandı. * Agatha Christie doğdu. * Sultan Abdülhamit'in Japonya'ya gönderdiği Ertuğrul firkateyni, dönüş yolunda şiddetli bir tayfuna tutularak battı. * Ermeniler Birinci Sason İsyanı'nı başlattı.* Amerika'da New York Times gazetesi "eroin"i "en kuvvetli ağrı giderici" olarak tanıtan ve kullanımına özendiren reklâmlar yayınlamaya başladı. * Ermeniler Kumkapı'da nümayiş düzenledi. * Hollandalı ressam Van Gogh öldü. * Brüksel Genel Senedi ile köle ticareti yasaklandı. * Agatha Christie doğdu. * Sultan Abdülhamit'in Japonya'ya gönderdiği Ertuğrul firkateyni, dönüş yolunda şiddetli bir tayfuna tutularak battı. * Ermeniler Birinci Sason İsyanı'nı başlattı.* Amerika'da New York Times gazetesi "eroin"i "en kuvvetli ağrı giderici" olarak tanıtan ve kullanımına özendiren reklâmlar yayınlamaya başladı. * Ermeniler Kumkapı'da nümayiş düzenledi. * Hollandalı ressam Van Gogh öldü. * Brüksel Genel Senedi ile köle ticareti yasaklandı. * Agatha Christie doğdu. * Sultan Abdülhamit'in Japonya'ya gönderdiği Ertuğrul firkateyni, dönüş yolunda şiddetli bir tayfuna tutularak battı. * Ermeniler Birinci Sason İsyanı'nı başlattı.* Amerika'da New York Times gazetesi "eroin"i "en kuvvetli ağrı giderici" olarak tanıtan ve kullanımına özendiren reklâmlar yayınlamaya başladı. * Ermeniler Kumkapı'da nümayiş düzenledi. * Hollandalı ressam Van Gogh öldü. * Brüksel Genel Senedi ile köle ticareti yasaklandı. * Agatha Christie doğdu. * Sultan Abdülhamit'in Japonya'ya gönderdiği Ertuğrul firkateyni, dönüş yolunda şiddetli bir tayfuna tutularak battı. * Ermeniler Birinci Sason İsyanı'nı başlattı.* Amerika'da New York Times gazetesi "eroin"i "en kuvvetli ağrı giderici" olarak tanıtan ve kullanımına özendiren reklâmlar yayınlamaya başladı.

Kopan vaveylâya bakınca, ne kadar temkinli davranmış olduğunun bir kere daha farkına varıyor. İyi ki, "Bir kadın" diye imzalamıştı tercümeyi. Bir kadın. Böylece onu kimseler görmezken, o herkesi görüyordu. "Bir kadın"a çevrilen nazarları görüyordu. "Kadın", ne kadar güçsüz, ne kadar zavallı, ne kadar bilgisizdi. Eli kalem tutanların dünyasında bile, Fransızca kelâmı okuyup anlamaya yetecek fikir dermanına sahip olmayandı kadın...

"Bir kadın" üzerine fikir yürüten bütün haberleri ve makaleleri saklıyor. Kimisi "Bir kadın, nasıl bu kadar iyi Fransızca bilecek!" diyordu. Başkasının lisanına nasıl emek verildiğini bilebilir miydi, "Nasıl bilecek!" diye, öfkesinde merakın tohumlarını beyhude yeşertmeye çalışan? Gecelerden sabaha ses vermeyen harflere baka baka dalınmış uykuları, Fransızca biliyordur diye, rastlanılan her ecnebi kadın ile muhakkak kurulmaya çalışılan dostlukları.

Küçücük bir kız iken, selâmlıkta herkes onu uyumuş zannederken, kulağına gelen o cümle, önü alınamayan ve debisi her geçen gün yükselen bir nehir gibi aktı. Aktı. Nehrin debisi, yalnız Fransızcanın ikliminde eğleşirken düşüyordu. Pederi dışarı çıkmıştı. Salonda kalanlar gayet müstehzi bir eda ile "Cevdet Paşa'nın Fransızcası bu işe yetmez" demişlerdi. Fransızcası yetmez. Kendisini bile şaşırtan Fransızca öğrenme aşkının sebebini bulmak için zihnini köşe bucak talan etmeye kalktığında, selâmlığın o loş salonunda, iki adamın müstehzi bir ifade ile babasını yok etmeye çalışan cümleleri çıkıyor karşısına.

"Fransızca bilse bile, bu bilgiyi yazı diline bir kadının aktarabilmesi kabil midir?" diyenler içini sızlatıyor. Osmanlı erkeklerinin kafasındaki Osmanlı kadını neye benziyor ki böyle! İngiliz, Fransız kadınlara ne kadar hayranlık duyduklarını ta padişahımız efendimiz II. Mahmut'tan bu yana, ayan beyan ortaya koyduktan sonra üstelik! Osmanlı erkekleri, Osmanlı kadınlarına nasıl bakıyor ki! Bakıyor mu?

"Bir kadın" imzasını hafiyevari bir merak ile çözmeye çalışanlar, dikkat çekmek, kitaba olan merakı çoğaltmak için, "Bir kadın" diye imzalandığını söylüyorlar. Cep harçlığı çıkarmak için iki talebe bir araya gelip, Volonte'yi çevirmişti işte. Hem paralarını almış, hem de bütün matbuat âlemini meraka gark ederek eğlenmişlerdi.

İyi ki, "Bir kadın" diye imzalamıştı. İyi ki, "Mütercim Fatma Aliye" diye koymamıştı adını kitaba. "Bir kadın" imzasını bunca merak edenlerin, azgın bir sel gibi üstüne geleceğini tahmin etmişti. Tedbirli davranarak zevci Faik Bey'i de korumuş oluyordu, tercümesine bunca önem veren kıymetli pederini de.

Faik Bey çıkan yazılara şaşırıyor ve kızıyordu. Bir erkek olarak, eşinin bu tercümeyi yaptığını bilmek, sıkıntısını iki kat arttırıyordu. Hem bu tercümeye izin verdiği için, hem de böyle bir tercümeyi bir kadının yapamayacağını söyleyenlere karşılık, bilakis bu tercümeyi kusursuz bulması itibariyle.

Fatma Aliye en büyük desteği kıymetli pederinden gördü: "Cahilin akıl yürütmesine mesnet aramaya çalışmak beyhude" dedi Ahmet Cevdet Paşa. "Cahil olmasaydı, yürüttüğü akıl böyle zaif olmazdı; o halde onun kabına kendi bilgimizi beyhude doldurmaya çalışmak niye!"

Hırs, bir rüzgâr gibi hükmü altına alıyor kalbini. İçindeki bütün boşluklar, hırsın çizdiği desenlerle doluyor. Kalbinde ve zihninde sefer için birikmiş bunca yelkenli varken, artık bağlasalar da durmaz. "Bir kadın", nasıl bir kadın olduğunu er geç gösterecek.

Yazı, ufukları fetheden kılıç. Kuşanıyor kılıcını. "Müddet-i ömrümce katiyyen çıkarmam!" dediği kılıcını. Masanın başına oturduğunda, henüz ne yazacağını bilmezken, kalem kâğıda doymuyor. Fatma Aliye'nin parmakları, emre itaat etmiş melekler kadar mutmain. Yazıyor, yazdıkça açılıyor, açıldıkça kanatları yeryüzünü dolduruyor. Daha iki yıl önce, bir kadının Fransızca bir kitabı tercüme edebileceğine inanmayanlar, 'Muhadarat'ı hayranlıkla, şaşkınlıkla, nihayet kıskançlıkla okuyor.

Hiçbir yere gitmemişken her yere giden oluyor hurufatın gemisiyle.

1893

* Makedonya'da Osmanlı'ya karşı direnişi örgütleyecek bir birlik kuruldu. *
Fransa ile Rusya arasında ittifak anlaşması yapıldı. * Güney Afrika'da İngilizlere
karşı isyan başladı. * F.H. Bradley "Görünüm ve Gerçeklik"i yazdı. * "Art No-
uveau" akımı Avrupa'da yayıldı. * Manchester Kanalı tamamlandı. * Yunanis-
tan'da Korint Kanalı açıldı. * Makedonya'da Osmanlı'ya karşı direnişi örgütleye-
cek bir birlik kuruldu. * Fransa ile Rusya arasında ittifak anlaşması yapıldı. *
Güney Afrika'da İngilizlere karşı isyan başladı. * F.H. Bradley "Görünüm ve Ger-
çeklik"i yazdı. * "Art Nouveau" akımı Avrupa'da yayıldı. * Manchester Kanalı ta-
mamlandı. * Yunanistan'da Korint Kanalı açıldı. * Makedonya'da Osmanlı'ya
karşı direnişi örgütleyecek bir birlik kuruldu. * Fransa ile Rusya arasında ittifak
anlaşması yapıldı. * Güney Afrika'da İngilizlere karşı isyan başladı. * F.H. Brad-
ley "Görünüm ve Gerçeklik"i yazdı. * "Art Nouveau" akımı Avrupa'da yayıldı. *
Manchester Kanalı tamamlandı. * Yunanistan'da Korint Kanalı açıldı. * Make-
donya'da Osmanlı'ya karşı direnişi örgütleyecek bir birlik kuruldu. * Fransa ile
Rusya arasında ittifak anlaşması yapıldı. * Güney Afrika'da İngilizlere karşı isyan
başladı. * F.H. Bradley "Görünüm ve Gerçeklik"i yazdı. * "Art Nouveau" akımı
Avrupa'da yayıldı. * Manchester Kanalı tamamlandı. * Yunanistan'da Korint Ka-
nalı açıldı. * Makedonya'da Osmanlı'ya karşı direnişi örgütleyecek bir birlik ku-
ruldu. * Fransa ile Rusya arasında ittifak anlaşması yapıldı. * Güney Afrika'da
İngilizlere karşı isyan başladı. * F.H. Bradley "Görünüm ve Gerçeklik"i yazdı. *
"Art Nouveau" akımı Avrupa'da yayıldı. * Manchester Kanalı tamamlandı. * Yu-
nanistan'da Korint Kanalı açıldı. * Makedonya'da Osmanlı'ya karşı direnişi ör-
gütleyecek bir birlik kuruldu. * Fransa ile Rusya arasında ittifak anlaşması ya-
pıldı. * Güney Afrika'da İngilizlere karşı isyan başladı. * F.H. Bradley "Görünüm
ve Gerçeklik"i yazdı. * "Art Nouveau" akımı Avrupa'da yayıldı. * Manchester Ka-
nalı tamamlandı. * Yunanistan'da Korint Kanalı açıldı. * Makedonya'da Osman-
lı'ya karşı direnişi örgütleyecek bir birlik kuruldu. * Fransa ile Rusya arasında
ittifak anlaşması yapıldı. * Güney Afrika'da İngilizlere karşı isyan başladı. * F.H.
Bradley "Görünüm ve Gerçeklik"i yazdı. * "Art Nouveau" akımı Avrupa'da yayıldı.
* Manchester Kanalı tamamlandı. * Yunanistan'da Korint Kanalı açıldı. * Make-
donya'da Osmanlı'ya karşı direnişi örgütleyecek bir birlik kuruldu. * Fransa ile
Rusya arasında ittifak anlaşması yapıldı. * Güney Afrika'da İngilizlere karşı isyan
başladı. * F.H. Bradley "Görünüm ve Gerçeklik"i yazdı. * "Art Nouveau" akımı
Avrupa'da yayıldı. * Manchester Kanalı tamamlandı. * Yunanistan'da Korint Ka-
nalı açıldı. * Makedonya'da Osmanlı'ya karşı direnişi örgütleyecek bir birlik ku-
ruldu. * Fransa ile Rusya arasında ittifak anlaşması yapıldı. * Güney Afrika'da
İngilizlere karşı isyan başladı. * F.H. Bradley "Görünüm ve Gerçeklik"i yazdı. *
"Art Nouveau" akımı Avrupa'da yayıldı. * Manchester Kanalı tamamlandı. *

I-

Paşa, mavi salonun penceresinden Boğaz'dan geçen gemileri uzun uzun temaşa eyleydi. Düşüncesini teksif edemiyordu bu sabah. Gemilerin peşi sıra, içindeki endişenin de gidivermesini ümit etti. Gidenler gitti. Sıkıntı baki.

Neden sonra, bahçedeki manolyanın tomurcuklarının patlamış olduğunu fark etti. İtina ile camı açtı. Dokununca küsüp kararan manolya, sanki gürültüye küsüp açmaktan vazgeçermiş gibi. Manolyanın değil, yediveren güllerinin kokusunu duydu. Ta küçük bir çocukken öğretildiği üzere, Peygamberimin teridir diyerek derin derin içine çekti havadaki gül kokusunu. Tefekkür ile koku arasındaki bağı düşündü yeniden. İçindeki endişe, tefekkürün yatağına doğru akacaktı. Aktı. Koku hafızayı harekete geçiren esaslı bir kimya idi. Ruhlar âlemine rapt eden.

Dışarı değil içine bakacaktı. Camı yavaşça kapattı. Dışarıdan içeriye avdet ederken kerimesini gördü. Kaç vakittir beklemekteydi? Bekleyen kendi kızı değil de, hanım sultan hazretleriymiş gibi, "Kusurumuza bakmayınız. Sizi bekletmişiz" dedi.

Fatma Aliye Hanım, ceviz masanın yan tarafına geçip elindeki defterleri itina ile masanın üzerine bıraktı.

Kızına ders vermeye başlamakla ne kadar isabet ettiğini kendine ilk defa bugün itiraf etti Paşa. Bu dersler sadece evlâdı için değil esas kendisi içindi sanki. Dinleyecek bir kulağa ne kadar çok ihtiyacı vardı. Sadece tarih dersi olmamalıydı temrin ettirdikleri. Özellikle felsefi bahislerde, Aliye'nin intikal kabiliyeti muazzamdı. Erkeklerde bile rastlanmayan bir intikal. Şaşılacak şey!

Sabırla kendisini bekleyen kerimesine aniden, "İyi belle ve hıfzet" dedi.

"İyi belle ve hıfzet." O günden sonra Aliye gördüğü her olayı, hatta her rüyayı bile "İyi belle ve hıfzet" cümlesiyle düşürdü hafızasına. İyi belledi. Hıfzetme kabiliyeti, her geçen gün biraz daha inkişaf etti. Lâkin hıfzettiklerini anlatacağı zamanda, kendini unutturmayı tercih edeceğini hiç bilmedi.

Paşa, bugün geriden alıyor dersi. Öğrencilik yıllarından. Sarık çıkarmak zorunda olduğu için, devlet dairesinden vazgeçişini anlatıyor ikinci defa. Neden ikinci defa?

Aliye, pederinin aynı mevzuu bir defa daha tekrar etmesini kendisinin iyi anlamamış olmasına veriyor. Daha dikkatli olacak. Bu defa pederinin anlattığı kelimelere teksif edecek düşüncesini. Vakayı biliyor, bilmediği ya da pederinin yanlış anladığını düşündüğü şey, bu vakadan çıkarılan ders olmalıydı.

Dimdik oturuyor. Alnı ileriye doğru bir çıkıntı oluşturuyor. Namaza durur gibi duruyor pederinin huzurunda. Hiç sual etmiyor.

"Geçen defa..."

Pederi anlatırken, zihnini temize çekmeyi ümit ediyor. Fakat hayır zihnini temize çekemiyor. Küçük Ahmet sanki birazdan mavi kadife perdelerin arasından çıkıp gelecek. Geçen defa pederinin hikâyesini, pederinin hikâyesi olarak dinlemişti. Ama şimdi anlatılan mevzu saniyelere, saliselere bölünüyor; içeri birbirinden müstakil bir sürü Küçük Ahmet doluyor.

Deli Müftü'den ders alma bahsi girince ötekiler yavaş yavaş siliniyor. Küçük Ahmet'e ders vermesi için maaş bile bağlanmıştı Deli Müftü'ye. O ise "Ben vakte ve zemine bağlı kalamam" deyip kestirip atmıştı. Ne olacak? Ahmet, Deli Müftü'nün peşinde, ille ondan ders almaya uğraşıyor. Deli Müftü sokağa çıkıyor, Ahmet de. Deli Müftü kahveye gidiyor, Ahmet de. Gönlü olacak da, 'Tefsir-i Kadı Beyzavî' okuyacaklar. Bütün Lofça uleması, talebeler Deli Müftü'nün peşinde. Deli Müftü önde, müderrisler arkada yürürken, nihayet birisi "Hocam lütfetseniz de ders yapsak" diyor. Deli Müftü duyarsa ne âlâ.

Duyuyor. Hemen oracığa oturuveriyor. Tozun toprağın içine. Sırtını duvara dayayıp başlıyor anlatmaya. Sakalına kır düşmüş hoca efendiler, talebeler Deli Müftü'yü dinleyeceğiz diye toza toprağa gark oluyor.

"Orada oturup ilim yapmaya kalmak, ilme saygısızlık olurdu. Oturmadım. İlim böyle tahsil olunmaz, diyerek işte o vakit karar verdim İstanbul'a gitmeye."

Fazla mı dalmıştı Küçük Ahmet'in hikâyesine? Anlatılmakta olanları bir romanın sayfası gibi nakışladığını düşündü. Bu nakış, tefekküre mani midir acaba? Zihni dağıldı. Nakış kelimesi Mesnevî'den bir beyit çıkarıp getirdi, ceviz masanın ortasına. "Balığın nakışına deniz ne! Kara ne!"

Şimdi bu anlatılmakta olanları bir roman gibi nakışlarken, pederinin anlattığını zayi mi etmiş olmaktadır?

"Her asrın bir lisanı vardır" dedikten sonra, kerimesinin göz bebeklerine uzun uzun baktı Ahmet Cevdet Paşa. "Her asrın kendine göre bir üslûbu, bazı klişeleri, bazı kalıpları var. Hakikat bu kalıplara sığmaz olduğunda..."

Aliye yeniden koptu. "Hakikat bu kalıplara sığmaz olduğunda..." Roman yeni bir kalıptır o vakit. Pederi içindeki endişeyi anlamış mıydı? Anlatmakta olduklarını bir romanın sayfaları gibi nakışlayarak hıfzettiğini bildiğini ifade ediyordu işte.

"Mucip sebepler gösterilmeden, sadece olayların hikâyesinden hakikat-i hal anlaşılamaz. Olaylar bir günde ortaya çıkmaz, onları geçen asırlardan hazırlayan sebepleri bulup aydınlatmak lâzım gelir."

Tekrar her şey birbirinin içine girdi. Kendisinden istenmiş olan makaleyi hitama erdiremediği için miydi düşüncelerindeki bu nizamsızlık? Zihninin içi denklerle doldurulmuş konak gibiydi. Ayşe'nin ateşi çıkmıştı dün gece. Uykusuzluk mu darmaduman etti zihnini? Sabaha kadar sayıkladı yavrucak.

Faik Bey, "İstirahat ediniz, bütün gece uyumadınız. Nihayetinde hocanız pederiniz; bugün derse gidemeyeceğinizi söylemenizde ne beis olabilir ki" demişti. Olur mu? İlim tahsil etmek devamlılık iktiza eder. Az ama devamlı olsun. Evet nihayet anlıyor pederinin neden geriden aldığını... Kendisine "İyi yaptın" denmektedir. "İlim ertelemeye gelmez" denmektedir. "Her şeyin bir vakti saati, bir zemini var" denmektedir. Deli Müftü'nün hikâyesi bunun için tekrar edilmiştir. Verilen ders ziyadesiyle alınmıştır.

II-

Fatma Aliye dalgın dalgın yürüyordu. Düşünmek zorunda olduğu, ama düşünmekten kaçtığı bir şey vardı sanki. Chicago sergisi için gönderilmiş davetiye, beyninde bir kıymık.

Nigâr Hanım, "Ben senin yerinde olsam giderim" demişti. Kim kimin yerinde olabiliyor ki! İnsan bir sürü şeyi bir arada düşününce, ne kendini bir kimsenin yerine koyabiliyor, ne de kimseleri kendi yerine. Nigâr Hanım duyguları ile karar veriyordu. Fatma Aliye duyguları ile karar vermiş midir bunca yıl! Aklın süzgecinden geçerken... Hiçbir şey geçmiyor aklın süzgecinden bu defa. İlk kadın muharrire olarak davetler almak güzel elbet. Lâkin muharrire en ziyade kitabında fark edilen değil midir? "Bunları ben yazdım" demek için mi kabul etmiş olacaktı daveti?

Sokağa çıkması iyi olmuştu. Sütninenin kıyafetleri içinde tebdil gezmek zihnini açıyordu. Ara sokaklarda dolaştıkça, İmparatorluğa yaklaşıyordu. Vatan, ara sokaklardı sanki.

Bir kadının başını cumbadan uzatıp bağırışıyla irkildi.

"Seni haylaz seni. Bu gidişle, sen ya beygir sürücüsü olursun ya tramvay vardacısı. Olmadı, tiyatro perdecisi."

Fatma Aliye, beygir sürücülerinin perişan halini getirdi gözlerinin önüne. Bir deriden mahrumcasına kemikleri sayılan biçare beygirin üstünde, beygirden daha sefil süvarisi. Üst baş yırtık.

Tramvay vardacılığı ne haysiyet kırıcı bir şeydi. Kalabalık, üstelik daracık caddelerde, atlı tramvayın önünde, elindeki boruyu öttürerek koşan bir baldırı çıplak. Vardacılar çabuk ölürdü. Tiyatro perdecisini ikisinin yanına yakıştıramadı pek. Sahne kötü müydü?

Yol boyunca sahneyi düşündü. Seyirci olmak güzeldi. Ama seyredilen olmak, hayır! Sergiye gitmeyişinin nedeni buydu işte. Önce bir isim koyamamıştı. Çocuklarını bırakıp gitmek... Deniz aşırı ülkelere. Faik Bey'i ikna etmek. Hayır bunlar zor değildi. Pederi, "Siz bilirsiniz Aliye" demişti. "Her evlât kendi zamanından mesuldür. Siz bilirsiniz. Faik Bey de eşlik edecektir muhakkak. Padişahımız Efendimiz irade buyururlarsa..."

Bu ne demekti!? Chicago'ya yalnız gidecek değilsin. Sakıncalı olan yalnız gitmendir. Gitmenin kendisinde bir beis yok.

Çıkmış bütün ruhsatlara rağmen gitmek istemiyordu. Sıhhatsizliği de esas sebep değildi. Değil mi ki, tebdil-i mekânda hayır olduğuna inanılıyordu. Sıhhatsizliği bahane edecek hali yoktu. Ama kendisine bile itiraf edemediği şeyi, şimdi şu kadının "haylaz" oğluna bedduası aşikâr kılıyordu.

Chicago'ya gitmek seyredilmeye rıza göstermek demekti.

Seyredilmeye hazır hale gelmek. Neden kendini onlara seyirlik bir malzeme gibi takdim edecekti ki! Kimdi onlar? Neyi teftiş edeceklerdi!? Burada, gelenleri bir misafir olarak karşılamaya hazırdı. Lâkin sorularla zapturapt altına alınmaya hayır! İspanya Kraliçesi'nin, kendisiyle mülakat yapmak için gönderdiği gazeteciyi de kabul etmeyecekti. Taraflar müsavi değildi. Bir taraf murakabe edendi. Rol veren ve ezberi takdim eden. Fatma Aliye, sahnede değildi. Hiçbir mütefekkir sahnede değildir. Kendisini herhangi biri olarak değil, bir mütefekkir olarak idrak edişine sığındı yeniden.

Sanki kendisinden cevap bekleyen varmış gibi, bu ânı bekleyen onlarca insan tarafından abluka altına alınmışçasına fikrini beyan etti: "Chicago'ya gidilmeyecektir."

Rahatladı. Kararsızlıktan daha beter ne var! Kötü karar bile kararsızlıktan evlâ.

Ara sokaklardan yürümeye devam etti. Gördüğü kızlar ne kadar Ref'et'e benziyordu. Konağa dönmeli ve çalışmalıydı. Fikrin görüleceği yer kitaplardır. Sadece ve sadece kitaplarına gidecek.

1895

* Ahmet Cevdet Paşa öldü. * Ayrılıkçı Ermeni örgütü Hınçak İstanbul'da provokatif eylemlere girişti. Ermeni Patrik'i, İstanbul'da Ermeniler'i ayaklandırdı. * Osmanlı ve Türk-İslâm coğrafyasında misyonerlik ve casusluk yapacak eleman yetiştirmeyi amaçlayan Dünya Hıristiyan Öğrencileri Derneği kuruldu. * Çin, Japonya tarafından yenilgiye uğratıldı. Çin-Japon Savaşı sona erdi; Kore Kraliçesi suikaste kurban gitti. * Küba, İspanya'ya karşı bağımsızlık savaşına başladı. * Paris'te bir otelde ilk halka açık film gösterimi yapıldı. * Karl Marx, "Das Kapital"i yazdı. * London School of Economics kuruldu. * Tchaikovsky'nin "Kuğu Gölü" balesi, St. Petersburg'da ilk kez kesintisiz sahnelendi. * Wilhelm Röntgen, X-ray ışınlarını keşfetti. * Marconi, radyo telgraf sistemini buldu. * Lumiere Kardeşler sinema kamerasını icat etti. * Ahmet Cevdet Paşa öldü. * Ayrılıkçı Ermeni örgütü Hınçak İstanbul'da provokatif eylemlere girişti. Ermeni Patrik'i, İstanbul'da Ermeniler'i ayaklandırdı. * Osmanlı ve Türk-İslâm coğrafyasında misyonerlik ve casusluk yapacak eleman yetiştirmeyi amaçlayan Dünya Hıristiyan Öğrencileri Derneği kuruldu. * Çin, Japonya tarafından yenilgiye uğratıldı. Çin-Japon Savaşı sona erdi; Kore Kraliçesi suikaste kurban gitti. * Küba, İspanya'ya karşı bağımsızlık savaşına başladı. * Paris'te bir otelde ilk halka açık film gösterimi yapıldı. * Karl Marx, "Das Kapital"i yazdı. * London School of Economics kuruldu. * Tchaikovsky'nin "Kuğu Gölü" balesi, St. Petersburg'da ilk kez kesintisiz sahnelendi. * Wilhelm Röntgen, X-ray ışınlarını keşfetti. * Marconi, radyo telgraf sistemini buldu. * Lumiere Kardeşler sinema kamerasını icat etti. * Ahmet Cevdet Paşa öldü. * Ayrılıkçı Ermeni örgütü Hınçak İstanbul'da provokatif eylemlere girişti. Ermeni Patrik'i, İstanbul'da Ermeniler'i ayaklandırdı. * Osmanlı ve Türk-İslâm coğrafyasında misyonerlik ve casusluk yapacak eleman yetiştirmeyi amaçlayan Dünya Hıristiyan Öğrencileri Derneği kuruldu. * Çin, Japonya tarafından yenilgiye uğratıldı. Çin-Japon Savaşı sona erdi; Kore Kraliçesi suikaste kurban gitti. * Küba, İspanya'ya karşı bağımsızlık savaşına başladı. * Paris'te bir otelde ilk halka açık film gösterimi yapıldı. * Karl Marx, "Das Kapital"i yazdı. * London School of Economics kuruldu. * Tchaikovsky'nin "Kuğu Gölü" balesi, St. Petersburg'da ilk kez kesintisiz sahnelendi. * Wilhelm Röntgen, X-ray ışınlarını keşfetti. * Marconi, radyo telgraf sistemini buldu. * Lumiere Kardeşler sinema kamerasını icat etti. * Ahmet Cevdet Paşa öldü. * Ayrılıkçı Ermeni örgütü Hınçak İstanbul'da provokatif eylemlere girişti. Ermeni Patrik'i, İstanbul'da Ermeniler'i ayaklandırdı. * Osmanlı ve Türk-İslâm coğrafyasında misyonerlik ve casusluk yapacak eleman yetiştirmeyi amaçlayan Dünya Hıristiyan Öğrencileri Derneği kuruldu. * Çin, Japonya tarafından yenilgiye uğratıldı. Çin-Japon Savaşı sona erdi; Kore Kraliçesi suikaste kurban gitti. * Küba, İspanya'ya karşı bağımsızlık savaşına başladı. * Paris'te bir otelde ilk halka açık film gösterimi yapıldı.

Bahardı. Uyanmış ağaçlara, yunmuş yıkanmış gökyüzü refakat ediyordu. Bahardı. Ölümün ağusunu almak için hazır bekleyen bir rüzgâr, pencerenin dışında nöbet tutmadaydı. Ahmet Cevdet Paşa, kendini bilmeden yattığı ikinci günün sonunda, bahçedeki yediveren güllerin açıp açmadığını hal lisanı ile sual eyledi. Elini burnuna götürüp, "Oh" dedi. Adviye Hanım, anlatılmak isteneni anlamıştı. Cariyeler bile anlamıştı. Adviye Hanımefendi bir şey demeden koştular bahçeye. Koşup, bir dal pembe yediveren gülü getirdiler. Ah, ne diye dikenlerini ayıklamayı akıl etmemişlerdi!

Paşa, gülü eline alırken dikeninin çizdiği noktadan, gülün rengini aratmayacak kadar açık pembe bir kan sızdı. Kan ile birlikte abdest tazelemesi gerektiğini hatırladı. Hüzünle baktı incecik akan kanına. Sanki damarlarındaki son kandı.

Adviye Hanım, tepesi güllü abdest ibriğini Dürrinigâr Kalfa'nın elinden alırken, Fatma Aliye pederinin arkasını yastıklarla destekledi. Adviye Hanım, yavaşça döktü suyu efendisinin ellerine. Efendisinin ayaklarını kendi elleriyle yıkadı. Peşkiri ayaklarında gezdirip, kırkı çıkmamış bir bebeği kurular gibi kuruladı. Çocukları, her zaman telâşlı ve helecanlı bildikleri validelerinin bu metanetine hem hayran kaldılar, hem de taaccüp ettiler.

Halsiz ve bitkin, sanki yüzyıl sürmüş bir abdest tazeleme merasiminin ardından, Ahmet Cevdet Paşa tekrar yatağa girdi. Elini yavaşça kaldırdı. Adviye Hanım, ima ile namaz kılacağını anlayarak, yatağın karşısında bekleşmekte olan cariyeleri kenara çekti.

Cevdet Paşa'nın dudakları kıpır kıpır. Ellerini kâh yanlara salarak, kâh yüzüne götürerek namazını tamamlıyor.

Odadaki varlığını manalı kılmak için çaba sarf eden, fakat bu çabasına rağmen gittikçe ağırlaşan, elini kolunu kıpırdatamayacak, iki kelâmı yan yana getiremeyecek kadar ağırlaşan Fatma Aliye, "Allah kabul etsin efendim" diyor.

Nasıl diyebildi? "Allah kabul etsin!" derken, pederinin "Âmin!" demesiyle birlikte, sanki onu, ölümün ülkesinden çekip çıkaracakmış gibi umut doluyor içine.

"Âmin" diyen ses gelmiyor. Yalnız, âmin manasına gözlerini açıp kapatıyor Cevdet Paşa. Ağzını açıp kapatıyor. Sesin itaatsizliğinden bihaber, odadaki hareketsizliği, anlamlandıramayan bakışlarla süzüyor. Tavandaki avize, sanki tavanda değil de kendisinin üzerindeymiş gibi, sanki kendisi bütün o ağır avizeleri taşımakla yükümlü tavanmış gibi takatsiz. "Vücut ikliminin sultanı sensin." Cariyelerden biri mi söylüyor bu şarkıyı? Ama bu, erkek sesi. Ali Sedat. Ali Sedat, şarkı söylemeyi sevmez. Gözümün feri Ali Sedat. Tavandaki avize tavana ne büyük yük. Birisi indirse o avizeyi de birazcık dinlense tavan.

Ali Sedat. Şu karşısında duran genç adam, ne kadar da Ali Sedat'a benziyor.

Gülün kokusunu içinde duymayı arzu ediyor. İçi silme gül kokusu dolsa. Lâkin tavandaki avizenin herkesi yorgun düşürdüğü bu odada, ona gül reçelini kim getirir ki? Başında bekleşen bu kalabalıktan birisiyle göz göze gelmeyi boşuna ümit ediyor. Göz göze gelebilirse, bakışları gül reçelini anlatmaya yetecek.

Adviye Hanım gülün dikenlerini temizleyerek yeniden veriyor Ahmet Cevdet Paşa'nın eline. Gülü o kadar derinden kokluyor ki, işte o zaman, Paşa'nın yeni evlendikleri vakit, en çok sevdiği şeyin bahçenin güllerinden yapılmış reçel olduğunu hatırlıyor Adviye Hanım. Göz göze gelir gelmez, Dürrinigâr Kalfa Adviye Hanım'ın gözbebeklerindeki manayı kavrayarak odadan çıkıyor.

Döndüğünde, Ahmet Cevdet Paşa'nın tavandaki avizeye bakmaya devam etmesini hayra yormuyor. Elindeki pembe porselen kâseyi yavaşça Adviye Hanım'a uzatıyor.

Ali Sedat pembe porselen kâseye bakıyor. Validesinin, ölümün elinden yiğit kurtarırcasına reçellerden barikat kurma çabası yüreğini sızlatıyor. Tavandaki avizede gözünün nurunu sabitlemiş olan babasının, sanki tarihe yazacağı son sayfayı ziya parçalarıyla yazmaya gayret ettiğini düşünüyor.

Validesinin, küçücük kaşığın içindeki gül reçelini pederine tattırmaya çalışmasını Fatma Aliye çocukça buluyor. Pederine eziyet gibi geliyor o küçük kaşığın içindeki gül reçeli. İki gündür yatan, zemzemi bile yutamayan hastaya bu ne eziyet! Lâkin şimdi Adviye Hanım'a itiraz etmenin, ona mani olmaya kalkmanın hiç mümkün olmadığını bilmenin teslimiyetine sığınmaktan başka çare var mıdır?

Paşa, gül reçeline dilini dokunduruyor. Dünyadan alıp alabileceği son lezzete kavuşmuş olmanın verdiği huzur ile bahtiyar, zemzem suyunu içmeye başlıyor. İçiyor, içiyor, içiyor. Bu hasta, neredeyse cansız bedenin, sürahiler dolusu zemzem suyu içmesine odadaki herkes şaşırıyor.

Ahmet Cevdet Paşa, zemzem içmekten yorgun düşmüş bedenini son bir defa kaldırmaya çalışıyor. Odaya biri gelmiş de hürmetinden ayağa kalkıyormuş gibi bir hal ile.

Sonra emaneti teslim ediyor. Tavan avizeden kurtuluyor nihayet. Beklenen ölüm, hak vaki olunca yine de beklenmeyen, ansızın gelen oluyor.

Herkes ölümün tesellisini başka bir yerde arıyor. Adviye Hanım usul usul ağlarken; henüz yeni evliyken, bir kuş kanadına dokunurmuş gibi saçlarına dokunduğunu hatırlıyor efendisinin. Cevdet Paşa'nın kendisini hiç incitmemek, kırmamak için ne kadar gayret sarf etmiş olduğunu, ailelerine karışmış erkeklerin hal ve tavırlarındaki hoyratlık ile, her defasında yeniden keşfettiğini hatırlıyor. "Sünnete uygun yaşamak için evvelâ helâlini incitmeyeceksin" deyişini hatırlıyor. Cevdet Efendiyken de, Cevdet Paşayken de hiç değişmediğini hatırlıyor.

Ali Sedat, babasından arkaya kalan olamayacağını anlıyor tuhaf bir his ile. Babasını hatıra bahsi içine hiç yerleştirmiyor. O kadar yoğun yaşıyor ki yokluğu, babasının arkasında bıraktığı boşluğa sadece beş yıl dayanıyor.

Fatma Aliye babası son yolculuğu için hazırlanırken, zihni istilâ etmiş hayallerden bir şiirin mısraları olarak kurtulmak istiyor. Tarih düşürmek. Harflerin bedenine tarih düşürmek. Yazıyor ama yazılmış olmuyor. Hiç bilmediği bir hal. İçinde dağlar denizler. O dağlar denizler, kelimelere yüklenmeye kalkıldığında dümdüz. Oysa, acının harflere sığdırılabildiğini sanmıştı bunca yıl. Ama sığmıyordu işte! Harfler, kör ve içi boşalmış kalıplar gibi sekiyordu kâğıdın üstünde. Diviti hokkaya değil, ta yüreğine bandırıp çıkarıyordu. Divitin ucu boş. Renksiz. Şekilsiz.

Yazdığı mısralar kelimelerin kifayetsizliğinden bir leke idi ancak. Bu değildi aradığı. İçinde akan ırmak bu değildi. Bütün her şeyi yıkıp geçen ırmak değildi bu. Yine de kayıtlı tuttu. Yırtıp atmadı. Kendisine ihanet ettiği, içindeki acıyı çekip çıkaramadığı için suçladığı kelimeleri, yine de zapturapt altına aldı.

Asrımızın İbn-i Kemal'i idi
Hayfa ki terk-i hayat eyledi
Edip idi hayli eser bıraktı
Tezyin-i zat ve sıfat eyledi
Takdire edip rızasın izhar
Allah diye azm-i cennat eyledi
Tarihi yazan kalem kırılsın
Ahmet Cevdet Paşa vefat eyledi. (1312)

Acının nasıl bir esrar olduğunu, pederini defnettikten sonra tecrübe etti. Bu ânı, yıllar boyu hatırladıkça, her defasında bir an önce pederini rüyada görmek arzusuyla uykuya çekildiğini yeniden yeniden düşünecekti.

Herkesi şaşırtacak kadar erken uyumuş, taziye için gelenler henüz evlerine avdet etmemişken, oturduğu yerde kıvrılıp kalmıştı. Dürrinigâr Kalfa, yanı başında beklerken, aniden yerinden kalkıp yazıhanesine doğru gidişini taaccüple takip etmişti.

Fatma Aliye uykunun içinden sıyrılıp yazıhanesinin başına oturduğunda, vücudunu emre itaat etmeye hazır bir bekleyişe dahil etmişti. Dürrinigâr Kalfa korkarak bakıyordu.

Fatma Aliye'nin beklediği işaret ansızın gelmişti sanki. "Yaz" denilmişti. Yazmaya başlayacaktı. Evet, acısını tohum olarak kâğıda dökebileceğini işte şimdi tecrübe ediyordu. Acının tohumu tarihin zaferi olacaktı. Yıllar önceki ilk tarih dersi, yazıhanenin ortasına gelip yerleşti. Yarı alacalı karanlığın içinde, Cevdet Paşa ağır ağır konuştu. Lofça'dan İstanbul'a ilk gelişi odanın içine yavaş yavaş yayıldı.

1897

* Girit, Yunanistan'a katıldığını açıkladı. Osmanlı, Yunanistan'a savaş açtı. Savaşın sonunda İstanbul Anlaşması imzalanarak ateşkes ilân edildi. Girit'e özerklik verildi. * Rus Çarı II. Nikola ile Avusturya-Macaristan İmparatoru Franz Joseph Osmanlı'nın Balkanlar'daki topraklarını paylaşım planı yaptılar. * Almanlar, Çin'in kuzeyindeki Kiao-chow bölgesini işgal etti. * Sidney ve Beatrice Webb "Endüstriyel Demokrasi"yi yazdılar. * Ronald Ross sıtma bakterisini keşfetti. * William Thomson katot ışınları üzerine çalışmalar yaptı. * J.J. Thomson elektronu buldu. * Hindistan'da şiddetli kıtlık yaşandı. * Zanzibar (Zengibar) Sultanı, köleliği kaldırdı. * İsviçre'de Siyonist Kongresi toplandı. * Edmond Rostand "Cyrano de Bergarac"ı yazdı. * Girit, Yunanistan'a katıldığını açıkladı. Osmanlı, Yunanistan'a savaş açtı. Savaşın sonunda İstanbul Anlaşması imzalanarak ateşkes ilân edildi. Girit'e özerklik verildi. * Rus Çarı II. Nikola ile Avusturya-Macaristan İmparatoru Franz Joseph Osmanlı'nın Balkanlar'daki topraklarını paylaşım planı yaptılar. * Almanlar, Çin'in kuzeyindeki Kiao-chow bölgesini işgal etti. * Sidney ve Beatrice Webb "Endüstriyel Demokrasi"yi yazdılar. * Ronald Ross sıtma bakterisini keşfetti. * William Thomson katot ışınları üzerine çalışmalar yaptı. * J.J. Thomson elektronu buldu. * Hindistan'da şiddetli kıtlık yaşandı. * Zanzibar (Zengibar) Sultanı, köleliği kaldırdı. * İsviçre'de Siyonist Kongresi toplandı. * Edmond Rostand "Cyrano de Bergarac"ı yazdı. * Girit, Yunanistan'a katıldığını açıkladı. Osmanlı, Yunanistan'a savaş açtı. Savaşın sonunda İstanbul Anlaşması imzalanarak ateşkes ilân edildi. Girit'e özerklik verildi. * Rus Çarı II. Nikola ile Avusturya-Macaristan İmparatoru Franz Joseph Osmanlı'nın Balkanlar'daki topraklarını paylaşım planı yaptılar. * Almanlar, Çin'in kuzeyindeki Kiao-chow bölgesini işgal etti. * Sidney ve Beatrice Webb "Endüstriyel Demokrasi"yi yazdılar. * Ronald Ross sıtma bakterisini keşfetti. * William Thomson katot ışınları üzerine çalışmalar yaptı. * J.J. Thomson elektronu buldu. * Hindistan'da şiddetli kıtlık yaşandı. * Zanzibar (Zengibar) Sultanı, köleliği kaldırdı. * İsviçre'de Siyonist Kongresi toplandı. * Edmond Rostand "Cyrano de Bergarac"ı yazdı. * Girit, Yunanistan'a katıldığını açıkladı. Osmanlı, Yunanistan'a savaş açtı. Savaşın sonunda İstanbul Anlaşması imzalanarak ateşkes ilân edildi. Girit'e özerklik verildi. * Rus Çarı II. Nikola ile Avusturya-Macaristan İmparatoru Franz Joseph Osmanlı'nın Balkanlar'daki topraklarını paylaşım planı yaptılar. * Almanlar, Çin'in kuzeyindeki Kiao-chow bölgesini işgal etti. * Sidney ve Beatrice Webb "Endüstriyel Demokrasi"yi yazdılar. * Ronald Ross sıtma bakterisini keşfetti. * William Thomson katot ışınları üzerine çalışmalar yaptı. * J.J. Thomson elektronu buldu. * Hindistan'da şiddetli kıtlık yaşandı. * Zanzibar (Zengibar) Sultanı, köleliği kaldırdı. * İsviçre'de Siyonist Kongresi toplandı. * Edmond Rostand "Cyrano de Bergarac"ı yazdı. * Girit, Yunanistan'a katıldığını açıkladı. Osmanlı, Yunanistan'a savaş açtı. Savaşın sonunda İstanbul Anlaşması imzalanarak ateşkes ilân edildi.

Sıralı ölümdü.

Sıralı ölüm olduğu için sabr-ı cemil dolardı kalbe.

Öyle olmadı.

Hiç öyle olmadı.

İki yıl geçti. Lâkin Fatma Aliye, pederinin arkasından kendisini yetim bulmaya devam ediyor. Düşünce yetimi.

Sanki yazmanın manası yoktu.

Pederi hayattayken, kaleminde pederinin sesi.

Yazıyor gibi yazmamıştı hiçbir şeyi.

Sanki okuyor gibiydi.

İçinde pederinin sesi vardı ve pederinin sesi Aliye'nin kaleminden kâğıtlara dökülüyordu.

Kâğıtlara dökülmüş olanı pederi beğendikçe, o, içindeki sesi zapt edebilmenin helecanıyla yazıya kanamıyordu.

Fikrinden çıkıp, harf harf kâğıtlara dökülen şey, pederi hayattayken yazı gibi gelmiyordu.

Pederinin ölümünden sonra kalbindeki ses ile, sesi kâğıt üzerinde zapt edecek olan harfler birbirine uzak düştü. Yol kapanmış mıydı? İçindeki bütün sesler yabancıydı. O yabancılığı evcilleştirmeye gücü yetecek miydi Aliye'nin?

Her şey yabanileşiyordu. Her şey dağılıyordu. Onca dağılanın içinde, yazı yazmak ile hayatı tanzim etmek arasında, iki adımda bir tercihe zorlanmak. Hayatın ne çok manisi varmış böyle! Ahmet Cevdet Paşa, bütün bu manileri kaldıran mıydı? Saklayan mıydı? Hayat eskiden de, yani dağlar kadar emniyetli pedere sığınılırken de, bu kadar engebeli ve bu kadar dik miydi?

Sokaklar yanıyordu. Anaların yürekleri yanıyordu. Açlık ve yokluk bir mefhum olmaktan çıkmış, fert fert sokakta geziyordu. Sokağa çıktığında gördüğü manzara, ciğerini delen. İnsan, yalnız kendi çocuklarına analık ederek "valide" olabilir mi? İnsan, yalnız kendi yakınlarına yakın olarak Allah'a yakın olabilir mi?

Yazmaya uğraşıp da yazamamak içindeki sıkıntıyı dayanılmaz kılıyordu. Kelimeler yangının kendisi. Bir şey yapmalıydı, bir şey. Durmak gamı arttırıyordu. Akmalıydılar. Bütün kadınlar, kendilerini hayır ırmağının içine atarak akmalıydı. Kimin yüzüne baksa hüzün vardı. Kimin yüzüne baksa, "Sonumuz ne olacak?" sorusu asılı kalmış bekliyordu. Sanki kadınların kaşı ve gözü, ağzı ve burnu, bu soru tarafından işgal edilmişti. Bu sorunun esir aldığı yüzler, birbirinin aynı olan bir kederin içinde katılaşıyordu.

Madam Serandi, "Müslüman kadınlar yirmi yıl önce böyle değildi. Artık siz başka türlü yaşlanıyorsunuz" demişti.

Başka türlü yaşlanmak?

"Nasıl Madam?"

"Daha önce, Müslüman kadınların yüzündeki çizgiler yumuşak olurdu. Yaşlanırken güzelliklerini kaybetmeyeceklerini bilmenin emniyeti, diye düşünürdüm. Bir bebeğin yüzüne çizilmiş çizgiler gibi gelirdi ihtiyar kadınların çehresi. Müslüman kadınların şanslı olduğunu düşünürdüm. Kendi validemi, benden yirmi yaş büyük ablamı, Osmanlı topraklarında daha çok düşünürdüm biliyor musunuz? Çünkü onların akranı olabilecek her kadını gördüğümde, onları hatırlardım. Neden derdim, biz Katolikler katılaşa katılaşa ölüyoruz da, Müslümanlar gittikçe hafifleşerek ölüyor? Biz, yere düşer gibi geçerken yılların üstünden, siz göğe ulaşılacak basamak niyetine geçiyorsunuz yılları. Böyle düşünürdüm. Ama gördüm ki, siz de artık göklerden düşe düşe yaşıyorsunuz ve dahi yaşlanıyorsunuz."

"Bu söylediklerinizi delillendirebilir misiniz madam?"

Boşuna delil istemişti. Kendisi de farkındaydı. Ama bazen dışarıdan bir göz, her şeyi yırtmak pahasına, gördüklerini aşikâr kılmakta daha cesur olabilirdi.

Göklerden düşer gibi yaşamayacaklardı. Hayır. Kalfa, mavi salonun hazır olduğunu söylüyor. Göğe yükselir gibi yaşayacaklardı. Savaşın, yokluğun, acının ve kederin kalplerini karartmasına izin vermeyeceklerdi. Akan su kir tutmaz. Akacaklardı. Merhem niyetine akacaklardı.

Birazdan İstanbul'un en seçkin hanımları gelecek. Onlara öyle bir anlatmalıydı ki, herkes hayır ırmağının içinde birbiriyle yarışa çıksın.

Nasıl anlatmalıydı? Pederinin 'Mesnevi' üzerinden tefe'ül edişi hatırına geliyor. Derhal kendisi de öyle yapmalı. 'Mesnevî-i

Şerif' nereye kaldırılmış? Şuradaydı. İyi hatırlıyor 'Hafız Divanı'nın yanında idi. 'Hafız Divanı' burada. 'Mesnevî-i Şerif'i ararken pederi geliyor yâdına. Pederiyle beraber 'Tezakir' düşüyor yere. Bunun bir tesadüf olması mümkün müdür?

Besmele çekiyor. 'Tezakir'i önce bağrına bastırıyor. Pederinin sesi, sanki kendi bağrına dolacakmış gibi. Karşısına çıkacak satırları endişeyle bekliyor. Daha da mühimi, bu satırların biraz sonra teşrif edecek olan hanımlar ve dahi kendisi için nasıl bir yol açacağını merak ediyor.

Bursa depreminin anlatıldığı satırlarla karşılaşınca hafifçe başı dönüyor. Ne olsun ki! Bu satırlar ile ne olsun ki! Anlamsız cümleler kurduğunu düşünüyor. Yaptığını daha manalı kılmak için tefe'üle başvurmuş iken... Şimdi, karşısında Bursa depremi. Acele etmemeli. Yavaş yavaş okumalı. Gerekirse tekrar okur. Gerekirse yeniden tefe'ül eder. Bir defa bakıldığını kim söylüyor!!!

"Bursa'da, mezkûr çarşamba günü saat yedi buçuk kararlarında, hava gayet berrak iken, birden bulutlar zuhur ile gökyüzü kararıp dört taraftan rüzgârlar eserek ve şimşekler çakıp yağmur yağarak, misli görülmedik fırtınalar zuhur etmekle beraber; batı tarafında bir kara bulut peyda olup, on dakika kadar ol mertebe karanlık olmuş ki, kâtipler yazı yazamaz olmuşlar ve bu arada öyle şiddetli saika düşmüş ki, ahali memleket batıyor sanmışlar. On dakika sonra, yani saat dokuzu çeyrek geçerek hareket-i arz başlayıp, otuz saniye kadar sürmüş; ol halde ahali bulundukları yerlerden çıkıp, kaçmağa yüz tutmuşlar ise de yürürken yokuş yukarı çıkıyor gibi bir hale gelerek, ne yapacaklarını ve nereye gideceklerini şaşırmışlar."

Zelzelenin tasvir edildiği satırları içer gibi okuyor. Yangından kaçar gibi. Hızlı hızlı. Biraz sonra bulacağı şeye bir an önce kavuşmak istemenin helecanıyla. Okuyor.

"Devlet-i Âliye'nin pay-i taht-ı kadîmi olan Bursa'nın böyle harap olması, sahihen mucib-i teessüf-i azîm olan mevaddandır. Buna dair, Fuad Efendi'nin bir şairâne sözü vardır ki, Osmanlı tarihinin dibacesi zayi oldu, deyu teessüf eylerdi. Lâkin garibdir ki, lisanen böyle teessüf edip dururken, Bursa'nın ahvalini tahkik için bir me'mur gönderilmedi. Çünkü biz, Rusya muharebesiyle ve daha doğrusu Mehmet Ali Paşa tarafından sarraf Mıgırdıç'a verilmiş olan senedlerin tatbik mührü meselesiyle meşgul idik."

Yolunun yavaş yavaş aydınlandığını fark ediyor. Tefe'ül etmeden önceki hali ne kadar karışık ise, sanki şimdi her şey yavaş yavaş çözülüyor. Fuat Efendi'nin sözü ile Mehmet Ali Paşa'nın müsrifliği birbirinden ayrılmaz iken Kırım Harbi'ne kenetleniyor. Önündeki yolu kolay eyleyecek olan üç şey birbirinin içine geçiyor.

Fuat Efendi'nin sözü, hiçbir endişenin yalnız şairâne bir söz olarak ortada bırakılmaması gerektiğini; Mehmet Ali Paşa bahsi, müsrif kadınları hayır işine çekmenin ehemmiyetini ikaz ediyor.

"Bursa'daki halk ise can ve başları kaygısına düşerek, vaktiyle İstanbul'a kâğıt yazamayıp dokuz gün sonra tahrirât-ı resmiye gelebildi. Halbuki İngilizlerin Bursa ahalisine iane için derhal iki gemi ekmek ile bir hayli akçe göndermiş olduklarını,

on gün sonra Bursa vücuhundan Dersaadet'e gelen Tahir Ağa maatteessüf haber verdi. Artık ecnebilerden utanır olduk. Heman Cenab-ı Hak bizleri ikaz ve ıslah eyleye."

Çok şükür. Çok şükür. Çok şükür. Şükrünü nefesinin temposuna uydurmaya çalışıyor. Hemadanî geliyor aklına. Hayat teselli aramaktır. Teselli aramak. Evet bu. Biraz sonra mavi salonda toplanacak olan hanımlara, "Hayat teselli olmaktır" diye başlayacak söze. Ve acının içinde yaşarken, tesellinin hangi kaynaktan fışkırıp, insanın kalbine dolduğunu anlatacak. Gücü yettiğince. Ah, pederine ne kadar da müteşekkir. Nasıl da açıverdi satırlar üzerinden kalbini.

Kırım Harbi. Evet, tefe'ülden çıkan netice, kendi insanımıza ecnebilerden evvel ulaşmamızın iktiza ettiği... Birden okuduğu iki sayfanın, nasıl böylesine resim gibi zihnini nakışlayabildiğine şaşırıyor. Kırım Harbi. Kırım Zafernamesi. Hayrabat ya! Hayrabat. Hayrabat. Ah, neden daha önce aklına gelmemişti!!!

En unutulmayacak şey, en zaruri anda unutulan oluyordu demek. "Bizden evvelki kadınlar hayır işlerinde yarışırlardı" diye söze başlıyor içindeki ses. "Kırım Savaşı sırasında, Filibe'de Zehra adında bir kadın, bütün malını satarak orduya bağışladı. Asker tedarik edip, onlara elbise, silâh ve at temin etti. Altışar aylık yolluklarını peşin verdi. Oğlunu da askere yolladı. Evet, şimdi hepimiz Zehra Hanım olacağız. Elimizde ne varsa. Ve neye gücümüz yetiyorsa. Hadi hanımlar, hayırda yaraşacağız." Annesinden yadigâr pırlanta gerdanlığı koyacak yarışı başlatan olarak.

Cemiyetleri olacak. Düzenli, programlı çalışan bir cemiyet. Herkesin yerini ve zamanını belirleyen. Evet, Cemiyet-i İmdadiye. Hadi, bismillah.

Salona girdiğinde, İstanbul'un güzide hanımlarını hazır buluyor.

O gün Cemiyet-i İmdadiye teşkil ediliyor.

1900

* Avustralya Cumhuriyeti kuruldu. * Çin'de "Hak ve Uyum Yumrukları Hareketi" (Boxers) Avrupalılara karşı yükselmeye başladı. * Maksim Gorki "Üçler"i, Tolstoy "Canlı Ceset"i, Anton Çehov "Vanya Dayı"yı yazdı. * Japonya'da Budizmin etkisini kırmak üzere Şintoizm tekrar gündeme getirildi. * F.E. Dorn radon gazını keşfetti. * Sigmund Freud "Rüyaların Yorumu"nu yayınladı. * Max Planck Kuantum Teorisini formüle etti. * İlk Zeplin deneme uçuşu yapıldı. * Arthur Evans Girit'teki kazılarında Minoan kültürünü buldu. * Alman Medeni Kanunu yürürlüğe girdi. * Londra'da "Daily Express" yayımlanmaya başladı. * Avustralya Cumhuriyeti kuruldu. * Çin'de "Hak ve Uyum Yumrukları Hareketi" (Boxers) Avrupalılara karşı yükselmeye başladı. * Maksim Gorki "Üçler"i, Tolstoy "Canlı Ceset"i, Anton Çehov "Vanya Dayı"yı yazdı. * Japonya'da Budizmin etkisini kırmak üzere Şintoizm tekrar gündeme getirildi. * F.E. Dorn radon gazını keşfetti. * Sigmund Freud "Rüyaların Yorumu"nu yayınladı. * Max Planck Kuantum Teorisini formüle etti. * İlk Zeplin deneme uçuşu yapıldı. * Arthur Evans Girit'teki kazılarında Minoan kültürünü buldu. * Alman Medeni Kanunu yürürlüğe girdi. * Londra'da "Daily Express" yayımlanmaya başladı. * Avustralya Cumhuriyeti kuruldu. * Çin'de "Hak ve Uyum Yumrukları Hareketi" (Boxers) Avrupalılara karşı yükselmeye başladı. * Maksim Gorki "Üçler"i, Tolstoy "Canlı Ceset"i, Anton Çehov "Vanya Dayı"yı yazdı. * Japonya'da Budizmin etkisini kırmak üzere Şintoizm tekrar gündeme getirildi. * F.E. Dorn radon gazını keşfetti. * Sigmund Freud "Rüyaların Yorumu"nu yayınladı. * Max Planck Kuantum Teorisini formüle etti. * İlk Zeplin deneme uçuşu yapıldı. * Arthur Evans Girit'teki kazılarında Minoan kültürünü buldu. * Alman Medeni Kanunu yürürlüğe girdi. * Londra'da "Daily Express" yayımlanmaya başladı. * Avustralya Cumhuriyeti kuruldu. * Çin'de "Hak ve Uyum Yumrukları Hareketi" (Boxers) Avrupalılara karşı yükselmeye başladı. * Maksim Gorki "Üçler"i, Tolstoy "Canlı Ceset"i, Anton Çehov "Vanya Dayı"yı yazdı. * Japonya'da Budizmin etkisini kırmak üzere Şintoizm tekrar gündeme getirildi. * F.E. Dorn radon gazını keşfetti. * Sigmund Freud "Rüyaların Yorumu"nu yayınladı. * Max Planck Kuantum Teorisini formüle etti. * İlk Zeplin deneme uçuşu yapıldı. * Arthur Evans Girit'teki kazılarında Minoan kültürünü buldu. * Alman Medeni Kanunu yürürlüğe girdi. * Londra'da "Daily Express" yayımlanmaya başladı. * Avustralya Cumhuriyeti kuruldu. * Çin'de "Hak ve Uyum Yumrukları Hareketi" (Boxers) Avrupalılara karşı yükselmeye başladı. * Maksim Gorki "Üçler"i, Tolstoy "Canlı Ceset"i, Anton Çehov "Vanya Dayı"yı yazdı. * Japonya'da Budizmin etkisini kırmak üzere Şintoizm tekrar gündeme getirildi. * F.E. Dorn radon gazını keşfetti. * Sigmund Freud "Rüyaların Yorumu"nu yayınladı. * Max Planck Kuantum Teorisini formüle etti. * İlk Zeplin deneme uçuşu yapıldı. * Arthur Evans Girit'teki kazılarında Minoan kültürünü buldu. * Alman Medeni Kanunu yürürlüğe girdi. * Londra'da "Daily Express" yayımlandı.

Faik Bey Plevne Marşı'nı söylüyor. Davudi sesi sadece konağı değil, bütün sokağı dolduruyor. Sokakta sesine ses karışıyor. "İnna lillahi ve inna ileyhi raciun" dedikten sonra, yeni gelen her ses kendini marşın nağmelerine bırakıyor. "Şanı büyük Osman Paşa Plevne'den çıkmam diyor."

Şanı büyük Osman Paşa Plevne'den çıkmıyor. Süleyman Paşa'nın kişisel hırsı olmayaydı, yenilmiş bir muzaffer değil kazanmış muzaffer olacaktı.

Sokaktaki sesler Plevne Marşı'nı söylerken, komodinin üzerinde duran "sebeb-i nimetim" dediği Osman Paşa'ya bakıyor Faik Bey. Yenilmişken bile kazanan Osman Paşa'ya.

Kimbilir kaçıncı defa, sanki o çadırda kendisi de varmış gibi, Fatma Aliye Hanım'a anlatıyor: "Osman Paşa teslim olur mu? Olmadı, hiç teslim olmadı. Şarapnel parçası bacağını delik deşik etmişken bile savaşıyordu. Kan kaybından ölecek de ordu başsız kalacak diye, Vit Irmağı'nın kenarına diz çöktü."

Yeniden yaşıyor o anı. Evlendikleri günden beri, Gazi Osman Paşa'nın her adı geçtiğinde tekrarlanan sahneye, ilk defa vuku buluyormuş gibi kendini bırakıyor Fatma Aliye Hanım. Çünkü her defasında, Faik Bey'in içindeki ateş yeni bir meşale yakıyor.

Tarih üzerine düşünürken kıymetli pederinin anlattıkları kadar, kıymetli zevcinin tarihi yaşayan hali eşlik ediyor Fatma Aliye Hanım'a. Faik Bey Plevne'yi anlatırken, bugün Osman Paşa'nın öldüğü haberini unutmuşçasına Plevne olduklarını düşünüyor. Hem anlatan hem de dinleyen olarak, bir coğrafyaya dönüşüyor ikisi de. Kaybedilmiş toprak oluyorlar.

Karnındakini düşünüyor Fatma Aliye. Emanetini. İki kızının ardından, bu defa Yüce Mevlâ bir erkek evlât bağışlasa. Adını Cevdet Osman koymayı hayal ediyor. Kendi evlâdında hem pederinin ilminin hem de Osman Paşa'nın askeri dehasının bir arada tecelli edebileceğini hayal ediyor.

Faik Bey, iki askerin arasında güçlükle yürüyen Osman Paşa'nın, Rus askerleri tarafından "Bravo" diye karşılanışını anlatıyor. Vücudundaki bütün enerjiyi sesine yükleyip anlatıyor. Bravo. Yenilirken bile muzaffer olmak. General Skobelef, "Bu yüz, büyük bir kumandanın yüzüdür. Teslim olmasına rağmen muzaffer sayılacaktır" diyor.

Rus Çarı II. Aleksandr, "Benim esirim değil misafirimsin. Senin gibi cesur, gayretli, yüksek liyakatli bir kumandan ile harp ettiğim için kendimi bahtiyar addederim" diyor.

Duvarda asılı olan, II. Aleksandr'ın imzalayarak Osman Paşa'ya verdiği fotoğrafının altında duruyor. Faik Bey Aleksandr'a bakarken, Fatma Aliye, Çariçe'nin resmine dalıp gidiyor. Bu hamilelik onu dalgın yaptı. Otuz sekiz yaşında böyle güçten düşmüş olacağını hiç düşünmemişti. Çariçe'nin hüzünlü gözleri içine oturuyor. Fotoğraf verir gibi değil de, matem tutar gibi bakmış Çariçe. Slav hüznü dedikleri, bu bakışlardaki elem mi?

Faik Bey tekrar söylemeye başlıyor marşı. Ağlamamak için marşa sığındığını biliyor.

Bütün dünya, üzerine Osman Paşa'nın bakışı olarak çöküyor sanki.

Fatma Aliye, Faik Bey'in bakışlarındaki hüznü ağır buluyor. Çariçe'nin göz bebekleri Faik Bey'in yüzüne oturuyor ansızın. Bacaklarındaki ağrı sırtına doğru yayılıyor. Teselli için ağzını açsa kendini ele verecek. Ağrı gittikçe şiddetleniyor.

Aliye susuyor. Issız dağlarda kalakalmış hamile kadın ürpertisi ile susuyor. On dört sene aradan sonra, ilk defa doğum yapacakmışçasına acemi. Dili susuyor. Lâkin zihni konuşkan. Kemal Paşa eşlik ediyor zihnindeki kıvrımlara. Ne yeri ne zamanı. Gazi Osman Paşa'nın mahdumu Kemal Paşa, hafızanın resimleri arasından çıkıp geliyor. Oğullar neden babaları gibi olmak isterken küçülüyor? Kızlar neden büyüdüklerini ispat etmek için anneden uzaklaşan oluyor? Düşündükçe mi ağrıları duyulmaz oluyor? Ağrılarını duymamak için mi, birbiriyle alâkasız resimleri, sesleri ve kokuları bir araya getiriyor!?

Zevcesinin sükûtunu ağır buluyor Faik Bey. Yeniden sesine sığınıyor. Davudi sesine. Kemal Paşa'ya taziyeye gidemeyecek olmak, acısını paylaşılmaz kılıyor. Kemal Paşa ne diye Hatice Sultan'ın aşkına teslim olmuştu! Abdülhamid'in damadıyken, V. Murad'ın kızının, bir intikam üzere planladığı aşkına! Kadınları daima tehlikeli bulmuştu Faik Bey. Zavallı Kemal Paşa! Aliye'ye söyleyemez bunu. Fatma Aliye Hanım, aşkın tuzağına düşenleri ne satırlarda affediyor ne de hayatta.

1908

* Jön Türkler isyan çıkardı. Sultan II. Abdülhamit tahttan indirildi ve II. Meşrutiyet ilân edildi. Meclis-i Mebusan toplandı. Bulgaristan ve Bosna-Hersek kaybedildi. * Girit, Yunanistan'a katıldığını açıkladı. * Abdül Hafid Osmanlı Devleti'ne isyan etti ve Fas Kralı olduğunu ilân etti. * Portekiz Kralı ile Veliaht Prens'i Lizbon'da suikaste kurban gittiler. * İngiltere Kralı VII. Edward ile Rus Çarı II. Nikola, "Makedonya Sorunu"nu görüşmek üzere Reval'de bir araya geldi. * Bulgaristan'da, I. Ferdinand çar unvanını aldı ve ülkesinin bağımsızlığını ilân etti. * Güney Afrika Birliği kuruldu. * Simon de Beauvoir doğdu. * Hermann Minkowski dört boyutlu geometriyi formüle etti. * Amerika'da bakalit üretildi. * İlk çelik ve cam fabrikası AEG firması tarafından inşa edildi. * İtalya'da deprem oldu, 150.000 kişi öldü. * General Motors şirketi kuruldu. * Kahire Üniversitesi açıldı. * Wilbur Wright, 40 dakikada 30 mil uçtu. * F. Meinecke "Kozmopolitanizm ve Ulus Devlet"i, G. Sorel "Şiddet Üzerine Düşünceler"i yazdı. * Jön Türkler isyan çıkardı. Sultan II. Abdülhamit tahttan indirildi ve II. Meşrutiyet ilân edildi. Meclis-i Mebusan toplandı. Bulgaristan ve Bosna-Hersek kaybedildi. * Girit, Yunanistan'a katıldığını açıkladı. * Abdül Hafid Osmanlı Devleti'ne isyan etti ve Fas Kralı olduğunu ilân etti. * Portekiz Kralı ile Veliaht Prens'i Lizbon'da suikaste kurban gittiler. * İngiltere Kralı VII. Edward ile Rus Çarı II. Nikola, "Makedonya Sorunu"nu görüşmek üzere Reval'de bir araya geldi. * Bulgaristan'da, I. Ferdinand çar unvanını aldı ve ülkesinin bağımsızlığını ilân etti. * Güney Afrika Birliği kuruldu. * Simon de Beauvoir doğdu. * Hermann Minkowski dört boyutlu geometriyi formüle etti. * Amerika'da bakalit üretildi. * İlk çelik ve cam fabrikası AEG firması tarafından inşa edildi. * İtalya'da deprem oldu, 150.000 kişi öldü. * General Motors şirketi kuruldu. * Kahire Üniversitesi açıldı. * Wilbur Wright, 40 dakikada 30 mil uçtu. * F. Meinecke "Kozmopolitanizm ve Ulus Devlet"i, G. Sorel "Şiddet Üzerine Düşünceler"i yazdı. * Jön Türkler isyan çıkardı. Sultan II. Abdülhamit tahttan indirildi ve II. Meşrutiyet ilân edildi. Meclis-i Mebusan toplandı. Bulgaristan ve Bosna-Hersek kaybedildi. * Girit, Yunanistan'a katıldığını açıkladı. * Abdül Hafid Osmanlı Devleti'ne isyan etti ve Fas Kralı olduğunu ilân etti. * Portekiz Kralı ile Veliaht Prens'i Lizbon'da suikaste kurban gittiler. * İngiltere Kralı VII. Edward ile Rus Çarı II. Nikola, "Makedonya Sorunu"nu görüşmek üzere Reval'de bir araya geldi. * Bulgaristan'da, I. Ferdinand çar unvanını aldı ve ülkesinin bağımsızlığını ilân etti. * Güney Afrika Birliği kuruldu. * Simon de Beauvoir doğdu. * Hermann Minkowski dört boyutlu geometriyi formüle etti. * Amerika'da bakalit üretildi. * İlk çelik ve cam fabrikası AEG firması tarafından inşa edildi. * İtalya'da deprem oldu, 150.000 kişi öldü. * General Motors şirketi kuruldu. * Kahire Üniversitesi açıldı. * Wilbur Wright, 40 dakikada 30 mil uçtu. * F. Meinecke "Kozmopolitanizm ve Ulus Devlet"i, G. Sorel "Şiddet Üzerine Düşünceler"i yazdı.

I-

O sabah kilerden gelen seslerle, dalıp gittiği zamandan koptu. Sabah namazının ardından oturmuştu yazıhanesinin başına. Kalfa ile kızlardan biri münakaşa ediyordu. Sesleri birbirinden ayırt edemedi. Yalnız kalfanın sesi belliydi onca farklı ses arasında: "Aldırmayın benim elime sopayı! Edepsizliğin adı hürriyet konmuş da' bizim mi haberimiz olamamış! Hürriyet yok. Herkesin yapıp bitireceği işi var! Böyle bilinsin! Kimsenin elinde gâvur kitabı görmeyeyim. Eski köye yeni âdet sokacak değiliz."

Kalfanın sesinde, hürriyet aşikâr kılınmış oluyordu. Ortalık hizmetçilerinden biri işini yapmamıştı muhakkak. Elinde Fransızca roman ile de yakalandıysa... Kalfanın öfkesi akşama kadar dinmez artık: "Bir şey değil hanımcığım, o pespaye kitapları okuyup okuyup ayaklarına gelen kısmeti tepiyor bu kızlar. Prenses masalı okuma ile prenses olunaydı..."

Kalfa haklı mı? Prenses masalı okumak insanı prenses yapmıyor; ama hürriyete dair okunan her şey, mesuliyeti olmayan bir hürriyete doğru kanat açtırıyor. Bu kızların hürriyeti ne olacak!

Zili çalıyor. Kalfa çatık kaşlarını yerine geri döndüremeden geliyor. Fatma Aliye Hanım'ın gazeteleri soracağından emin. "Size kahve yapayım. Kahvenizi içmeden gelir gazeteler inşallah. Çarşıya gidilecekti. Bir aksaklık oldu. Olur ya!"

Üstelemiyor. Canı sıkkın. Kimselerle paylaşılmayan sıkıntılar daha kolay geçer. Sıkıntıyı söze hapsetmemek en iyisi. Uçup gitsin içindeki sıkıntılar. Bir tütsü gibi uçup gitsin.

Emine Semiye'nin mektubunu hiç aklına getirmeyecek. Hiç ciddiye almayacak. Koca kadın olsa ne!? Ta on beş yaşında yazdığı mektupları istiyormuş. Akıl geldi. Akıl geldi mi, gitti mi belli değil ya! Talat taifesi ile bir olunca, maziyi imha etmek gerekiyor demek ki. Onun helecanına akl-ı selim ile cevap verilecektir elbet. Çoluk çocuğa kızmak bizim mesleğimizde yoktur.

Kendini ikna etmeye çalışması boşuna! Emine Semiye'nin satırlarını silip atmak kabil olmuyor. Pederi için o satırları yazmaya cüret edecek kadar... Arkasını getiremiyor. Evet, cüret. "*Nâmını tebcil ile yâda mecbur olduğumuz pederimiz merhumun, mâzinin siyahlıklarında gömülmüş bazı dikenli harekâtı ki ara sıra hayretperverânın enzar-ı itirazına bakdıkça...*" Bu nasıl bir haldir! Ne garip haldir! Sen, kerimesi olarak bile böyle söyledikten sonra!

Emine Semiye'nin satırlarını unutacak. Evet, unutacak. Cevap verecek, lâkin hiç üzüldüğünü belli etmeden. Ciddiye almadan. Pederini savunmaya kalkmayacak. Evlâdın böyle olmaklığında ebeveynin suçu yoktur. Savunmayacak. Hz. Nuh Aleyhisselâm bize dayanak. Bir peygambere bahşedilmiş imtihandan âlâ dayanak mı lâzım! Atacak sıkıntısını.

Devlet-i Âliye bir yangın yerine dönmüşken, Fatma Aliye'nin sıkıntısının lâfı mı olur! Kadın mecmualarındaki yazıları merak ediyor. Bir iki imza dikkatini çekmişti. Anlam veremediği talepler sıralanıyordu. Ayşe, "Niçin anlamıyorsunuz valideciğim" demişti. "Siz de vakt-i zamanında, her şeyi değiştiren olmamış mıydınız! İlk kadın muharrire olarak yıktıklarınızı ve yaptıklarınızı bir arada düşünürsek!"

Aşk, insanı küstah yapar mı? Dört bir yanına kuyu mu açıldı!? Emine Semiye bir taraftan, Ayşe bir taraftan. İnsan, ders aldığı hocaya âşık olmaz. Hadi, oldu. Onunla evlenmeye kalkmaz. "Niye?" demişti Ayşe. "Halide Hanım da hocası ile evlendi." Halide Hanım! Halide Hanım, ne zamandan beri olmazları olur yapan bir kudretin sahibi idi!

Ayşe'nin, hocası ile evlenmiş olmasını hâlâ daha hazmedebilmiş değil. Nimet ile İsmet evde ders almayacak. Kesin kararlı. Onları okula yazdıracak. Yaşıtları ile birlikte okuyup öğrensinler. Devir değişti. Artık evde ders aldırılacak zamanlar değil.

Herkesle beraber. Herkesin içinde öğrenilsin öğrenilecek olanlar. İlim, evin sınırlarına sığmıyor artık. Neden sığmıyor? Evlerimiz gittikçe küçülüyor. İmparatorlukla birlikte evlerimiz de küçülüyor. Nigâr Hanım, misafir kabul ediyor mu acaba? Yokuşu çıkacak dermanı olmamakla birlikte, Şair Nigâr Hanım ile istişare etmek istiyor.

Ama Nigâr Hanım herkesten ve her şeyden şikâyet ediyor.

İsmet çoktan uyanmıştır. Bu çocuğun huzursuzluğu ne zaman geçecek?! Yedi yaşını bitirdi ama değişen bir şey yok. Ne uyumayı seviyor, ne yemek yemeyi, ne oyun oynamayı. Nimet, herkese ve her şeye delicesine bağlı. Bütün konak Nimet'in etrafında pervane. O, güzelliği ile herkesi cezbettikçe, İsmet buzdan kuleler dikiyor etrafına. İnsanın çocuğu ile imtihanı ne ağır. Bazıları kendilerini hiç ilgilendirmeyen konularda ne kadar küstah. "Aşçı bana tekne kazıntısının karası diyor valideciğim. Tekne kazıntısı ne demek?"

"Her evin en küçük çocuğu için söylenir bu."

"En küçük çocukların hepsi benim kadar kara değildir, değil mi?"

"Fikrim devedikeni gibi bu sabah," diyor kendi kendine. Devedikeni gibi. Fikir devedikeni gibi olursa, en çok sahibine zarar verir. Emine Semiye'nin satırları, ruh iklimini bozmuştu işte!

İsmet'in huzursuzluklarına bir isim koyamıyor. Bir isim koymak da istemiyor. İsmi olursa sabitlenir, değil mi? "Geçecek inşallah," diyor kendi kendine. "Büyüdükçe geçecek." Teyzesi büyüdükçe akıllanmadı vakıa!

Ta on beş yaşında yazdığı mektupları isteyecek kadar kendini değerli bulan hemşiresine en iyi cevap, mektuplarını aynen iade etmek olmalı. Cevap vermeye bile tenezzül etmeden. "Ablam kızmış da yüzüme çarpar gibi göndermiş" diye konuşur sağda solda. Kimselere fırsat vermemeli. Muhatabımız düştükçe, düşecek değiliz.

"Hal ve zamanın yaptığını kimse yapamaz." Pederi geliyor sanki. Hiçbir şeyin eskisi gibi olmadığı bu karışıklığı, pederinin düşüncesinden ziyade kim düzene koyabilir! "Bir tavırdan bir tavra geçen devletler bahsini hatırla" diyor sanki pederi. "İttihat Terakki, bir tavırdan bir tavra geçiş midir efendim?"

Sualine cevap veren olmuyor.

Kâğıdı isteksizce çıkarıyor çekmeceden. "Kıymetli hemşirem," diye yazıyor. Kıymet kelimesine haksızlık ettiğini düşünerek.

II-

'Cevdet Paşa ve Zamanı'nın ikinci cildini yazmaya uğraşıyordu. Birinci cildin etrafında sükûttan bir duvar örülmüş oluşuna şaşırarak. Yaşanmış bir hayattan bir kitap çıkarmaya ceht etmişti; fakat nasıl olduysa kitap görünmezler, bilinmezler ormanında yitip gitmişti.

Niyetini Allah biliyor. Her ne olursa olsun yazmaya devam edecek. Esas ikinci ciltte yazacak, birinci ciltte kendine mani olmaya çalışarak, şuurun sularında yüzmeye bıraktığı mevzuları.

Yazıhanesini pencerenin önüne taşıması iyi olmuştu. Bahçeye bakarken fikrini dinlendiriyordu. Yorulan beden midir, fikir mi? Fatma Aliye'nin bedeni, romatizmanın hükümranlığında daima acılar içinde olduğundan, dinlendirebileceği tek şey fikri. Fikir yoruluyor. Fikir bahçeye bakarken, göklerde süzülen bir kuşun kanadına gönlünü emanet edip peşi sıra uçarken dinleniyor en ziyade.

Kahvesini getiren Dürrinigâr Kalfa, fikrini dinlendirdiğinden habersiz en yorucu yükü bırakıyor odaya. "Biliyor musunuz" diyor, "Cemile Sultan'ın, hani o pek sevdiği torunu var ya!"

Sözü Prenses Mevhibe'ye getireceğini biliyor. Sarayın etrafında dönen aşk ilişkileri. Çürümenin kötü kokusu, yoz aşk ilişkilerinden mi yayılacaktı böyle! Naile Sultan'ın kocası Kemal Paşa'nın Hatice Sultan ile aşkı kanserli bir uzuv gibi bütün İstanbul'u sarmış ve üstelik hiçbir tedavi uygulanmamışken, şimdi, Padişah'ın kız kardeşinin torununun, başka bir adama âşık olduğu için kocasını terk etmesi!..

Aşk bizi terbiye ederdi. Ne oldu da, biz aşkı nefsimizi terbiye eden bir basamak olmaktan çıkartarak… Cümleyi tamamlamak istemiyor. Zihninde bile tamamlamak istemiyor. Daha şurada yirmi yıl önce, Osmanlı kadınları aşk romanları okumasın, ifsat olur münakaşaları yapılıyorken; ne olmuştu da sarayın kadınları aşk elinde ifsat olmanın birinciliğini kimseye kaptırmamaya ceht etmişti!

Dürrinigâr Kalfa'nın, başında bekleyeceğini biliyor. Lâfını tamam etmeden bir adım atmayacağını da. "Cemile Sultan'ın pek sevdiği torunu var ya", diye başlayıp da, kendisinin tamamlamasını istediği cümleyi, uzak bir lisan ile tamamlıyor Fatma Aliye: "Prenses Mevhibe."

"Ha, işte o" diyor Dürrinigâr Kalfa. Yüzünü buruşturuyor. Bundan sonrasını anlatamayacağını ima eder vaziyette, elini ağzına kapatıyor.

Dürrinigâr Kalfa, bu odadan elini ağzına kapatmış bir edada çıkmamalı. Avamın dilinde kötülük bir haber gibi, ağızdan ağza dolaşmamalı. Sıradan bir şeymiş, ortada hayret edilecek bir hal yokmuş gibi davranmak, yükselecek helecan dalgasının önüne inşa edilecek en güçlü barikat. Hiç şaşırmadan, başladığı gibi mesafeli bir dil ile tamamlıyor cümlesini: "Gittiğini biliyorum."

Sesten kurulmuş bu mesafe, bizim hanemizde her ne olursa olsun başkalarının hikâyesi ayağa düşürülerek dedikodunun çarkına vurulmaz, anlamındadır.

Kalfa mesajı almıştır. Hanımefendi, getirdiği kahveye dudağını bile değdirmemiştir.

Kahveyi geri götürürken, boş bulunup kendini böyle ortaya döküvermiş olmaktan bin pişman inecektir basamakları. Mutfaktaki kızların yüzünden. Hep onların yüzünden. Önüne gelen ilk kızdan, hanımefendinin huzurunda yaşadığı bu mahcubiyetin intikamını alacaktır.

Dürrinigâr Kalfa arka arka çıkıp giderken, Fatma Aliye, yorgun fikrinin iyice yorgun olduğunu fark ediyor. Prenses Mevhibe ile Kandilli Sarayı'nda yaptıkları son sohbet dolduruyor odayı. Cariye Nesteren'in kendini yavaş yavaş öldürmesinden bile daha ağır olan o sohbet. Belli ki fikri hiç dinlenmeyecek. Eşini şikâyet ediyordu Prenses Mevhibe. "Kabil midir?" diyordu. "Bir erkek bu kadar ani ve hızlı değişsin! Ayak uyduramıyorum. Daha altı ay önce, çalıyorum diye piyanonun kapağını ellerimin üzerine indirivermişti. Parmaklarım kırılma tehlikesi geçirmişti. Şimdi beni arkadaşlarının arasına alıyor. Selâmlıkta toplanıyorlar. Benim de kendilerine katılmamı istiyor. Onca erkeğin içinde, ben. Başlangıçta sıkıldığım için katılmak istemiyordum. Ama şimdi!.. Beni bağışlayın efendim. Siz bir roman yazarısınız. Beni anlarsınız. Belki de ibret-i âlem için, yaşadıklarımı yazarsınız. Başkaları da benim yaşadıklarımı yaşamasın diye..."

Fatma Aliye, Cemile Sultan'ın gelininin, "Bu başımıza gelenleri elbette yazmayacağınızı biliyoruz" diyerek Cariye Nesteren'in ölümünü paylaşan üslubuyla, bizzat kendi başından geçenleri ibret olsun diye yazmasını bekleyen torunu Prenses Mevhibe'nin üslûbunu tekrar tekrar mukayese ediyor. Yaşananlar dayanılmaz olduğunda, acıyı hafifletecek bir rüzgâr gibi imdada mı çağrılmaktadır yazı?! Biri, saraydaki bir cariyenin acıklı hikâyesinin kâğıt üzerinde bir roman olarak bile kaydının tutulmasından endişe ederken; öteki, beni böyle yaz, demektedir.

Prenses Mevhibe'nin anlattıklarına şaşırıyor. Hayır, böyle yazamaz. Bunları yazamaz. Aşkın elinde oyuncak olmuş bir prensesin romanı, Fatma Aliye'ye uygun olur mu? O, kitaplarında hep kahraman kadınları yazdı. Yan karakterler zayıf ve güçsüz, aşkın elinde oyuncak, hile ve desiseyi kendilerine arkadaş kılarak yol aldılar. Ama bir prenses, hem de iyi eğitim almış bir prenses!

"Kocama anlattım. Şevket'in benimle flört etmeye çalıştığını anlattım. Bana inanmadı. Tahayyül edebiliyor musunuz? Bu bakış beni yaraladı. Ben, yani nikâhlı karısı yalan söylüyordum; onun can arkadaşına iftira ediyordum. Kadınlık onurumu ayaklar altına almak pahasına, zevcime anlatmaya çalıştım da ne oldu! Bundan sonra toplantılara katılmayacağım, dememi bile anlayamadı. Aşka teslim olmaktan başka yolum var mıydı?"

Aşka teslim olmak! Osmanlı kadını aşka teslim olmaz. 'Cevdet Paşa ve Zamanı'nı bırakarak, 'Enîn'in sayfalarına dönüyor. Sabahat'taki dirayet herkese ibret olmalı.

Kendi kızları geliyor aklına. Hatice ile Ayşe. Küçüklerin kaderi ablalarına benzemez inşallah. Küçükler??? Nimet, bir yaş değil, sanki on yaş büyük gibi davranıyor İsmet'e karşı. İsmet, kabuğunun içine çekilen bir kaplumbağayı andırıyor. Ne kadar ürkek bir çocuk. Sütninesi gittikten sonra, kabuğundan çıkmamakta direniyor adeta. Bir an, Şerif Nine'yi tekrar çağırsa İsmet için iyi olur mu acaba, diye düşünüyor. Hayır, iyi olmaz. Tek bir kişiye bağlı kalmaktan bir an önce kurtulması gerekiyor. Ah, İsmet! Bir tek şeye bağlanıyor. Hep aynı bebek ile oynuyor.

Fikrin ziyasından edebiyatın ziyasına avdet edemiyor. 'Enîn'in iklimine ziyadesiyle uzak. 'Cevdet Paşa ve Zamanı'na dönecek gücü de bulamıyor kendinde. "İnkılâb için yazılacak makaleyi hitama erdirmek en ehven olan," diye düşünüyor. Cemiyet nereye gidiyor böyle? Ne kadınlar iffetini koruyor, ne erkekler. Şair Nigâr Hanım zevcinden ne çok çekmişti! "Nigâr Hanım'ı görmeyen gözler, Rum dilberi görüyor ha!" diye esef etmişti yıllarca. Prenses Mevhibe'nin hali ne olacak? Bunca yıl romanlarında sadakati yazmıştı. Önce erkekler uğramaz olmuştu hareme. Şimdi sıra kadınlarda mıydı? Batılılar hareme gözlerini diktikçe, haremi talan eden satırlar yazdıkça haremde hayat kalmıyor muydu?

Kaldığı yerden devam ediyor yazmaya. Hiç ara vermemişçesine. Ne vakittir hayatın içinde düşünce üzerinden yol almıyor. Düşüncenin içinde nefes almaya çalışıyor. Hayat ne vakittir atlarından boşanmış, yokuş aşağı giden bir arabanın içinde geçmektedir. Arabanın hızını kesen tek şey tefekkür.

Terakkiyat ve tesettür bahsini yazmaktan yorulmuştu. Lâkin anlayan kim! Bir defa daha yazacak. Arının bal yapması misali. Yapacak balını.

"Kadınların terakkiyatı denildi mi bazı erkekler bunu kadınların başlarını açması suretinde anlıyorlar. Dişilerde de bunu öylece telâkki edenler bulunuyor. Acaba yalvarsalar kadınlar başlarının örtüsünü açarlar mı sanıyorlar? Bu ne yanlış zehap! Kadınlarımızın halet-i ruhiyeleri hakkında ne büyük gaflet!.. Kadınların en şiddetle müdafaa edecekleri şeyin başlarının örtüsü olduğunu anlamalılar."

"Dişiler" kelimesini değiştirmeyi düşünüyor bir an. Nigâr Hanım'ın "Sert yazıyorsunuz" dediğini hatırlıyor. "Düşünce sert olur" diyor kendi kendine. Düşüncenin kumaşı çeliktendir. Nigâr Hanım ne bilsin! Duyguların dili, gül goncası. "Dişi" kelimesini çizecekken vazgeçiyor. Sert olmaktan şaire olanlar korksun Aliye, sana ne oluyor!?

1912

* Birinci Balkan Harbi başladı. Edirne bir süre için elden çıktı. Osmanlı ordusu Çatalca'ya çekildi. Savaşın sonunda Osmanlı Devleti, Karadağ, Sırbistan ve Bulgaristan arasında ateşkes imzalandı. * Uşi Anlaşması'yla Trablusgarp Savaşı sona erdi. Libya toprakları İtalya'ya bırakıldı. * İtalyanlar Rodos'u aldılar. * II. Abdülhamid İstanbul'a geri döndü. * Osmanlı Devleti, Çanakkale Boğazı'nı gemi trafiğine kapattı. * Tevfik Paşa, İran veziri oldu. * İtalya ve Fransa arasında Lozan Antlaşması imzalandı. * Almanya, Avusturya ve İtalya arasındaki ittifak yenilendi. * Lenin, Stalin ile bağlantı kurdu ve Pravda gazetesinin editörlüğünü devraldı. * C. G. Jung, "Psikanaliz Teorisi"ni yazdı. * İskoçya Kilisesi "Dua Kitabı"nı gözden geçirdi. * Titanic çıktığı ilk seferde buzdağına çarparak battı; 1513 kişi boğuldu. * İlk başarılı paraşüt denemesi yapıldı. * Birinci Balkan Harbi başladı. Edirne bir süre için elden çıktı. Osmanlı ordusu Çatalca'ya çekildi. Savaşın sonunda Osmanlı Devleti, Karadağ, Sırbistan ve Bulgaristan arasında ateşkes imzalandı. * Uşi Anlaşması'yla Trablusgarp Savaşı sona erdi. Libya toprakları İtalya'ya bırakıldı. * İtalyanlar Rodos'u aldılar. * II. Abdülhamid İstanbul'a geri döndü. * Osmanlı Devleti, Çanakkale Boğazı'nı gemi trafiğine kapattı. * Tevfik Paşa, İran veziri oldu. * İtalya ve Fransa arasında Lozan Antlaşması imzalandı. * Almanya, Avusturya ve İtalya arasındaki ittifak yenilendi. * Lenin, Stalin ile bağlantı kurdu ve Pravda gazetesinin editörlüğünü devraldı. * C. G. Jung, "Psikanaliz Teorisi"ni yazdı. * İskoçya Kilisesi "Dua Kitabı"nı gözden geçirdi. * Titanic çıktığı ilk seferde buzdağına çarparak battı; 1513 kişi boğuldu. * İlk başarılı paraşüt denemesi yapıldı. * Birinci Balkan Harbi başladı. Edirne bir süre için elden çıktı. Osmanlı ordusu Çatalca'ya çekildi. Savaşın sonunda Osmanlı Devleti, Karadağ, Sırbistan ve Bulgaristan arasında ateşkes imzalandı. * Uşi Anlaşması'yla Trablusgarp Savaşı sona erdi. Libya toprakları İtalya'ya bırakıldı. * İtalyanlar Rodos'u aldılar. * II. Abdülhamid İstanbul'a geri döndü. * Osmanlı Devleti, Çanakkale Boğazı'nı gemi trafiğine kapattı. * Tevfik Paşa, İran veziri oldu. * İtalya ve Fransa arasında Lozan Antlaşması imzalandı. * Almanya, Avusturya ve İtalya arasındaki ittifak yenilendi. * Lenin, Stalin ile bağlantı kurdu ve Pravda gazetesinin editörlüğünü devraldı. * C. G. Jung, "Psikanaliz Teorisi"ni yazdı. * İskoçya Kilisesi "Dua Kitabı"nı gözden geçirdi. * Titanic çıktığı ilk seferde buzdağına çarparak battı; 1513 kişi boğuldu. * İlk başarılı paraşüt denemesi yapıldı. * Birinci Balkan Harbi başladı. Edirne bir süre için elden çıktı. Osmanlı ordusu Çatalca'ya çekildi. Savaşın sonunda Osmanlı Devleti, Karadağ, Sırbistan ve Bulgaristan arasında ateşkes imzalandı. * Uşi Anlaşması'yla Trablusgarp Savaşı sona erdi. Libya toprakları İtalya'ya bırakıldı. * İtalyanlar Rodos'u aldılar. * II. Abdülhamid İstanbul'a geri döndü. * Osmanlı Devleti, Çanakkale Boğazı'nı gemi trafiğine kapattı. * Tevfik Paşa, İran veziri oldu. * İtalya ve Fransa arasında Lozan Antlaşması imzalandı. * Almanya, Avusturya ve İtalya arasındaki ittifak yenilendi.

I-

İstanbul buzdan bir sabaha açıyor gözlerini. Buzdan ve kandan. Balkanlardan gelen haber, soğuğun kudretini bile unutturuyor. Her cana nefesi ziyadesiyle yük. Mahmut Muhtar Paşa'nın refikası Prenses Nimet, Hilâl-i Ahmer'in Kadınlar Şubesi Başkanı sıfatıyla Darülfünun binasında kadınlar mitingi tertip ediyor.

Uzak yakın demeden herkes mitinge koşuyor. Bu kalabalığı her kim görse, İstanbul'da evlerin boşaldığına hükmeder. Beş bin kadın. Dile kolay. Beş bin kadını Darülfünun'un ne toplantı salonu alıyor, ne bahçesi, ne sokaklar. Şehzadebaşı'na kadar her yer çoluk çocuk, yaşlı genç Osmanlı kadını. Düşmanı nefesiyle boğmaya hazır Osmanlı kadını.

Prenses Nimet, her birinin yüzünde ayrı bir ıstırabın fotoğrafı asılı kalmış kadınlara bakarken, kısa ve öz konuşuyor. Kendisi kısa konuşuyor fakat "İslâm hanımlarının yüz akı" diye hitap ettiği Fatma Aliye Hanım'ı, uzun takdimler eşliğinde çağırıyor kürsüye.

Fatma Aliye Hanım, orada toplanmış kadınları bir topluluk olarak değil tek tek görüyor, tek tek idrak ediyor. Bu idrak, acısını arttırıyor. Acısını taşıyamadığı demlerde olduğu gibi, kendini katılaştırmaya çalışıyor. Üzüntüyü dağıtmak için, aklın iklimine sığınmak şart. Olmuyor lâkin. Aklın iklimi de kalbin tesiri altında ezik.

Fatma Aliye Hanım, Balkan vahşilerinin işledikleri cinayetleri anlatıyor. Nefret gereklidir. Böyle bir vaziyette hayatta kalmak için, teslim olmamak için, yılmamak için nefret gereklidir: "Şimdi dışarıdan yardım yok, bu yüzden hepimiz birleşip müdafaa-i milliye için çalışmalıyız. Tehlikede olan vatanımız, bütün evlâdından yardım bekliyor. Kadın ve erkek diye ayrılmak yok. Çoktan hasta kabul edilen vatanımız, çocuklarından âb-ı hayat istiyor. Her birimiz birer damla versek, vatanı kurtaracak olan bir bardak âb-ı hayatı toplarız."

Kucağında minik bebeği ile kendisini gözyaşları içinde dinleyen genç kadına takılıyor gözü. "Zalimin zulmü varsa, bizim de Allah'ımız var" diyor. Kadınlar hep bir ağızdan, "Allahuekber!" diye bağırıyor. Kadınları daha fazla üzmeyecek. Yokluğun dilini, acının dilini yardıma çevirmeli. "Var olmak için akmalıyız hemşirelerim. Bugün sahip olduğumuz ne varsa, vatan için harcamaya hazır olmalıyız. Parası olan parasını, sıhhatli bedenler emeğini vermeli.!.."

"Aziz hemşirelerim!"

Fatma Aliye, aziz hemşirelerim dedikten sonra, ciğerinin patlayacak kadar şiştiğini hissediyor. Of diye bağırsa, sanki Darülfünun'un taş duvarları un ufak olup eriyecek. Elini kalbinin üstüne bastırıyor. Bastırıyor.

Kadınlar ağlıyor.

"Hayır! Aziz hemşirelerim! Ecdadımızın kanlarıyla vatan eylediği toprağı, biz gözyaşımızla sulamayacağız. Gözyaşı, yapılabilecek hiçbir şey kalmadığında sığınılacak bir kuyudur. Bizim yapacak çok şeyimiz var. Gözyaşımız, sadece secdedeki alnımıza eşlik edecek. Çalışıp çabalayacağız. Acıyı hiç uğratmadan yanımıza. Ama secdede, huzurdan geri dönmeyen dualardan olsun diye dualarımız, gözyaşımızı takdim edeceğiz yüce Rabbimize.

"Asker kardeşlerimize önce giyecek ve yiyecek göndermeliyiz. Biz burada, yediğimizin yarısını yiyerek yaşayabiliriz. Giydiğimizi eskitmemenin yolunu bulabiliriz. Ama askerlerimiz yağmurun ve karın altında. Haydi hemşireler, anneler, yüreği engin denizler kadar geniş olan Osmanlı kadınları, dünyaya ne kadınlar olduğumuzu göstermenin vaktidir. Vatan bizden hizmet bekliyor!!!"

Gözü yine o taze bebekli kadına takılıyor. Kimbilir bebeğinin babası nerelerde? Ölüm haberinden daha ağır olan, habersizliktir. Bunu biliyor Fatma Aliye Hanım. Tahammülü en güç olanın habersizlik olduğunu... Hüsnümelek'ten biliyor. Azat ettiği cariyesi. Aylarca haber beklemişti zevcinden. Ölüm haberini aldığı gün, "Biliyor musunuz hanımcığım, bu gece başka türlü uyuyacağım" demişti. "Efendimin kara toprağın koynunda olduğunu biliyorum ya! Aç mı, susuz mu diye düşünmeyeceğim. Şahadetten büyük mertebe mi var!"

"Şahadetten büyük mertebe mi var!" diyerek iniyor kürsüden.

Onun indiği kürsüye, "Rusya'da yaşayan milyonlarca bacınızın selâmını size ulaştırmak için buradayım" diyen Gülsüm Kemalova çıkıyor: "Zannederim ki, vatan ve milletin namusunun bu kadar tehlikede olduğu bir zamanda, altın bilezikler, elmas yüzükler, kıymetli kolyeler ve başka şeylerle süslenerek, ipeklere sarınarak dolaşmayı hiçbirimizin vicdanı kabul etmez. Bu sebeple, bu tür ziynetlerimizin hepsini millet ve vatan yoluna feda etmeliyiz. Müdafaa-i Milliye Cemiyeti'ne bağışlamalıyız. Biliniz ki, insan ziynetsiz yaşayabilir fakat namussuz yaşayamaz."

Gülsüm Kemalova'nın konuşmasını dinlerken, salonu gözden geçiriyor Fatma Aliye Hanım. Yaşlı bir kadın, "Çerçevesi altındır," diyerek gözlüğünü çıkarıyor.

Camları alınmış altın çerçeve, bütün kadınları harekete geçiriyor. Gülsüm Kemolova, bu hareketlenme karşısında sözlerine ara veriyor. Kadınlar önce yavaş yavaş, sonra hızla çıkarıyorlar ziynetlerini. Kulaklarındaki küpelere varıncaya kadar.

"Zalimin açtığı yaraları saracağız" diyor Fatma Aliye Hanım, Prenses Nimet'e. Prenses Nimet gözyaşını silerken, "Saracağız" diyor. "Dağılmasak! Kopmasak! Her türlü yarayı saracağız Allah'ın izniyle."

Fatma Aliye Hanım dua niyetine tekrarlıyor: "Dağılmasak, kopmasak, her türlü yarayı saracağız."

II-

Halide Hanım'dan çok etkilenmişti Fatih Kerimi. Kadırga Caddesi'nde, Marmara Denizi'ni bütün ihtişamıyla seyreden pencerelerin önünde; Halide Hanım ne kadar edibe, ne kadar muharrire, ne kadar başka, ne kadar her şey idi. Avrupai kıyafet içinde. Saçları topuz. Boynunda güzel bir fular. Teklifsiz konuşuyor, rahatça gülüp söylüyordu. Beraberindeki hanımlar Hilâl-i Ahmer'den tanıyorlardı Halide Hanım'ı. Yusuf Akçura Türk Ocağı'ndan. Ama hiç kimse Fatih Kerimi kadar etkilenmiş görünmüyordu. İlk karşılaşma ânının bütün ışıltısını bakışlarında yoğunlaştırmıştı Fatih Kerimi. Halide Hanım bu ışıltıyı gördükçe daha çok konuşup söylemek, daha samimi olmak istiyordu.

Orada bulunan Nakiye Hanım, zaman zaman Halide Hanım'ı ikaz etmeseydi çok daha samimi bir sohbet olacaktı. Nakiye Hanım da okumuş yazmış bir kadındı. İngiliz gazetelerini her gün takip edecek kadar fikre aşina idi. Türk usulü giyinmişti, fakat yüzü açıktı. Halide Hanım'ın, misafirlerini böyle başı açık karşılamasını tasvip etmediğini beyan etmekten çekinmeyecek kadar fikrinde kararlı bir kadındı.

Yusuf Akçura, müstehzi bakışlarını saklamaya çalışarak oturuyordu. Ama müstehzi idi. Daima müstehzi. Fazla konuşmuyordu. Arada bir konuşuyor olsaydı, belki sükûtu o kadar da müstehzi gelmeyecekti. Kadınlar ve Fatih Kerimi söze kanat takıyordu. Bir tarafta Yusuf Akçura'nın asabi sükûtu, öbür tarafta Nakiye Hanım'ın mutedil mizacı, sözün kanatlarını yolup indiriyordu. Kadınların hürriyeti tartışılıyordu. Ah, Halide Hanım'ın bu konuda ne çok anlatacak şeyi vardı. Nakiye Hanım bir bakışı ile ne çok şeyi dertop edip küçültüveriyordu.

"Müslüman kadınların bütünüyle evlerine kapanmaları doğru olmamakla birlikte, açılmaları da elbette doğru değil. Hiç olmazsa, biz şark kadınları kendimize mahsus güzel bir başörtüsü bulmalıyız."

Nakiye Hanım ile Halide Hanım'ın bu konuda öteden beri münakaşa ettikleri belliydi. Nakiye Hanım, "Biz" dedi gayet otoriter bir ses ile, "neden İngiliz ya da Fransız gibi olalım ki? Müslüman kadını gayrimüslim kadınlardan ayıran bir işaret olmalı, değil mi?"

O günü Kırım'daki gazetesi için kaleme alırken, Halide Hanım'ın pencerelerinin kafesli oluşunun etkisiyle uzun uzun kafes bahsinde durduğunu hatırladı Fatih Kerimi: "Türklerin kadınlara bakışı, Avrupalılarınkine ve hatta Rusya Müslümanlarınınkine nispeten çok farklı olduğundan, muteber bir edibenin pencerelerinin kafessiz bulunması veya sokağa Avrupai giyinerek çıkması çok büyük suç sayılmaktadır. Hatta Türklerin Avrupa'da okuyup dönenleri arasında da, kadınların örtünmeleri ve erkeklerle birlikte toplantılara katılmaları hususunda yaşlılarla aynı düşüncede olanlar çoktur."

Bugünü nasıl yazacaktı Fatih Kerimi? Türk usulü döşenmiş bu salonda tedirgin bekleyişini mi yazacaktı? Neden tedirgindi?

Dün ziyaret ettikleri Şair Nigâr Hanım'ı da henüz yazmamıştı. Ondan geriye bir şaşkınlık kalmıştı. Onun şiirlerini okurken hazin, müteessir, ağırbaşlı, az konuşan bir hanım hayali eşlik ederdi Fatih Kerimi'ye. Ama hayır, naif bir kadın beklerken uzun boylu, şişman, şen şakrak, kendinden emin bir kadını piyano çalarken bulmuştu. İyi ki yanlarında Celal Sahir vardı. "Kadın şairi Celal Sahir." Yusuf Akçura, sakalını titrete titrete arkasından böyle diyor: "Fasulye sırığı kadın şairi."

Celal Sahir, Avrupai usulle, tamamiyle alafranga giyinmiş, saçlarını zarif buklelerle ortada bırakmış Nigâr Hanım'ın elini öpüyor. Fatih Kerimi ile Yusuf Akçura, Celal Sahir'i taklit ediyor.

Henüz oturmuşlarken, Şair Nigâr Hanım Yusuf Akçura'ya dönüyor: "Türk Yurdu'nda merhum hakkında çok güzel yazdınız. Pek ziyade müteessir oldum. Merhumla az görüşüyorduk, lâkin en yakın görüştüğüm zatlardandı."

Üç adam, konuşmanın muhtevasına mı, konuşanın kendisine mi kapıldıklarını, kendilerinden bile saklamaya devam ederken; o, hüznü, sesinin bütün iniş çıkışlarına kalbi delen bir ahenk ile işliyor.

"Beykoz'a evine gittim taziye için. Çok müteessir oldum. Bütün her şey yerli yerinde dursun da; son defa yemek yediği masa, son defa kullandığı kaşık, tabak, bardak. Hepsi yerli yerinde dursun da; onlara dokunmuş eller, onlara dokunmuş dudaklar toprak olsun."

Dirseğinden sarkmakta olan ipek mendili zarif bir el hareketiyle çekerek gözlerine götürüyor.

"Beykoz'dan döner dönmez derhal bir şiir yazdım. Şehbal mecmuasına gönderdim. Bu sayıya yetişmedi diye basmamışlar. Oldu mu ya şimdi! Elimde kopyası olsaydı size okurdum. Maatteessüf, yazdığım hiçbir şeyin kopyasını almak âdetim yoktur."

Nigâr Hanım tarafından kabul edilişini keşke yazmış olsa idi. Sanki Fatma Aliye Hanım'ı gördükten sonra yazması daha kolay olacak gibi gelmişti. Üç hanımı birbiriyle mukayese ettiğini düşünüyor. Nasıl mukayese ediyorsa. Henüz Fatma Aliye'yi müşahhas bir kadın olarak görmemişti bile.

Kendisine yine Yusuf Akçura eşlik ediyor. Keşke başkaları da olsaydı. Fatma Aliye Hanım'ın konağında kahvelerini içerken, Fatma Aliye Hanım'ın salonuna Halide Edip'i, Şair Nigâr'ı taşıyarak tedirginliğine barikat mı kuruyor? Halide Hanım misafirlerini kendisi karşılamıştı. Oysa burada kahve bitiyor, ev sahibesi henüz teşrif etmediler. Yusuf Akçura Fatih Kerimi'nin zihninden geçenleri anlamışçasına, "Burada büyüklerin âdeti böyledir. Ev sahibi misafirini salonda veya kapıda karşılamaz. Misafir salonda kahvesini içtikten sonra teşrif ederler" diyor. Şair Nigâr Hanım'ı piyano başında bulmanın sebebi de bu olmalı demek ki.

Kahvesinden son yudumu almış, fincanı hizmetçi kıza takdim edecekken salonun kapısı açılıyor. Kısa boylu, beyaz çehreli, zayıfça bir kadın giriyor. Mavi gözleri ışıl ışıl. Avrupai tarzda uzun siyah bir elbise ve kısa ceket ile. Başında beyaz bir başörtü.

Biraz önce zihninde yaptığı mukayese sanki ortalığa dökülecekmiş gibi, acele acele Fatma Aliye Hanım'ı selâmlıyor Fatih Kerimi:

"İlminize, irfanınıza hürmetlerimizi arz etmek istedik efendim. Fikirlerinizden istifade etmeyi arzu ederiz. Lûtfen kabul buyurduğunuz için minnettarız efendim."

Fatma Aliye Hanım, lûtfen kabul edişini vücut dilinin olanca mesafesi içinde daha da belirginleştiriyor.

"Çok memnun oldum. Sizleri merhum Mithat Efendi vasıtasıyla önceden tanıyordum. Sizleri kendime manevi kardeş kabul ediyorum. Bu yüzden kabul ettim, yoksa ben yabancı erkeklerle görüşmem ve erkek gazete muhabirlerini huzuruma kabul etmem."

"Teşekkür ederiz efendim. Lûtfettiniz."

İşte beni korkutan bu olmalı, diye düşünüyor Fatih Kerimi. Fatma Aliye mesafe demek. Uzak bir mesafe. Bu salonda olması çok önemli değil. Uzak, çok uzak. Sınırlarını nasıl da çiziverdi, "Yabancı erkeklerle görüşmem." Yusuf Akçura, Batılı kadın gazetecilerin bile görüşme taleplerini kabul etmediğini anlatmıştı, doğruymuş.

Mesafeyi koruyarak sohbet etmenin ne kadar yorucu olduğunu düşünürken, Mithat Efendi'nin adının geçmesini kendisi için bir talih olarak yorumluyor.

"Başınız sağ olsun efendim. Hepimiz çok üzüldük. Lâkin sizin üzüntünüzün yanında..."

Birden mesafeler eriyor. Hiç umulmayacak şekilde Fatma Aliye Hanım ilminden, fazlından istifade ettiği, pek çok musahabelerde bulunduğu ve üstelik bütün efkâr ve ahval-i ruhiyyesine vâkıf olduğu Ahmet Mithat Efendi'nin ölümüyle sarsılışını öyle bir anlatmaya başlıyor ki, elli yaşında değil de Ahmet Mithat Efendi ile ilk tanıştıkları günlere gitmiş meraklı bir genç kız olarak, ikinci bir gelişle geliyor salona. Biraz önce vücut dilini, kendisiyle dünya arasına çizilmiş bir sınır gibi koyarken, şimdi ne kadar canlı, hızlı, açık konuşuyor. İnsanların suretlerini kâğıt üzerine düşüren makineler gibi, zihinlerini kâğıt üzerine çizen makineler icat edildiğinde, şimdi bu salondaki sesin sahibinin zihin resminin, bütün öteki kadınlardan, kadınlar ne, hatta erkeklerden bile farklı olacağını düşünüyor Kerimi.

Kendisini, ama en çok da varlığını imha etmek niyetiyle soluk alıp verişlerini bile ertelemiş olan Yusuf Akçura'yı şaşırtıyor, ağzından çıkıp lacivert Hereke halısının üstüne düşen cümleler: "Fazl ve kemalinize müştak olan Rusya'daki hemşirelerimize göstermek için resminizi lûtfedebilir misiniz?"

Fatma Aliye Hanım şaşırmak yerine, kendisinden kâğıt helvası istemiş çocuğa vereceği tepkiyle bakıyor en ziyade. Fikirlerin arasında dolaşıyorken... Kırım Türklerine mahsus bir şey mi bu dağınıklık!?

"Resmim yok, hiç çektirmedim."

Yerinden kalkıyor. Yavaş yavaş mavi atlas perdelerin önüne yerleştirilmiş ceviz yazıhaneye doğru ilerliyor. Sonra yazıhanenin çekmecesini açıyor. Elinde iki fotoğraf.

Şapkalı ve Avrupai kıyafetler içindeki bir kadının fotoğrafını gösteriyor: "Sultan hemşiremdir. Bu da, Paris'te bulunan hemşirem Emine Semiye."

Tam o anda Fatih Kerimi, Fatma Aliye Hanım'ın ellerine takılıyor. Fotoğrafı tutan ellerine.

Elleri, evet elleri, her kelimeye eşlik ediyor. Sanki elleri, havaya o güzel ve ince desenleri çizmese, salondakiler konuşmanın bir yerinde hapis kalacak. Elleriyle kelimelerin önünü açıyor. Kelimeler, ellerinin sedef ışıltısından besleniyor. Fatih Kerimi bu kelimeleri ödünç alıp alamayacağını düşünüyor. Bunu unutmamalıyım, tam böyle tasvir etmeliyim, dediği anda, Fatma Aliye'nin mavi gözleri tarafından yakalanıyor. Soran tarafta olmak esareti bitirir, değil mi? Sorusunu sorarken, nasıl olduğunu kendisinin de anlamadığı bir şaşkınlıkla fesini yere düşürüyor. Fatma Aliye fesin düşüşünü görmüyor. Asalet bu olmalı diye düşünecek, bu ânı hatırlarken Fatih Kerimi. "Düşenlerin" düşüşünü görmeyerek nazar etmek.

"Efendim, yeni eserler yazmak ile meşgul olduğunuz haberini aldık. Bu konuda lûtfeder misiniz?"

"Kadınların İslâm nokta-i nazarından hukuk ve vazifeleri hakkında, çoktan beri mufassal bir eser yazmak ile meşgulüm. Lâkin bunu Türkçe bastırmak mümkün değil. Çünkü çok serbest ve hür yazacağım. Binaenaleyh, önce Fransızca olarak Avrupa'da bastırmak istiyorum. Fransızca basılırsa bunu Türklerin âli tabakası da okuyup faydalanabilir ve hem de Avrupa efkâr-ı umumiyesini ıslaha da sebep olur."

Fatma Aliye Hanım kitabında hangi bahisler olacağını uzun uzun izah ediyor: "İşte benim giyimim tam şer'i manada tesettürdür. Bu şekilde giyinerek başını örten Müslüman kadın, şer'an mestur sayılır. Mestur Müslüman kadının hukuk ve hürriyet alanı çok geniştir."

Fatih Kerimi, Fatma Aliye Hanım'ın sözüne ara vermesini fırsat bilerek soruyor. Nihayet o, bu salonda bir gazeteci olarak bulunuyor, değil mi?

"Müslümanlar için çok mühim olacak bu eserinizi Türkçe bastırarak umumun istifadesine takdim etseniz daha iyi olmaz mı? Şayet burada basılmasına müsaade edilmezse Mısır'da, Rusya'da da bastırmak mümkündür."

Fatma Aliye Hanım bu teklife hiddetlendiğini saklamaya çalışıyor. Soruya hemen cevap vermek yerine bahçeye bakıyor. Ağaçlar kar tutmuş bile. Bahçeye bakmak, gökyüzüne bakmak zihnini toparlamasına, öfkesini yatıştırmasına yardımcı. Ama yine de ilk anda ağzından çıkan "Hayır", debisi yükselmiş bir nehir gibi akıyor salonun ortasına.

"Hayır efendim, olmaz. Nerede olursa olsun, Türkçe basılırsa ehliyetli ehliyetsiz herkesin eline düşer, başıma kıyamet koparırlar. Kadın ve aile meselelerinde bizim erkeklerimizin fikrî seviyeleri maatteessüf çok düşüktür. Bana hücum etmeye başlarlar. Bundan önce de bazı makalelerim için ne kadar tehditler, imzasız mektuplar aldım; hakaretler işittim. Bizim erkeklerimiz Avrupa darülfünunlarında okuyorlar, profesörlük dereceleri alıyorlar, Kant ve Auguste Comte'lardan daha ileri filozof oluyorlar; yalnız iki konuda fikirleri değişmiyor, olduğu gibi kalıyor. O da, tesettür ve taaddüd-i zevcat meseleleridir. Ne kadar temeddün kazanırlarsa kazansınlar, Müslüman kadınlarına hukuk ve hürriyet vermeye yanaşmıyorlar. Müslümanlara birden fazla kadın almayı mümkün kılan fikirleri değişmiyor, olduğu gibi kalıyor. İşte bunun için, erkeklerin kadınlar hakkındaki fikirleri düzelmedikçe, bizde erkeklerle kadınların bir araya gelmesi mümkün olmuyor. Erkeklerimiz kadınların huzurunda kendilerine hakim olamıyor. İstanbul'da, kadınları aralarına, salonlarına kabul edebilecek kaç erkek vardır bilemem. Lâkin çok az olduklarına şüphem yoktur."

Fatih Kerimi bir taraftan Fatma Aliye Hanım'ın tespitlerinin ne kadar yerinde olduğunu düşünüyor, bir taraftan yeni sorular sormayı. Ama soracağı her sorudan sonra Fatma Aliye Hanım'ın "Hayır" diye başlamasından endişeli. Bu kadın konuşurken devleşenlerden. Sesiyle ve sözüyle ezip geçenlerden. Ne tuhaf, şimdi karşısında o ufak tefek kadın yok.

"Peki hanımefendi, bugün Türk kadınlarının terakki ve temeddün yoluna kuvvetle girmeleri için faaliyetleriniz yok mu? Bu hususta cemiyetler açmıyor musunuz? Kız mekteplerinin ıslahı hususunda hususi fikirleriniz ve hükümete teklifleriniz yok mu?"

Fatma Aliye soruyu soranı yukarıdan aşağı süzüyor. Bakışı ateş. Duruşu ateş. Yusuf Akçura'dan tarafa bakıyor. Akçura'nın titrek sakalları iyice titriyor sanki. Titrek sakalın sahibi başını önüne eğince cevap veriyor. Dışarıda amansız bir rüzgâr esiyor. Fatih Kerimi'ye o an, "Dışarısı mı daha soğuk bu salon mu?" diye sorulsaydı, hiç düşünmeden "Salon" derdi.

"Hayır efendim, böyle işlere girişmeye hükümet mani oluyor. Erkekler karşı çıkıyor. Görmüyor musunuz, Şeyhülislâm Efendi hiç vazifesi olmayan bir şeye karşı çıkarak, Muhadarat-ı İslâmiye şöyle dolaşsınlar böyle giyinsinler, diye fetvalar çıkarıp duruyor. Halbuki bu onun vazifesi değil; olsa olsa polisin vazifesi olabilir."

Her cevabın şimal rüzgârı gibi salona dolduğunu bilse de, gazeteci tarafı ağır basıyor Kerimi'nin. Saçak saçak buz tutsa da sormaktan geri durmuyor.

"Kadınları cehaletten kurtarmadıkça milletin inkırazdan kurtulma ihtimali yok. Halbuki Devlet-i Âliye bugün çok müşkül vaziyetlere dûçar oluyor. Böyle zamanlarda fazl ve kemal sahibi hanımefendiler biraz fedakârlık göstermeye ve erkeklerin bu haksızlıklarıyla mübarezeye girişmeye imkân bulamıyor musunuz?"

Yusuf Akçura Efendi arkadaşına ikaz edici bir bakışla bakıyor. Halide Hanım karşısında sus pus oturan bu adama ne olmuştu böyle!

Fatma Aliye artık sıkıldığını belli eden bir "Hayır" ile başlıyor cümlesine. "Hayır efendim, mümkün değil. Hükümet bu fikirde oldukça bir şey yapılamaz. Siz, ihtimal kendinizle kıyas ederek konuşuyorsunuzdur. Sizde tabiî hükümet mani değil. Sizde kanun var. Polis bu kanun uyarınca hareket ediyor. Bizde erkekler de, hükümet de, polis de kadınlara karşı duruyor. Böyle oldukça bir şey yapılamaz. Bununla beraber, bir taraftan mektepler vasıtasıyla ve diğer taraftan konferanslar vasıtasıyla efkâr-ı umumiyeyi tenvir etmeye gücümüz yettiğince çalışıyoruz."

"Çalışıyoruz" kelimesi öyle bir edada söylenmişti ki, Fatih Kerimi yeni bir soru soramayacağını anladı. Neyse ki imdada elinde tepsi ile giren hizmetçi kız yetişti diye düşünürken, Fatma Aliye Hanım ders anlatır gibi konuşmaya devam ediyor. Fatih Kerimi konuşmadan uzaklaştığını düşünürken, Fatma Aliye Hanım onu silkeleyerek salonun tam ortasına getiriyor.

"Bu bahis 'Sezar Kanto Tarihi'nin 18. cildinin 48. sayfasındadır. Sizin de hatırınızdadır bittabi bu söz?"

"Maatteessüf o tarihi mütalâa etmedim efendim."

"Tavsiye ederim efendim, okuyunuz. Şayan-ı mütalâadır."

Fatih Kerimi, Fatma Aliye soru sormasa daha rahat dinleyeceğini düşünüyor. Öyle gökyüzüne kanat açmış uçarken, İbn-i Batuta'dan Parisli muharrire, oradan meşhur İngiliz âlimine giderken, her konuda malumat vere vere hafızasını ansiklopedi gibi salona yayışına ayak uydurabilecek. Ah, kendi konuşmasını kesip kesip sorular sıkıştırmasa araya. Konuşurken, tıpkı Ahmet Mithat merhum gibi canlandırarak, muhatabının dikkatinin dağılmasına mani olacak şekilde lâtifeler edip güldürüyor. Her şey iyi de sonunda, "Bu konuda sizin fikriniz nedir? Hangi kitapları mütalâa ettiniz?" diye sormasa...

Hizmetçi kız ayakta, konuşmanın bitmesini bekliyor. Hanımını dinlemekten yorgun düşmüş iki adama acıyarak bakıyor. Hanımefendi kendisinden tarafa bakınca, yavaşça dizlerini kırıp başını eğiyor. Bu, çay servisine başlayabilir miyim, manasına geliyor.

"Durun, bu da alafranga olsun. Çayı size kendim takdim edeyim. Buyurunuz. Ben kendim asla çay içmem."

Fatma Aliye Hanım'ın kendi elleriyle ikram ettiği çay bitene kadar, ibadet huşuu içinde susuyorlar. Yusuf Akçura'nın susuşu kendini ziyadesiyle ele veriyor. Müstehzi tavrını beyhude saklamaya çalışıyor.

Fatih Kerimi, İstanbul ile Orenburg'u mukayese ediyor durmadan. 'Vakit' gazetesine göndereceği "İstanbul mektubu", en ziyade bu mukayese ile değer kazanıyor. Her şeyi her şey ile mukayese ediyor. Zihninde pek çok burada-orada, bizde-onlarda ayrımı var.

Fatma Aliye Hanım, o anda misafirlerinin bütün gizlilerini saklılarını biliyormuşçasına susuyor. Bu bilgi, iki adamın üzerinde korkutucu bir tesir yaratıyor.

Çaylarını bitirir bitirmez müsaade istiyorlar.

Konaktan Teşvikiye meydanına kadar hiç konuşmuyorlar. Yusuf Akçura Efendi, nasıl o kadar keskin bir sükût içinde kalabilmişti. İkisi yan yana, fakat ikisinin kafasında da başka başka Fatma Aliye resimleri. Yusuf Akçura ansızın duruyor. Fatih Kerimi'nin dirseğinden tutuyor: "Aynı Rusya'daki gibi değil mi? Ahmet Mithat Efendi için, Ebuzziya için, Fatma Aliye Hanım için eski zaman müstehaseleri olduklarını, bunlardan artık yeni fikirler beklemenin yersiz olduğunu söyleyenler... Gördün işte, Fatma Aliye Hanım'ın düşüncesinde bir kıymık olabilecek evsafta mıdırlar?"

"Ya" diyor Kerimi, "bir ara çok korktum. Hani 'Sezar Kanto Tarihi'nin 18. cildinin filan sayfası diye söze başlayıp, mütalâa etmişsinizdir, dedi ya. Ben de mütalâa etmediğimi söyledim. İşte o an, bu sohbet burada biter, demesinden korktum."

"Bilgisinden etkilenmemek mümkün değil," diye yeni bir mukayeseye başlıyor ama mukayeseyi zihninde sürdürüyor. Büzüşerek yürüyen İstanbullulara acıyarak bakıyor. Bu soğuk, soğuk mu şimdi? Kavi kıyafetler giyip dimdik yürümek yerine, incecik kıyafetler içinde büzüle büzüle gidenlere bakınca; bizim oralarda, diye yeni bir sayfa açıyor zihninde. Bizim oralar buraya çevrilmişken ve burada Halide Edip ile Fatma Aliye Hanım'ı karşı karşıya getirmişken ayağı kayıyor. Tam da düşüncesinde Halide Edip'i Fatma Aliye'ye üstün kıldığı noktada. Ayağı kaymamış olsa idi, "Fatma Aliye Hanım düzensiz bir kütüphaneye ya da fihristi olmayan bir kitaba benziyor, her şey var, lâkin dağınık" diyecekti.

Yusuf Akçura, "Biliyor musun?" diyor Fatih Kerimi'ye, "Fatma Aliye Hanım'ın ikinci kızı Ayşe Hanım, Halide Hanım ile akran. O da hocası ile evlendi. Faik Paşa'nın evlâtlıktan reddettiği söyleniyor."

Fatih Kerimi bu bilgiyi kayıtlara almamayı tercih ediyor. Yusuf Akçura'nın kendinden beklediği, "Sahi öyle mi?" sorusunu hiç sormuyor.

Muhatabını şaşırtıyor. Sokakları temizleyen adamları işaret ediyor. İki kürek atıp hemen kahvehanelere doluşan adamları. "Türkler soğuğa neden dayanamıyor? Binalarını ve kendilerini kavileştirmeyi neden akıl edemiyorlar?"

Biz ve onlar ayrımı iyi geliyor Kerimi'ye. Fatma Aliye'nin salonunda uğradığı yenilginin rövanşını, hiç beğenmediği, kirli ve pis bulduğu İstanbul sokaklarından çıkarıyor böylece. Niye kendini yenilmiş hissetmişti ki! Bunun cevabını hiç bulamıyor. Fatma Aliye Hanım kibardı. Hatta mültefit davrandığı bile söylenebilirdi. Kendi elleriyle çay ikram etmişti. Fatih Kerimi yine de kendini yenilmiş hissediyordu. Sorularını soramamıştı.

Soramamış mıydı?!!

1916

* Birinci Dünya Savaşı yılları. * Şerif Hüseyin, İngilizlerin etkisiyle Osmanlı'ya isyan edip kendisini Arabistan Kralı ilân etti. * İtalya Almanya'ya savaş açtığını ilân etti. * İngilizler Batı cephesinde ilk tank denemelerini yaptı. * Almanya müttefiklerine barış notu yolladı. * İlk defa Paris'e zeplin baskını düzenlendi. * Almanya Portekiz'e savaş açtığını ilân etti. * Müttefikler Zagreb'e saldırdı. * Sir Arthur Eddington yıldızların fiziksel varlığını tahkik etti. * İlk defa, ileride nakledilmek üzere kan depolama yöntemi geliştirildi. * İlk defa, doğum kontrolü uygulamalarını yürütecek bir klinik açıldı. * Birinci Dünya Savaşı yılları. * Şerif Hüseyin, İngilizlerin etkisiyle Osmanlı'ya isyan edip kendisini Arabistan Kralı ilân etti. * İtalya Almanya'ya savaş açtığını ilân etti. * İngilizler Batı cephesinde ilk tank denemelerini yaptı. * Almanya müttefiklerine barış notu yolladı. * İlk defa Paris'e zeplin baskını düzenlendi. * Almanya Portekiz'e savaş açtığını ilân etti. * Müttefikler Zagreb'e saldırdı. * Sir Arthur Eddington yıldızların fiziksel varlığını tahkik etti. * İlk defa, ileride nakledilmek üzere kan depolama yöntemi geliştirildi. * İlk defa, doğum kontrolü uygulamalarını yürütecek bir klinik açıldı. * Birinci Dünya Savaşı yılları. * Şerif Hüseyin, İngilizlerin etkisiyle Osmanlı'ya isyan edip kendisini Arabistan Kralı ilân etti. * İtalya Almanya'ya savaş açtığını ilân etti. * İngilizler Batı cephesinde ilk tank denemelerini yaptı. * Almanya müttefiklerine barış notu yolladı. * İlk defa Paris'e zeplin baskını düzenlendi. * Almanya Portekiz'e savaş açtığını ilân etti. * Müttefikler Zagreb'e saldırdı. * Sir Arthur Eddington yıldızların fiziksel varlığını tahkik etti. * İlk defa, ileride nakledilmek üzere kan depolama yöntemi geliştirildi. * İlk defa, doğum kontrolü uygulamalarını yürütecek bir klinik açıldı. * Birinci Dünya Savaşı yılları. * Şerif Hüseyin, İngilizlerin etkisiyle Osmanlı'ya isyan edip kendisini Arabistan Kralı ilân etti. * İtalya Almanya'ya savaş açtığını ilân etti. * İngilizler Batı cephesinde ilk tank denemelerini yaptı. * Almanya müttefiklerine barış notu yolladı. * İlk defa Paris'e zeplin baskını düzenlendi. * Almanya Portekiz'e savaş açtığını ilân etti. * Müttefikler Zagreb'e saldırdı. * Sir Arthur Eddington yıldızların fiziksel varlığını tahkik etti. * İlk defa, ileride nakledilmek üzere kan depolama yöntemi geliştirildi. * İlk defa, doğum kontrolü uygulamalarını yürütecek bir klinik açıldı. * Birinci Dünya Savaşı yılları. * Şerif Hüseyin, İngilizlerin etkisiyle Osmanlı'ya isyan edip kendisini Arabistan Kralı ilân etti. * İtalya Almanya'ya savaş açtığını ilân etti. * İngilizler Batı cephesinde ilk tank denemelerini yaptı. * Almanya müttefiklerine barış notu yolladı. * İlk defa Paris'e zeplin baskını düzenlendi. * Almanya Portekiz'e savaş açtığını ilân etti. * Müttefikler Zagreb'e saldırdı. * Sir Arthur Eddington yıldızların fiziksel varlığını tahkik etti. * İlk defa, ileride nakledilmek üzere kan depolama yöntemi geliştirildi. * İlk defa, doğum kontrolü uygulamalarını yürütecek bir klinik açıldı. * Birinci Dünya Savaşı yılları. * Şerif Hüseyin, İngilizlerin etkisiyle Osmanlı'ya isyan edip kendisini Arabistan Kralı ilân etti. *

Mektubu yazıp yazmamakta kararsız kalıyor bir an. Yazarsa tenezzül etmiş olacak. Yazmazsa boyun eğmiş. Yazmaya tenezzül ettiğini bildiren bir ifade olmalı.

Müteredddit. Sineye çekemez, hayır. Hilâl-i Ahmer'in ilk kadın üyesi olarak türlü nişanlar ile taltif edilmesine rağmen, kim nasıl oluyor da Fatma Aliye'yi II. Wilhelm'in huzuruna çıkarmamaya cesaret edebiliyor! İmparator'un huzuruna çıkarılan kadın üyeler kim oluyor ki, onların arasında Fatma Aliye yok!

Bu düzensizliği, düzensizlikten öte disiplinsizliği protesto etmeli. Hayır, istifa ediyor. "Onlar beni çağırmazlık etmedi. Ben istifa ettim. Böyle biline."

Doktor Besim Ömer Paşa bu mektubu okuduğunda, ayaktaysa oturacak yer aramalı. Oturuyorsa sandalyesinden alev çıkmalı.

Yazıhanesinin başına geçiyor. Alnını ve göğsünü fırlayacak ok gibi gergin tutuyor. Savaşa hazır.

Her harf, okuyanın gözlerine mil gibi inecek.

Mektubu yazmış olmak öfkesini azaltmıyor yine de. Katıldığı onca miting, yardım listeleri, kadınları vatan bizden hizmet bekliyor diye gayrete getirmeler... Şefkat nişanıyla şereflendirilmiş ilk kadın olma gururu... Mektubun satırlarına hiçbirisi sinmiyor. Sığmıyor. Haddizatında Fatma Aliye Hanım, büyüyen öfkenin içinde hiçbir yere sığmıyor. Bu ne haddini bilmezliktir. Bu ne. Bu neee...

Sözün arkasını getiremiyor. Ha gayret yenecek öfkesini. Yenmeye başladı bile. Boğazın altıncı boğumunda, kelâma dönüşmemesi gerekeni boğup geri gönderebildiğine göre öfkesi geçti. Asabiyenin, muhakemesini galebe çalmasına müsaade etmeyecek. Etmeyecek tabiî.

Hadis-i şerif kurtarıcıdır: "Musibet ile ilk karşılaşılan anda gösterilen sabır, sabırdır."

Derlenip toparlanıyor Fatma Aliye Hanım. Peygamberin huzurundaymışçasına titriyor: "Kendi nefsim için mi bu öfke?" Kolayca cevabını veremiyor. "Kendi nefsim için mi?" diye tekrarlıyor.

Doktor Besim Ömer Paşa, kadın kaprisi deyip geçmeye kalkacaktır. Arkasından bir iki ruhî tasvir. Yapılan hizmetin takdir edilmemesi, bu davetsizlik. Kendisine istenmediği ihsas edilmektedir, öyle mi?

Böyle mi olacaktır? Böyle olmaklığa rıza gösterilecek değildir elbet. Böyle oluyorsa, "burada" Fatma Aliye Hanım yoktur. Kızdığı budur işte. "Burası", vatan olmaktan çıkmaktadır. "Burası", Osmanlı olmaktan çıkmaktadır.

İçinde biriken öfke için, başka bir hadis-i şerif mihmandarlık etmektedir: "Sizden biri öfkelendiğinde ayaktaysa otursun, oturuyorsa yatsın, yatıyorsa kalkıp abdest alsın."

Yazıhanenin başından kalkıyor. Abdest alacak.

Abdest alındıktan sonra, şimşek hızıyla yazılan yazıların, kâğıda fazla gelmediğine kanaat getirilecek. Yazılanlar bekleyebilir. Yarına kadar bekleyebilir.

1920

* Son Osmanlı Mebusan Meclisi toplandı ve Misak-ı Milli'yi kabul etti. * Hiçbir zaman uygulamaya konmayan Sevr Anlaşması imzalandı. * İtilâf Devletleri İstanbul'u işgal edilip Meclis-i Mebusan'ı dağıttı. * Ankara'da Büyük Millet Meclisi toplandı. * Yunanlılar Batı Anadolu'nun içlerine doğru ilerledi. * BMM Ermenistan'la Gümrü Anlaşması'nı imzaladı. * Kızıl Ordu Odessa'yı ele geçirdi. * Emir Faysal Suriye Kralı oldu. * Macaristan ile İtilâf Devletleri arasında Trianon Antlaşması imzalandı. * Lahey, Uluslararası Adalet Divanı'nın merkezi seçildi. * ABD'de kadınlara oy kullanma hakkı verildi. * Knut Hamsun'a Nobel Edebiyat Ödülü verildi. * Çin'in Kansu bölgesinde meydana gelen depremde 100,000 kişi hayatını kaybetti. * İngiltere'de ilk halka açık radyo vericisi istasyonu kuruldu. * Yunan Kralı Constantine halk oylaması ile Atina'ya döndü. * Adolf Hitler, Münih'te parti programını açıkladı. * Gandi Hindistan'ın bağımsızlık savaşında lider olarak öne çıkmaya başladı. * Son Osmanlı Mebusan Meclisi toplandı ve Misak-ı Milli'yi kabul etti. * Hiçbir zaman uygulamaya konmayan Sevr Anlaşması imzalandı. * İtilâf Devletleri İstanbul'u işgal edilip Meclis-i Mebusan'ı dağıttı. * Ankara'da Büyük Millet Meclisi toplandı. * Yunanlılar Batı Anadolu'nun içlerine doğru ilerledi. * BMM Ermenistan'la Gümrü Anlaşması'nı imzaladı. * Kızıl Ordu Odessa'yı ele geçirdi. * Emir Faysal Suriye Kralı oldu. * Macaristan ile İtilâf Devletleri arasında Trianon Antlaşması imzalandı. * Lahey, Uluslararası Adalet Divanı'nın merkezi seçildi. * ABD'de kadınlara oy kullanma hakkı verildi. * Knut Hamsun'a Nobel Edebiyat Ödülü verildi. * Çin'in Kansu bölgesinde meydana gelen depremde 100,000 kişi hayatını kaybetti. * İngiltere'de ilk halka açık radyo vericisi istasyonu kuruldu. * Yunan Kralı Constantine halk oylaması ile Atina'ya döndü. * Adolf Hitler, Münih'te parti programını açıkladı. * Gandi Hindistan'ın bağımsızlık savaşında lider olarak öne çıkmaya başladı. * Son Osmanlı Mebusan Meclisi toplandı ve Misak-ı Milli'yi kabul etti. * Hiçbir zaman uygulamaya konmayan Sevr Anlaşması imzalandı. * İtilâf Devletleri İstanbul'u işgal edilip Meclis-i Mebusan'ı dağıttı. * Ankara'da Büyük Millet Meclisi toplandı. * Yunanlılar Batı Anadolu'nun içlerine doğru ilerledi. * BMM Ermenistan'la Gümrü Anlaşması'nı imzaladı. * Kızıl Ordu Odessa'yı ele geçirdi. * Emir Faysal Suriye Kralı oldu. * Macaristan ile İtilâf Devletleri arasında Trianon Antlaşması imzalandı. * Lahey, Uluslararası Adalet Divanı'nın merkezi seçildi. * ABD'de kadınlara oy kullanma hakkı verildi. * Knut Hamsun'a Nobel Edebiyat Ödülü verildi. * Çin'in Kansu bölgesinde meydana gelen depremde 100,000 kişi hayatını kaybetti. * İngiltere'de ilk halka açık radyo vericisi istasyonu kuruldu. * Yunan Kralı Constantine halk oylaması ile Atina'ya döndü. * Adolf Hitler, Münih'te parti programını açıkladı. * Gandi Hindistan'ın bağımsızlık savaşında lider olarak öne çıkmaya başladı. * Son Osmanlı Mebusan Meclisi toplandı ve Misak-ı Milli'yi kabul etti. * Uygulamaya konmayan Sevr Anlaşması imzalandı.

"Geçmiş öldü. Geçmiş öldü. Geçmiş öldü."

İçinde konuşan kimdir? Kimdir geçmiş öldü diye, yasın üzerine yas indiren.

Geçmiş ne zaman ölür?

Zaman geçip gittiğinde bile hükmünü icra ederken, geçmiş ne zaman ölür?

Boynuna astığı tahtada çikolata satmaya çalışan bir Rus'un kederli yüzü, geçmişi öldüren sesi bastırabildi nihayet. Devletlere rağmen halkları. Ermenileri ayaklandıran, Bulgarları kışkırtan, Yunanlıları Costantinopolis hülyası ile besleyen Rusya. Ve Rusya'nın serseri ve sefil vatandaşları. Bedenlerinde derin bir keder ile asaleti, geçmişin olanca yüküyle beraber taşımaya çalışarak idame-i hayat eyleyen kadın ve erkekler.

Asil Rus kadınlarının mazileri, hale iliştirilmiş mütemmim cüz olarak, refikalarını ağlatmayı, yola baktırmayı âdet edinmiş

Osmanlı erkekleri için nasıl da teselli edilecek, uğruna can verilecek bir hikâyeye dönüşüyor. Rus kadınları geçmişlerini Osmanlı erkeklerinin bedenine yüklerken, Osmanlı'nın Peralı ve paralı olmuş erkekleri kendi geçmişlerinden geçerek, Rus kadınlarının dününe ve bugününe dahil oluyor.

Pera'da, Rusya'da ölen geçmiş dirilirken, Osmanlı'nın geçmişi can çekişiyor. Cebindeki son kuruşa kadar Rus kadınlarının peşinde dolaşarak kendini imha eden erkeklere, istikbalini yitirmiş mümin kadınlar eşlik ediyor.

Peçesini başının üzerine atmış ve elinde şapka kutusu ile hızlı hızlı yürüyen genç bir kadın takılıyor gözüne. Kadın, taşımakta olduğu şık şapka kutusuyla pek de mütenasip olmayan, ışığını kaybetmiş yüzü ile, ahenkli adımları ile her acıya direnecek kadar kuvvetim ve kudretim var diyen bedenini, iki ayrı dünya olarak gezdiriyor. Hayat mayasını, her güne ayrı bir yorgunluk olarak çalan telâşlı adımları, kalbinin isyanını geçip gittiği kaldırım taşlarına hüzün ekerek bastırıyor.

Mezarlık sokağının aşağısından, Grande Rue Pera'ya doğru kıvrılıyor yorgun genç beden. Kendini kızın arkasında buluyor Fatma Aliye Hanım. Kızlarının yaşındaki bu genç hanımı takip ettiği için bir taraftan suçluluk duyuyor, bir taraftan kızın adımlarına teslim olmuş bir sürüklenişle yol alıyor. Aklının hayır dediğine, bedeni evet diyor.

Kız, Fatma Aliye Hanım'ın daha önce görmediği büyük bir mağazanın kapısından geçip kayboluyor.

Evet ve hayır, hükmünü kaybedip sonucuna katlanılmaya hazır bir bekleyişe terk ediyor yerini. Bir müddet kapının tekrar açılıp kapanmasını bekliyor Fatma Aliye. İşgal İstanbulu'nda yapılacakların ve yapılamayacakların listesinin her an değiştiğini bilmekten tedirgin, bekleyişine bir isim bulmaya çalışıyor.

Yarım metre ilerisinden geçen sarhoş iki Fransız askerinin, pastaneden çıkan iki İngiliz askerine omuz atışları bekleyişini cehenneme çeviriyor. Karşı kaldırımda, tıpkı kendisi gibi, gördüklerini kayıtsız bir yüz ifadesi ile "görülmemiştir"e çevirmeye çalışan Türk polislerini fark etmek, sıkıntılı bekleyişini hafifletiyor. Türklerden başkasını tutuklama selâhiyeti olmayan Türk polisi. İşgal İstanbulu'nda suç işlemeyen tek millet Türkler halbuki.

İşgalcilerin askerleri; ülkelerinin, başkalarının hayallerini, umutlarını, geçmişlerini ve yarınlarını imha eden suçunu bastırmak, bu büyük suça ait olmamak için kendi elleriyle gerçekleştirdikleri şahsi suçlara sığınıyorlar. Burada ne aramakta olduklarını, kendi iradeleri ile ifa ettikleri suçlar sayesinde, en azından kendileri için anlaşılır kılmaya çalışıyorlar.

İşgal askerlerinin naralarını duyulmaz kılmak konusunda, mümin ve mükedder İstanbul halkı ne büyük bir istidat gösteriyor.

Sarhoş askerleri, dans salonundan çıkmış yorgun bedenler takip ediyor. Sabaha kadar süren eğlencenin canlı nişanesi olan bedenlerini, Pera'nın çürük hayatlar kokan iklimine bırakıveren kadınlı erkekli bir grup.

Kaç vakit geçti kapının önünde!? Gam; saniye ile saati, gün ile ayı, ay ile yılı eşitleyen bir kimya gibi, sahibini, geçip giden vakte karşı kayıtsız kılıyor.

Kapı tekrar açılıp kapanıyor. Bir kadın çıkıyor içeriden. Şişman bir kadın. Şişmanlığını, refahının garantisi olarak göstermek hususunda mahir. Elleri paketlerle dolu olduğuna göre, ya ecnebi olmalı ya da savaş zengini bir tüccarın karısı.

Yeni zenginlere her devirde tahammül zordur lâkin savaş zenginlerine, başkalarının acısını paraya çeviren simsarlar hükmündeki savaş zenginlerine tahammül mümkün değildir. Ayaklar baş, başlar ayak olurken, iman gücüne destek veren tek tavır, gurur.

Şişman kadın ile göz göze gelince, başının üstünde asılı bir teziya gibi duran gurur, mihmandarlığı ele alıp, Fatma Aliye'yi tedirgin bekleyişin kollarından çekip çıkardı.

Kendini gururuna teslim etmiş olan Fatma Aliye, 58 yaşındaki bir kadın gibi değil, henüz otuzlarını sürmekte olan genç bir kadın gibi girdi mağazadan içeri. Önce, girişin karşısında, yüksekte duran kasadarı ve kasadarın karşısındaki tezgâhta bekleyen üç genç kızı gördü. Raflarda olanları gözleri seçemiyor sanki. Sanki her şey kartondan. Yüreklerindeki keder ve yüzlerindeki şaşkın bakışlar, kızları birbirinin aynısı yapan bir yeknesaklığa bürüyor. Kızlar her yere aynı anda dönüp, görebilmek için devşirdikleri suretleri birleştirerek, bir neticeye varabilmeleri ancak mümkün olabilirmiş gibi, birbirlerine yaslana yaslana bakıyorlar.

Ne kızlar sorabiliyor, ne de Fatma Aliye Hanım, burada bulunma sebebini izah edecek bir söz söylüyor.

Romanlarında kadınları çalıştırdığı, başkalarına muhtaç bırakmadığı için hem takdir hem de tenkit edilmişti. Bu kızlar; babaları ve kardeşlerini, evlenecekleri delikanlıları ayrı ayrı savaşlarda yitirmiş bu kızlar, hayatta kalabilmek için çalışmaya mecbur bu kızlar...

'Muhadarat'ın Fazıla'sı da çalışıyordu. 'Udi'nin Bedia'sı da. Harf harf, ekmeğini emeği ile kazanan kadınları resmettiğine göre, şimdi karşısında duran, iri kara gözlerini merak ve endişe ile kendisine çevirmiş olan bu genç kızlar, neden içini ateşîn bir göle çeviriyordu?

Soracağı bambaşka bir şey iken ve üstelik kızların yapmakta olduğu iş aşikâr iken ağzından Fransızca cümleler dökülüverdi:

"Excusez-moi, on est où là? Et qu'est-ce que vous faites ici?"*

Ağzından dökülenlere kızlardan çok kendisi şaşırdı. Kızlar bu yaşlı kadının -eşikten geçtikten sonra yaşlanmıştı- bir Fransız gibi konuşmasına pek şaşırmadan ortadaki kıza bakmışlardı. Belli ki ortadaki Fransızca biliyordu.

"Vous êtes dans un magasin qui est dirigé par les femmes Turques. Nous travaillons ici. Comment est-ce que nous pouvons vous aider?"**

Gayri iradi olarak ağzından dökülüvermiş Fransızca cümlelerin tuhaflığını, gittikçe daha fazla hissediyor Fatma Aliye Hanım.

Merakına endişenin rengi girmesin diye mi, başka bir lisanın yabancılığından set çekmeye kalkmıştı kendisiyle tezgâhtar kızların arasına... Nimet ile İsmet'in yaşında olmalıydı bu kızlar. Birkaç yaş küçük ya da birkaç yaş büyük. Ne fark eder! Gençliklerinin filizini işgal İstanbulu'nda sürmeye çalışan narin fidanlar hepsi. Bugün İsmet, Dame de Sion'a gitmişti. Ayda bir

* Afedersiniz, burası neresi? Siz burada ne yapıyorsunuz?

** Türk kadınlarının işlettiği bir mağazadasınız. Bizler burada çalışıyoruz. Size nasıl yardım edebiliriz?

yapılan, "grande assamble"leri zinhar kaçırmıyordu. Sanki bu toplantılara katılmak için yaşıyor gibiydi. Nimet, okulunu bitirince Robert Kolej ile bağını adeta yitirmişti. Okullardan bir okul işte. Gitmişti ve bitmişti. Hele Dame de Sion'un baskıcı rahibelerinden sonra. İsmet'in bağlılığı esas bakaloryadan sonra başlamıştı. Ne konuşurlar grande assemble'de. Hiçbir şey anlatmaz İsmet. Nimet, "Bir Katolik kız var" demişti. "İsmet'le içtikleri su ayrı gitmiyor."

Ah, İsmet'in ketumluğu!!!

Kızlarla Fransızca konuşmaya devam etmesinin manasızlığı mahcubiyetini arttırıyor. Bir izah arıyor Fransızca cümlesine. Kızlara, "Sizi Fransız zannettim" diyecek hali yok elbette. Sarhoş Fransız askerlerine bakarken, muhtemelen Fransızca düşünmeye başlamıştı. İzah getirmeye çalışmak niye! Bu kızlar onun kim olduğunu bilmediğine göre, ne fark eder. Arkasından gülerler en fazla! Tanımadığımız şahısların arkamızdan gülmesinin bir ehemmiyeti olabilir mi?

Onu bu kadar şaşırtan Bedia olmalıydı. Bedia'nın hikâyesi. Kahramanını karşısında görünce şaşıran muharrire helecanı. Haysiyetli ve vakur Bedia, udunun tellerinden kazandığı para ile bir mağaza açacaktı. Yılda bir defa bile üstüne elbise yaptırmayan, öğrencilerin hediyelik kumaşlarını değerlendiren Bedia. Mağaza açamadan göçüp gitmişti işte.

O kadar sıkıntı ile boğuşup her mihnete göğüs geren, galebe çalan Bedia'ya, romanın sonunda bir mağazayı neden çok görmüştü? "Aşkta hıyanetten başkası çekilir" diye çizmişti tahammülün sınırını. Ama bütün kahramanları hıyanet ile sınanmıştı işte.

Kahramanına neden mağaza edindirmediğini düşünüyor yeniden. 1899'da, bir romanın sayfaları için bile çok gelen; işgal İstanbulu'nda hayatın içinde, hayat kadar şaşırtamayan bir şeye dönüşüyor.

"Türk kadınlarının işlettiği bir mağazadayım" diye tekrarlıyor bu defa Türkçe.

Kızlar, az evvel sarf edilmiş olan Fransızca cümleyi kendilerinin Fransız zannedilmesine veriyor. Ne kadar Türk ve ne kadar mümin çehrelerinin olduğunun farkında olmadan.

Kızlar Türkçe cümleler ile birlikte, akmakta olan nehrin içine giriyorlar ansızın. Mütebessim çehreleri her birini yegâne kılıyor yeniden. Kederin yeknesaklığı, yerini tebessümün eşsizliğine bırakıyor.

Bedia'dan kurtulmak istiyor Fatma Aliye. Bedia'dan kurtulmak isterken ansızın Nesteren'in hikâyesini buluyor ortadaki kızın gözlerinde. Hatırlamayacak Nesteren'in hikâyesini. Cemile Sultan'ın oğlunun Kandilli'deki sarayında şahit olduğu hikâye niye çıkıp geliyor ki!

Unutulmaya çalışılan her şey en çok hatırlanan olmuyor mu? Nesteren'in annesi, kızının öldüğünden habersiz ziyaret için geldiği gün o da Kandilli Sarayı'ndaydı. Kadın, beraberinde hediyeleri; hindisi, bulguru ve köy ekmeği ile kızını soruyordu. "Kızın öldü" diyebilecek kimseler yoktu. "Ölüm Allah'ın emri" demişti Fatma Aliye Hanım. "Niye bunca korku!" O zaman yavaşça, "Ölümden çok cana kıymaya benziyor" demişlerdi. Cemile Sultan'ın gelini, adeta bu hikâyeden roman çıkarmaması gerektiğini ima edercesine korka korka anlatmıştı.

"Elli altına satın alınmıştı. Biz onu Çerkes biliyorduk. Değilmiş efendim. Nişanlısını askere aldıkları vakit, onun bedelini verebilmek için kendisini sattırmış. Sarayın âdeti gururuna dokununca, hastalık bahanesi ile çırak çıkarılmayı kurmuş kafasında. Bileklerine kezzap dökmüş. O kezzap da... Doktor Leon Efendi, ümitsiz, dedi. Dünden beri çilek, kiraz diye sayıklıyormuş. Kar yağıyor ama kız çilek, kiraz diye sayıklıyor. Yıldız Sarayı'na adam gönderildi de, biçarenin turfanda meyve isteği karşılandı. Dün gece öleceği anlaşılınca sedye ile kapıcının evine çıkarıldı. Bir oh deyişi, bir kurtuldum deyişi var ki... İşte bu sabah, sanki haber almışlar gibi annesi ile nişanlısı gelmiş. Kimseler ölüm haberini vermeyi göze alamıyor."

Bedia'dan kurtulmak isterken, nişanlısının askerlik bedelini ödeyebilmek için, kendini elli altına sattıran Nesteren'in hikâyesi koca mağazayı ele geçiriyor.

"Burada çalışmaktan memnun musunuz?"

Sanki Nesteren'in ruhu sordurmakta bu soruyu.

Kızlar şaşırarak birbirlerine bakıyor. Bu soruyu ve bu sorunun cevabını düşünmekten bile sakındıklarını, şimdi birbirlerine gözbebeklerindeki şifrelerle açıklayarak. Önce lisanı ile mütenasip olmayan kıyafetine hayret etmişken, şimdi de siyah kadife feraceli ve beyaz Bursa ipeğinden yaşmağı ile bir yabancı gibi kendilerine sorgu sual etmesine şaşırıyorlar.

Kim ki bu kadın! Bakışlarıyla işaretleşiyorlar.

İşaretlerini onlardan evvel Fatma Aliye Hanım okuyor. 1899'da roman kahramanım bir mağaza alabilmek için para biriktiriyordu, diyerek Nesteren'den kurtulmaya çalışırken; Bedia mağaza alamadan öldü, demekten korkuyor. Gerçek hayat ile romandaki hayatı değiş tokuş edemiyor bir türlü. Bedia için gerçek diye yazmamış mıydı? Bedia'yı üstelik kaç romanda kaleminin peşi sıra sürüklemişti. Şimdi burada bir kere daha sürüklemekte ne beis vardı!

İkisi de emeline kavuşamadan öldü. Bedia ve Nesteren. Biri gerçek; biri gerçeğin temsili, roman kahramanı olarak. Susuyor. Konuşursa mağazadan içeri Ahmet Cevdet Paşa'nın kızı Fatma Aliye'yi sokmuş olacak.

Soracağı sorular, kızların telâşını ve çekingenliğini arttırmaktan başka bir işe yaramayacağına göre, izahın yükünü yavaşça yere indirmeli zihinden ve omuzdan.

O, yüklerini indirmeyi düşünürken, kasanın arkasında bir hareketlenme oluyor. İçeri doğru açılan bir kapının itina ile kamufle edilmiş olduğunu fark ediyor.

Uzun boylu bir kadın. Kadının gözleri ve teninin rengi onu bir defa daha 'Udi'nin sayfalarına götürüyor. Sanki bu kadın Şam'dan çıkıp gelmiştir. Sanki çölün efsununu taşımaktadır.

İçerden bir kadın daha çıkıyor. Zengin bir kadın olduğunu, peçesinden eldivenine kadar özellikle belli etmeye itina gösteren bir kadın.

Şam'ın iklimini adımlarıyla her yere götürürmüş gibi yürüyen, uzun boylu hanım, bir taraftan giyimine itina gösteren bu kadını uğurluyor, bir taraftan da Fatma Aliye Hanım'ı selâmlıyor.

Biraz önce sual eyleyen iken, şimdi suallere cevap veren vaziyetine düşmemek için "Türklerin işlettiği bir mağaza hakikaten takdire şâyan" diyor.

Takdir etmek her zaman sahibini yukarıda tutar.

"Ah" diyor uzun boylu hanım. "Bunu planlamamıştım. Ama kader. Deli olmak ile iş sahibi olmak arasında bir tercihe zorladı beni. Ah, bilmezsiniz. Ya aklımı kaybedecektim ya da işte burada. Böyle!" Ellerini dua eder gibi kaldırıp, yavaşça bırakıyor.

Böyle bir durumda soru sormanın, artık nezaketin sınırlarını çoktan aşıp muhatabını inciteceğinin farkında Fatma Aliye Hanım. Dinleyişinin bir ehemmiyeti varsa, deli olmanın eşiğine getiren hayat, bir müddet sonra ortaya konacaktır. Böyle hayatlar ancak anlata anlata hafifler. Bunu biliyor.

"Cihan Harbi esnasıydı. Beyimle beraber burada bulunan akrabalarımızı ziyarete gelmiştik. İttihat Terakki'nin adamları şafak vakti evimizi bastılar."

Kadın, hayatını bir romancının elinden çıkmış gibi hikâye ediyordu. Uzak. Geçmişin mahzenlerinde kalmış bir hayatı çekip çıkarmanın imkânsızlığı üzerine bina edilmiş bir anlatıma çağırıyordu Fatma Aliye'yi.

"Hiçbir suçu yoktu. Sadece Arap'tı. Jön Türkler'in partisi nüfuzlu Arapları tutukluyordu. Ardından sürgün ve ölüm."

Tezgâhtar kızlar bu hikâyeyi kimbilir kaçıncı defa dinliyor olmalıydılar. Ama biraz sonra gözyaşlarına mani olamayacaklarını bildikleri için, saklanacak bir yer arıyorlar. Her biri ansızın bir meşguliyet buluyor mağazanın içinde. Kasanın yanındaki defter nereye gitmiş? Brokarların ucu toplardan aşağı mı sarkmış?

Uzun boylu kadın, kocasının uzak hikâyesini iki iri gözyaşıyla çıkarıp getiriyor derinlerden. "Kocam soğuktan öldü. Bir at arabasının içinde. Üşüyordu ve yalnızdı."

Kadının, kocasının dünyadan ayrılışına dair, mütemadiyen yeni sahneler yazmakta olduğunu görüyor Fatma Aliye Hanım.

Yeniden toparlanıyor mağazanın sahibi olan uzun boylu kadın. "Varlığımın mühim bir kısmına el koydular. Aldığım kiralar pekâlâ geçimimi sağlamaya kâfi gelir. Lâkin boş dursaydım çıldırırdım. Bir şey yapmam lâzımdı. Yaptım. Benim gibi, efendisini savaşta kaybetmiş kadınlar için umut kapıları açmak istedim."

Kumaş toplarıyla gizlenmiş kapıya doğru yürüyor.

"Lütfen geliniz. Böyle geçiniz. İçerde sekiz tane kız çalışıyor. Dikiş dikenler, frakları yapanlar, nakış işleyenler."

Fatma Aliye Hanım eşikte duruyor. İçerdeki kızların da, tezgâhtar kızlar gibi bir örnek bir kederin içinde iş görmeye çalıştıklarını yeniden fark ediyor.

Kızların kederi, içindeki yükü daha da ağırlaştırıyor. Eklemlerindeki ağrı gittikçe artıyor. Bir an önce konağa dönmesi gerekiyor. Böyle ansızın. Girmeden önce yaşadığı tedirginliği, şimdi çıkmadan önce yaşıyor. Hiçbir şeyin fiyatını sormadan, pazarlık yapmadan çekip gitmek tuhaf olmayacak mı? Bahane ararken, "Kızlarım gelecekti. Geciktiler. Sonra onlarla beraber yine uğrarız" diyerek müsaade alıyor.

"Aklınızda olsun" diyor uzun boylu kadın. "Yakınlarınız varsa söyleyin. Bilhassa Teşvikiye'deki konaklara, apartmanlara işgal komutanları göz koyuyormuş. Hane halkını çıkarıp kendileri yerleşiyorlarmış. Mimar Vedat Bey'in planını uygulamak lâzım."

"Biz de Teşvikiye'de oturuyoruz" diyemiyor Fatma Aliye Hanım. "Yıllar sürdü yaptırmamız. İşgal askerleri el koyuyor ha!"

Kadın, Fatma Aliye Hanım'ın öfkeden kararmış yüzünü görünce devam ediyor.

"Mimar Vedat Bey'i bilirsiniz. Nişantaşı'nda güzel bir konak yaptırmıştı kendisine. Geçen hafta birkaç subay gelip, evi sıkı sıkı kontrol etmiş. "Tam komutanın istediği gibi" diyerek alıcı gözlerle gezmişler evi. Onlar çıkar çıkmaz, Vedat Bey bütün ustaları toplayıp evin salonlarını ortadan böldürmüş. Acele sıvamışlar, sıvadıkları yerleri eskiden beri böyle olduğu intibaını vermek için eskitmişler."

Kadın konuşmasını sürdürürken, Fatma Aliye Hanım "Afedersiniz" diyerek çıkıyor mağazadan. Bütün bunları duymak içinmiş. Sürüklenerek gelmişti Pera'ya. Ne göreceğim, neye şahit tutulacağım endişesi içinde üstelik.

Vedat Bey'in usulünü aynen tatbik etmeli. Faik Bey'i ikna etmek hiç kolay olmayacak. Ustaları toparlamalı. Bir bahane bulmalı, eve bu kadar usta sokmalarını izah edecek bir bahane. Ermeni ve Rum komşularına güveniyor. Şimdiye kadar bir kötülüklerini görmemişti. Fakat. İşgal İstanbulu'nda itimat kelimesi lügatlerden çıkarılmalıdır. Tedbir, bir işe başlarken besmele ile birlikte düşünülmesi gerekendir.

Yaşamak için, kendilerine ait olanlara sahip çıkabilmek için, bahanelere muhtaçtılar artık. Hayat teselli bulmak ise... Teselli nerede! Kavi bir iman sahibi olarak akşama kavuşacağını bilmek teselli olmaya yetiyor mu?

Arabacı nereye gitmiş!? "Beni burada bekle" demişti. Etrafına bakınırken yaşlı bir kadının elindeki tahta bavulu güçlükle sürüklediğini görüyor. Kendinden büyük yükün altında ezilen bir karınca. Yunan askerleri, yaşlı kadını durduruyor. Yüreği cız ediyor. Cız. Sanki bu sesi de duyacak işgal askerleri. Duyacak ve yürekten gelen cız sesinin yasak olduğu iddiasıyla tevkif edecekler Fatma Aliye Hanım'ı.

Kahkahalarla kadının bavuluna tekme savuruyor uzun boylu olanı. Bavul, kadının elinden düşüp kaldırımın üstüne bütün bir hayat olarak saçılıyor. Bütün bir hayat: Bir şamdan, bir fotoğraf, bir şal. Kadın sadece fotoğrafı alıyor yerden. Ağlıyor mu? Kadının bu haline şahit olmak mı iyidir, şahit olmamak mı? Kendini kadının yerine koyuyor. Kimseler görmesin isterdi böyle bir muameleye muhatap olduğunu. Hiç kimseler. Tek bir kişiye bile anlatmazdı. "Haysiyetimi çiğnemeye kalkanı hikâye eder isem, kendimi zelil onu kahraman yaparım. Kimi hikâye ettiğinizi bilin" derdi.

Yaşlı kadının hiç de yaşlı olmadığını fark ediyor fotoğrafı bağrına basarken. "Ah, onu gördüğümü bilmemeli." Ansızın tökezlemiş gibi yaparak yönünü çeviriyor. Neyire Hanım, bu haline şahit olunsun istemezdi. Nazım Paşa'nın nazende refikası Neyire Hanım. Zarif elleri bütün İstanbul hanımlarını imrendiren, "Cicim" diye hitap edişiyle adeta en kaba insanları bile "zarafet" makamına yükselten Neyire Hanım.

İki oğlunu da Çanakkale Savaşı'nda yitirmişti. Ya kızı! Kızının bahsi ağır. Hatice'nin yaşındaydı. Yaşları gibi kaderleri de benzedi. Neyire Hanım'ın kızının adı neydi? "Evlâtlarımızın bizim kadar bile ikbali olmadı Aliye Hanımefendiciğim" demişti. Mazhar Osman'ı bekliyorlardı bahçede.

"Hepimizin hikâyesi ıstırap nehrine döküldü. Her hayatta ıstıraplar vardır. Ama bizim hayatımız ıstırap nehrinin içinde. Validelerimiz şanslı hanımlarmış. Kızlarımızın bizim kadar bile ömrü olmadı."

Hatice kafasının üstüne düşmüştü. Kayınpederi Âkil Muhtar Paşa, bütün nüfuzunu kullanmıştı tedavi için. Hafta sonları eve çıkarıyorlardı. Her şey olurunda giderken birden başka biri oluyordu Hatice. Hatice'nin tramvay yoluna oturup kendisine hediye edilen, çok beğendiği için hediye edilen ayakkabıları parçalayışını hatırlıyor bir an. Başı dönüyor.

Gidip Neyire Hanım'a destek olsa. Hemşirem, diye koluna girse. Birbirlerine yaslana yaslana gitseler. Ama aristokrat gururunu bilir. Yaslanmayı değil hiç görülmemiş olmayı tercih eder.

Neyire Hanım'dan geriye, kilidi açılmış bir tahta bavul kalmış. Gâvurun postalının değdiği bavula elini sürer mi Osmanlı kadını!

Bu adamlar, kinleri kendilerine de fazla gelen bu adamlar, her gün yeni kurallar koyacaklar. Bugünden itibaren bavul taşımanın yasaklanacağını tahmin etmek güç değil. O tuhaf yasaklarına bir yenisini daha eklemiş olacaklar böylece. Dün, baş aşağı tavuk taşımanın yasaklandığını söylemişti arabacı. İki kişinin ayak üstü sohbet etmesi ne vakittir yasak zaten.

Neyire Hanım nereye gitti acaba? Kimi bulsa da kimden haber alsa? Davet etmeyi düşünüyor. Ama gelmez biliyor. Konağı yarıya bölmeye karar verdiğine göre... Neden olmasın! Neyse, vardır elbet her işte bir hayır. "Kulu kula vekil kılan

Rabbim, görelim neyler, neylerse güzel eyler."

Bir adamın nefes nefese kendisine yaklaştığını görüyor.

"Hanımefendi, arabayı Tarlabaşı'na çekmek zorunda kaldım."

1922

* TBMM Saltanatı kaldırdı, Abdülmecit Efendi'yi halife seçti. * Halife Vahdettin Efendi, sığınma talep ettiği İngilizlerce gizlice Malta'ya götürüldü. * Lozan Konferansına gidecek heyet belirlendi. * Münire Sultan Sarayı'nın yerine Maçka Palas yaptırıldı. * Reşat Nuri, "Çalıkuşu"nu; Halide Edip, "Ateşten Gömlek"i; Peyami Safa, "Sözde Kızlar"ı yayınladı. * "Boğaziçi'nin Esrarı" adlı film, Yakup Kadri'nin "Nur Baba" adlı eserinden beyaz perdeye aktarıldı. * Kurumlarda yazışmaların Türkçe yapılmasına karar verildi. * İstanbul Darülfünunu, öğrencilerin milliyet duygularını inciten kimi müderrislerin değiştirilmesini istemeleri üzerine, geçici olarak kapatıldı. * İtalyanlar Söke yöresini boşaltmaya karar verdi. * Tekirdağ işgalden kurtuldu. * San Remo Konferansı kararları, TBMM'de reddedildi. * Moskova'dan dönen Ali Fuat Paşa Ankara'da Mustafa Kemal Paşa ile görüştü. * TBMM Yunan mezaliminin bütün dünya parlamentolarına bildirilmesine karar verdi. * TBMM Türkleri destekleyen yazar Claude Farrere'ye teşekkür kararı aldı. Gazi Mustafa Kemal İzmit'te Fransız yazar Farrere ile görüştü. * Lozan Konferansı toplandı. *Edirne, Çanakkale, Gelibolu ve Eceabat işgalden kurtarıldı. * Mudanya Ateşkes Anlaşması uyarınca, Trakya yeniden anavatana katıldı. Sovyetler Birliği, SSCB ismini aldı. * TBMM Saltanatı kaldırdı, Abdülmecit Efendi'yi halife seçti. * Halife Vahdettin Efendi, sığınma talep ettiği İngilizlerce gizlice Malta'ya götürüldü. * Lozan Konferansına gidecek heyet belirlendi. * Münire Sultan Sarayı'nın yerine Maçka Palas yaptırıldı. * Reşat Nuri, "Çalıkuşu"nu; Halide Edip, "Ateşten Gömlek"i; Peyami Safa, "Sözde Kızlar"ı yayınladı. * "Boğaziçi'nin Esrarı" adlı film, Yakup Kadri'nin "Nur Baba" adlı eserinden beyaz perdeye aktarıldı. * Kurumlarda yazışmaların Türkçe yapılmasına karar verildi. * İstanbul Darülfünunu, öğrencilerin milliyet duygularını inciten kimi müderrislerin değiştirilmesini istemeleri üzerine, geçici olarak kapatıldı. * İtalyanlar Söke yöresini boşaltmaya karar verdi. * Tekirdağ işgalden kurtuldu. * San Remo Konferansı kararları, TBMM'de reddedildi. * Moskova'dan dönen Ali Fuat Paşa Ankara'da Mustafa Kemal Paşa ile görüştü. * TBMM Yunan mezaliminin bütün dünya parlamentolarına bildirilmesine karar verdi. * TBMM Türkleri destekleyen yazar Claude Farrere'ye teşekkür kararı aldı. Gazi Mustafa Kemal İzmit'te Fransız yazar Farrere ile görüştü. * Lozan Konferansı toplandı. *Edirne, Çanakkale, Gelibolu ve Eceabat işgalden kurtarıldı. * Mudanya Ateşkes Anlaşması uyarınca, Trakya yeniden anavatana katıldı. Sovyetler Birliği, SSCB ismini aldı. * TBMM Saltanatı kaldırdı, Abdülmecit Efendi'yi halife seçti. * Halife Vahdettin Efendi, sığınma talep ettiği İngilizlerce gizlice Malta'ya götürüldü. * Lozan Konferansına gidecek heyet belirlendi. * Münire Sultan Sarayı'nın yerine Maçka Palas yaptırıldı. * Tekirdağ işgalden kurtuldu.

Okuduğuna bir mana veremedi. Daha doğrusu verebileceği bütün manalar ve getirebileceği bütün izahlar derin bir hayal kırıklığıyla ehemmiyetini kaybetti. Tekrar okudu gazeteyi. Tekrar. Tekrar. "Saltanat kaldırıldı." Daha üç yıl önce, Eylül 1919'da, Sivas'ta hareketin gayesi; saltanatı, hilâfeti, ülkenin bütünlüğünü yabancı taarruzlarına karşı müdafaa etmek olarak ilân edilmemiş miydi?

Kendi içinde bir vakit muhaveresini sürdürdü. Sorular, cevaplar birbirinin ardı sıra, aynı ipin üzerine farklı farklı boncuklar gibi dizildi. Soruları kim soruyordu? Ve cevapları kimin için biriktiriyordu Fatma Aliye? Kimin için? Kim kalmıştı ki! "Sana üzülmemeyi temrin ettireceğim" diyen o yaşlı kadının silueti çıkıp geldi. Ne vakittir böyle oluyor. O yaşlı kadının hakikat mi yoksa zihninin bir oyunu mu olduğuna karar verememeye başladı. Üzülmemek ile öğrenmek kelimeleri yan yana gelince, hayat tutunulacak bir el oluyor sanki.

Ne vakittir öğrenmekten vazgeçmişti. Gaflet! Ümitsizlik

mesuliyetin bittiği yerde başlıyorsa, ümitvar olabilmek için mesuliyet alması iktiza ediyor. Olmakta olanlar hayal ettikleri değil. Lâkin cahilce bir bedbinliğe teslim olmanın manası var mı? Hiçbir tahayyül sadece bu âna ait olmadığına göre... An, geçmişin tecrübesiyle beraber geleceğin tohumunu da taşıdığına göre... Geçmiş yük olmaktan kurtarılmalı. Kadim bir dost gibi kâh önüne kâh ardına düşülecek kadar yakın durulmalı maziye. Mazi, tecrübemizi muhafaza ettiğimiz çelik sandık! Bir duyan varmış gibi tekrarlıyor. "Ceviz değil, çelik sandık. Çelik."

"Sana üzülmemeyi temrin ettireceğim" diyen kadın sanki karşısındaymışçasına, "Başlıyorum işte" diyor. Üzülmemeyi öğrenmek için düğümleri içine içine değil, dışına doğru atmalı. İzah kastıyla değil, bu defa anlamak için yazıya sığınacak. Lâkin yazdıklarını saklamalı. Kimseler bilmemeli. Ne Faik Paşa, ne kızları. Kalfa bile görmeden yazmalı. Başına tokmak gibi vuruyorlar. Her biri kendi lisanınca, kendi meşrebince, "Devr-i saadetiniz bitti" diyor. Devr-i saadet!??

Bir romanda mı okumuştu? Hangi romanda? Bir Fransız romanındaydı herhalde: "Düşünmekten başka anavatan yoktur." Fransız romanı Fransız romancıyı getiriyor derinlerden: Claude Farrere. Mektubuna cevap vermekte gecikmişti. Yabancılara karşı daima temkinli olmak lâzım gelir. Hele de bu kadar mültefit ise. Hayır, ikinci defa görüşme talebini kabul etmeyecek. Bir defa farz-ı ayn olarak görüşülmüştür. Hıristiyan âlemi, ilk Müslüman kadın yazarı tanısın talebiyle gelmiştir Farrere. Tamam. Hay hay. "Emilie Juliar'ı tenkit eden satırlarınızı okuyup sizi takdir etmeyen, takdir edip de tanışma arzusu ile dolmayan pek az Fransız vardır." Tanışılmıştır. Fikir alışverişinde bulunulmuştur. Ülkenin istikbaline dair konuşulmuştur. Tamam. Tekrar görüşmeye lüzum kalmamıştır. Böyle yazamaz lâkin. Cevap biraz daha bekleyecek o vakit.

Kendisini iptal eden bu sıkıntı! Sıkıntı. Sıkıntı. Saltanat kaldırılmış. Saltanat kaldırılmış, lâkin Mecid Efendi halife ilân olunmuş. Kabil mi? Hem halife olacak hem de hiçbir gücü kuvveti bulunmayacak. Yavaş yavaş dağlıyorlar yarayı. Çok sürmez halifelik. Akşamdan sabaha halifelik de ilga ediliverir. Faik Paşa ile mütalâa etmeyecek bunları. Faik Paşa'nın asker öfkesini çekecek vaziyette değil. Askerler kesinliğe ve keskinliğe müptelâ. İçtimai hayatta kesinlik nerede! Düzen nerede! Saltanat kaldırılmış. Ne yapalım? Olanda hayır vardır, diyelim. Olanda hayır vardır, diyelim. Sesi kulağına değince ürperiyor. Olanda hayır vardır, diyelim. Olanda hayır var. Lâkin niye içinde dağlar yıkılıyor? Göller kuruyor? Halife vazifeye başlarken Türkçe dualar edilmiş. Türkçe dua? Halife göreve başlarken Türkçe dua ediliyorsa nerede kaldı onun Ümmet-i Muhammed'in halifesi olmaklığı? Türkçe dua eden halife Türklerin mi halifesi olacak? Çok sürmez, "Bir gövdeye iki baş fazla" diye yarın kaldırıverirler.

"Hadi bakalım Aliye, artık kendine yaz" diyor defterini çekmeceden çıkarırken. "Düşünceni boncuk gibi dizmek için. Dağılmamak için yaz." Kimseler görmeyecek. Aliye pınardan testisini doldurmuş da, cemiyetin susuzluğunu gidermek için tas tas su dağıtıyor değil. Aliye testilerdeki suyu bilecek. Pınar kurumuş mu? Doluymuş gibi duran testiler neyle doludur? Yazdıkça görecek. Hakikati, bu defa dışarıda değil içinde arayacak. Hakikati içinde arayıp, düğümleri dışarı doğru atacak. Kendisi için kelimelerden yol açacak. Yıllar önce ne yazacağını hiç bilmeden, elinde kalem ile oturuşu geliyor aklına. Yokuş aşağı akmakta olan su gibi gezinmişti parmakları kâğıdın üstünde. Yazmıyor, yazdırılıyordu. Kulaklarının bile duymadığını parmakları duyuyordu. Emre itaat eyleyerek duyduklarını bir bir yazıyordu. Yazdıkça şaşırıyordu. Önce nasıl bu kadar hızlı yazabildiğine… Düşünmeye bile fırsat kalmadan. Harflerin peşi sıra aka aka. Sonra yazdıklarını okudukça, kendisine gönderilmiş mesaja nihayet ulaşmışçasına helecanlı! Parmaklarından gönlüne akan mektubu tekrar tekrar okudukça, kafesi açılmış bir kuş kadar hafif. Kanatları mı çıkmış! Çıkmış. İnsanın kanadı kelâmdan. Kur'an'ın ilk emri "Oku". İnsan önce kendinde birikmiş olanın okuyucusu. Yazdım, yazıyorum zannederken ilk önce kendisini okuyor.

Yılların muharriresi bu defa korkarak alıyor kalemi eline. Görmek istemediği eşyalarla dolu mahzene girmişçesine mütereddit. İlk cümleyi saklı defterine kaydediyor: "Yatağına küsmüş nehirler gibiyim."

Ayak sesi duyuyor. Yazdığını okuyor acele acele. "Yatağına küsmüş nehirler gibiyim." Zihninde kendini daha güçlü kuvvetli, daha muhkem kılarken, harflerin bedeninde bu kadar naif olabildiğine şaşırıyor. Kendinden bile sakladığı Fatma Aliye harfler üzerinden mi aşikâr oluyor? Yazmamak en iyisi belki de.

Yılların Fatma Aliye'si artık yazarsa kendini mi yazmış olacak!? Kırılan ve dağılan kendini. "İmparatorluk topraklarından çekilirken, Fatma Aliye de kendi kalbine çekildi." Bu defa cümleyi sadece zihninden kuruyor. Saklı defteri zihninde muhafaza edecek. Çekmeceye koyduğu defteri tekrar çıkarıyor. Küskün nehir, kalbinin tortusunu bıraktığı kâğıdı parçalıyor.

Fatma Aliye, kendini harflere vermeyecek! Kaybedilen maziyi, yazının bedeninde muzaffer kılamadığına göre. Yatağına küskün nehirler gibiymiş. Hâşâ! Ahmet Cevdet Paşa'nın kerimesi yatağına küskün nehir gibi olmaz asla!

Ansızın çıkıp gelen yaşlı kadını bekliyor yine. "Hadi bana üzülmemeyi öğret" diyor sanki sesini duyan varmış gibi.

1924

* Tevhid-i Tedrisat Kanunu Kabul edildi. * Hilâfetin kaldırılmasına ve Osmanlı hanedanının yurtdışına çıkarılmasına ilişkin kanun TBMM'de kabul edildi. Halife Abdülmecit Efendi ve Osmanlı hanedanı mensupları yurtdışına çıkarıldı. * Şeriye ve Evkaf Vekâleti ile Erkân-ı Harbiye-i Umumiye Vekâleti kaldırıldı. * Şeriye Mahkemeleri kaldırıldı. * Teşkilât-ı Esasiye Kanunu kabul edildi. * Terakkiperver Cumhuriyet Fırkası kuruldu. * İsmet Paşa başbakanlıktan istifa etti. Fethi Okyar'ın başbakanlığında yeni hükümet kuruldu. * Türk Ocakları I. Kurultayı Ankara'da toplandı. * Cumhuriyet gazetesi yayımlanmaya başlandı. * Lozan Antlaşması yürürlüğe girdi. * Erzurum'da büyük bir deprem oldu. * Üzerinde "Türkiye Cumhuriyeti" yazısı bulunan madeni 10 kuruşluk paralar tedavüle çıktı. * Cuma günü hafta tatili olarak kabul edildi. * İstanbul'da Kadınlar Birliği kuruldu. * Topkapı Sarayı müze olarak ziyarete açıldı. * Lenin öldü. * İngiltere SSCB'yi tanıdı. * Venizelos, Yunanistan Başbakanı oldu. Ülkede Cumhuriyet ilân edildi. * İtalya'da faşist yönetim altındaki ilk seçimlerde Mussolini oyların %65'ini aldı. * Amerika, ülkeye giren göçmen sayısına sınırlama getirdi. * Arnavutluk Cumhuriyeti kuruldu. * Pablo Picasso soyut çalışmalara başladı. * İngiliz astronomi uzmanı Arthur Eddington, yıldızların parlaklığının kütleleri ile bağlantılı olduğu keşfetti. * Chamonix'te ilk kış olimpiyatı düzenlendi. * Tevhid-i Tedrisat Kanunu Kabul edildi. * Hilâfetin kaldırılmasına ve Osmanlı hanedanının yurtdışına çıkarılmasına ilişkin kanun TBMM'de kabul edildi. Halife Abdülmecit Efendi ve Osmanlı hanedanı mensupları yurtdışına çıkarıldı. * Şeriye ve Evkaf Vekâleti ile Erkân-ı Harbiye-i Umumiye Vekâleti kaldırıldı. * Şeriye Mahkemeleri kaldırıldı. * Teşkilât-ı Esasiye Kanunu kabul edildi. * Terakkiperver Cumhuriyet Fırkası kuruldu. * İsmet Paşa başbakanlıktan istifa etti. Fethi Okyar'ın başbakanlığında yeni hükümet kuruldu. * Türk Ocakları I. Kurultayı Ankara'da toplandı. * Cumhuriyet gazetesi yayımlanmaya başlandı. * Lozan Antlaşması yürürlüğe girdi. * Erzurum'da büyük bir deprem oldu. * Üzerinde "Türkiye Cumhuriyeti" yazısı bulunan madeni 10 kuruşluk paralar tedavüle çıktı. * Cuma günü hafta tatili olarak kabul edildi. * İstanbul'da Kadınlar Birliği kuruldu. * Topkapı Sarayı müze olarak ziyarete açıldı. * Lenin öldü. * İngiltere SSCB'yi tanıdı. * Venizelos, Yunanistan Başbakanı oldu. Ülkede Cumhuriyet ilân edildi. * İtalya'da faşist yönetim altındaki ilk seçimlerde Mussolini oyların %65'ini aldı. * Amerika, ülkeye giren göçmen sayısına sınırlama getirdi. * Arnavutluk Cumhuriyeti kuruldu. * Pablo Picasso soyut çalışmalara başladı. * İngiliz astronomi uzmanı Arthur Eddington, yıldızların parlaklığının kütleleri ile bağlantılı olduğu keşfetti. * Chamonix'te ilk kış olimpiyatı düzenlendi. * Tevhid-i Tedrisat Kanunu Kabul edildi. * Hilâfetin kaldırılmasına ve Osmanlı hanedanının yurtdışına çıkarılmasına ilişkin kanun TBMM'de kabul edildi. Halife Abdülmecit Efendi ve Osmanlı hanedanı mensupları yurtdışına çıkarıldı. * Şeriye ve Evkaf Vekâleti ile Erkân-ı Harbiye-i Umumiye Vekâleti kaldırıldı.

Camdan dışarı bakıyor. En çok yaptığı bu. Sanki pencerenin dışında olup bitenleri kaçırmazsa memleketin ahvalini daha kolay anlayabilirmiş gibi. Ne zaman hayatın bu kadar dışında kalmıştı? Erken gidenler şanslıydı. Bu halleri hiç görmediler. Her şey ne kadar hızlı değişiyordu. Yarın nasıl bir sabaha uyanacağını bilmemenin tedirginliğiyle, geceler sabaha kavuşamıyordu bir türlü.

Faik Paşa öfkeli. "Ankara-İstanbul diye ikilik çıkardılar" diyor her vesile ile. Gazeteleri bile saklıyor Faik Paşa'dan.

Kimselerle konuşmuyor Fatma Aliye Hanım, lâkin Ankara-İstanbul çatışmasında fazlasıyla İstanbullu kaldığını biliyor. Ankara'nın sınırlarına dahil edilemeyecek kadar uzak, Ankara'nın içine hapsolmaya rıza göstermeyecek kadar tarih. "Hürriyet"ten istifade etmek için, ikbal peşinde Ankara'ya hücum edenler yarına koşarken, Osmanlı bakiyesi olarak Fatma Aliye, kendini düne ve İstanbul'a hapsetmeye razı. Şikâyet etmeyecek. Şikâyet kime!

Kazanılan zaferi küçümsemiyordu, hayır. Kendini İstanbul'a hapsedişi yanlış anlaşılmasın diye, yangının içinden yanmamış toprak, vatan çıkaranlara muhabbetini iletmeyi ihmal etmedi. Her bir harfine geçmişin ağırlığı sinen mektubunu kaleme almakta bir beis görmedi.

Cevap gecikmedi. Lâkin onca nazik üslûbuna rağmen satırlar uzak ve mesafeliydi.

"9. 4. 1924 / Ankara-Çankaya

Çok Muhterem Hanımefendi,

Mektubunuza, hissiyât-ı âliyenize bütün samimiyetimle teşekkür ederim. Satırlarınızı arzunuz veçhile Paşa'ya da okudum. Çok mütehassis ve memnun oldu.

Temenniyâtınız bizim için çok kıymetlidir. Zira zât-ı âliyeleri, kadınlık âleminin cidden iftihar edeceği bir kıymetli validesiniz. Kardeşlerim arz-ı muhabbet eder. Kemal-i hörmetle ellerinizi öperim efendim."

Fatma Aliye Hanım, mektubu değişik zamanlarda değişik halet-i ruhiye içinde tekrar tekrar okudu. Ne var ki, ilk okuyuşta hissettiği uzaklık azalmadı. Vatanın içinde şimdi kendisi uzak bir ülkeye dönüşmüştü. Fatma Aliye, onca emek verdiği vatanına ait olamıyordu. Vatanından bir parça olamıyordu.

Mektupta en fazla takıldığı yer "kadınlık âleminin cidden iftihar edeceği kıymetli validesiniz" ifadesi oldu. Sanki iyi bir valide değilsiniz, deniyordu. Sanki valideliğiyle gizliden gizliye alay ediliyordu. Bu mektupta valide olmaklığından bahsetmenin ne âlemi vardı. Kadınlık âleminin iftihar edeceği bir muharriresiniz, demek varken. Neden? Kitapları artık okunmaz mı olmuştu! Fikirleri değersiz ve kayda alınmayacak kadar gayritabiî mi bulunuyordu?

"Kıymetli validesiniz."

Ah, Ayşe! Ayşe'nin hikâyesi hatırlatılıyordu demek kendisine. Mason locasına kayıtlı kocası ile... Lâtife Hanım, kızı yaşındaki Lâtife Hanım, doğrudan teselli cümleleri sarf edemediği için mi böyle kapalı ifadelerin arkasına sığınıyordu?

Mektubu koro halinde hayatının bütün Aliyeleri okuyordu. Aralarında tek bir Fatma Aliye yoktu: Arka bahçede salıncakta sallanırmış gibi yaparak, Fransızca öğrenmeye çalışan.

İçindeki Aliyeler kendine yüktü. Tek bir Aliye olacaktı bundan böyle.

Bu kısa mektuba yıllar boyu zihninden cevap yazmaya devam etti. Pederinin "Hal ve zamanın yaptığını kimse yapamaz" cümlesini, yeni durumları izah niyetine gezdirdi zihninde daima. İmame kopmuş, tespih dağılmıştı. Dağılan tespihin her tanesinin üzerine, ayak izi çıkarmaya ceht etmek neden? Oysa yol belli idi. Maziyi yıkmadan istikbali hazırlamak. İnkâr değil, ikmal. Padişahı yıkmak ile maziyi yıkmak arasındaki farkı keşke bilebilmiş olsalardı. "Geçmiş ile ilişkinin her zaman gelecek ile ilişki kurmak olduğunu" keşke kabullenebilmiş olsalardı.

Lâtife Hanım'ın hikâyesini daima izledi. "Lâtife Hanım'ın geçmişi olmayacak" diye yazdı, asla bitirmeyeceği son romanının kenarına. "Lâtife'nin geçmişinin olmasına kimseler izin vermeyecek. O, herkes için uygun bir geçmiş niyetine, bir top kumaş olarak muhafaza edilecek."

1927

* Bütün resmi ve milli binalar üzerindeki tuğra ve methiyelerin kaldırılması hakkında kanun çıktı. * Birinci nüfus sayımı yapıldı. Türkiye nüfusunun 13.650.000 olduğu saptandı. * Ankara telsizi (radyosu) yayına başladı. * İstiklal Mahkemeleri'nin görevi sona erdi. * Teşvik-i Sanayi Kanunu kabul edildi. * Devlet Demiryolları ve Limanlar İdaresi kuruldu. * Mustafa Kemal Paşa ve İsmet Paşa askerlikten emekliye ayrıldı. * Şura-yı Devlet (Danıştay) göreve başladı. * Cumhuriyet Halk Fırkası'nın II. Kongresi toplandı; Mustafa Kemal Paşa Nutuk'u okumaya başladı. * 52 ulusun katılımıyla Cenova'da ekonomi konferansı düzenlendi. * Avustralya'da Parlamento Binası açıldı. * Almanya'da ekonomik sistemi çökerten "Kara Cuma" yaşandı. * Viyana'da sosyalistler isyan etti. * Troçki, Komünist Parti'den kovuldu. * Ivan Pavlov "Şartlı Refleksler"i yazdı. * Martin Heidegger "Varlık ve Zaman"ı yazdı. * Bütün resmi ve milli binalar üzerindeki tuğra ve methiyelerin kaldırılması hakkında kanun çıktı. * Birinci nüfus sayımı yapıldı. Türkiye nüfusunun 13.650.000 olduğu saptandı. * Ankara telsizi (radyosu) yayına başladı. * İstiklal Mahkemeleri'nin görevi sona erdi. * Teşvik-i Sanayi Kanunu kabul edildi. * Devlet Demiryolları ve Limanlar İdaresi kuruldu. * Mustafa Kemal Paşa ve İsmet Paşa askerlikten emekliye ayrıldı. * Şura-yı Devlet (Danıştay) göreve başladı. * Cumhuriyet Halk Fırkası'nın II. Kongresi toplandı; Mustafa Kemal Paşa Nutuk'u okumaya başladı. * 52 ulusun katılımıyla Cenova'da ekonomi konferansı düzenlendi. * Avustralya'da Parlamento Binası açıldı. * Almanya'da ekonomik sistemi çökerten "Kara Cuma" yaşandı. * Viyana'da sosyalistler isyan etti. * Troçki, Komünist Parti'den kovuldu. * Ivan Pavlov "Şartlı Refleksler"i yazdı. * Martin Heidegger "Varlık ve Zaman"ı yazdı. * Bütün resmi ve milli binalar üzerindeki tuğra ve methiyelerin kaldırılması hakkında kanun çıktı. * Birinci nüfus sayımı yapıldı. Türkiye nüfusunun 13.650.000 olduğu saptandı. * Ankara telsizi (radyosu) yayına başladı. * İstiklal Mahkemeleri'nin görevi sona erdi. * Teşvik-i Sanayi Kanunu kabul edildi. * Devlet Demiryolları ve Limanlar İdaresi kuruldu. * Mustafa Kemal Paşa ve İsmet Paşa askerlikten emekliye ayrıldı. * Şura-yı Devlet (Danıştay) göreve başladı. * Cumhuriyet Halk Fırkası'nın II. Kongresi toplandı; Mustafa Kemal Paşa Nutuk'u okumaya başladı. * 52 ulusun katılımıyla Cenova'da ekonomi konferansı düzenlendi. * Avustralya'da Parlamento Binası açıldı. * Almanya'da ekonomik sistemi çökerten "Kara Cuma" yaşandı. * Viyana'da sosyalistler isyan etti. * Troçki, Komünist Parti'den kovuldu. * Ivan Pavlov "Şartlı Refleksler"i yazdı. * Martin Heidegger "Varlık ve Zaman"ı yazdı. * Bütün resmi ve milli binalar üzerindeki tuğra ve methiyelerin kaldırılması hakkında kanun çıktı. * Birinci nüfus sayımı yapıldı. Türkiye nüfusunun 13.650.000 olduğu saptandı. * Ankara telsizi (radyosu) yayına başladı. * İstiklal Mahkemeleri'nin görevi sona erdi. * Teşvik-i Sanayi Kanunu kabul edildi. * Devlet Demiryolları ve Limanlar İdaresi kuruldu. * Mustafa Kemal Paşa ve İsmet Paşa askerlikten emekliye ayrıldı.

I-

"İsmet!" diye bağırırken buldu kendini. Uyandı. Elini önce kalbine sonra başına götürdü. Rüyaydı demek. Rüya... Ama ne kadar gerçek bir rüya. Odanın karanlığına saklanmış bir İsmet bulacağını düşünüyordu. Perdelerin arkasından çıkıp gelecekti sanki.

Nimet'in odasına gitti. Nimet uyuyordu. Demek ki o kadar çok bağırmamıştı. Mutfağa doğru yöneldi, olabildiğince sessiz olmaya çalışarak. Hayırdır inşallah. Rüyada ne görülmez, şarkıda ne söylenmez?

Hay Allah! Şemsiye takılmış ayağına. Kim koymuş bu şemsiyeyi buraya? Gündelikçi kadın kaldırmayı unutmuş olmalı. Nimet duymuş mudur bu sesi? Duysun istemiyor. Bir rüyadan, rüya ne, bir kâbustan uyandığını anlatmak istemiyor. Endişelendiğini belli etmek istemiyor. Bir kızının açtığı yarayı, öteki kızından saklamayı umuyor. Aralarında bir yaş var, sadece bir yaş. Nimet'i karşısına alıp konuşmadı. Hiçbir şey olmamış gibi. Sıradan bir yolculuğa çıkmış gibi. Sanki geziyorlarmış gibi. İsmet'in yükünü Nimet çekmemeli. O, henüz gencecik bir kız.

Eş dost soruyor, "İsmet'ten haber var mı?"

"Var tabiî" diyor. Başını olabildiğince dikleştiriyor. Ahmet Cevdet Paşa'nın kızı eğilmez. Bu meraklı sorular, bu dedikodunun binbir yumağını çözmek için sırada bekleyen sorular mı yıldıracak Fatma Aliye'yi! "Elbette var. Fransa'dan yeni mektup aldım."

Fransa'dan yeni mektup alınmıştır doğru. Sör de yazmıştır. "İsmet'in Katolik rahibe olduğu doğru değil" diye yazmıştır üstelik.

Ama rüyalarında hep rahibe giysileri içinde görüyor küçük kızını. Neden Rahibe? Daha hür olmak içinmiş. Daha hür olacaksan, ne diye suçlu gibi kaçıyorsun a çocuk! Daha hür olmak ile rahibe olmak arasında birbirine değip dokunan, temas eden mekân var mı? İstanbul'a sığmayan İsmet manastırlara sığacak ha!

Düş. Hepsi düş. Çıkıp gelecek İsmet bir gün. "Siz haklıymışsınız" diyecek annesine. Nimet ile sarılacaklar birbirlerine. Sözünde duracak Fatma Aliye, "Ben sana İstanbul'da iş bulurum" diye yazmıştı mektupta. Sözünde duracak, iş bulacak İsmet'e. Çalışmak istiyor. Çalışsın elbet. Kendisi de hayat boyu çalışmadı mı? Bir maaş almadı çalışmalarına. Olsun. Devir değişti. Şimdi böyle. İsmet maaşlı çalışmak istiyorsa çalışsın. Bir öğretmenlik ayarlar hemen.

İnsan yazdıklarından mesul müdür? 'Muhadarat'ın Fazıla'sı geliyor aklına. Fazıla da izini kaybettirmemiş miydi? Bütün asaletine, eğitimine rağmen doğduğu yerden fersah fersah uzakta, hayatta kalabilmek için cariye olmaya sığınmamış mıydı?

Mutfak soğuk. Su boğazında takılı kalıyor. Suyu bile yutamamak. Yazıhanesinin başına geçmeli. Nimet bulacaksa yazıhanenin başında bulmalı Fatma Aliye Hanım'ı. Zübeyde İsmet,

'Muhadarat'ı okumuş muydu? Kendisi Ahmet Cevdet Paşa'nın yazdığı her satırı okurdu. Okur ve kalbine nakşederdi.

Gülümserken yakalıyor kendini. Hatıralar böyle işte. Bir uçtan bir uca savurur sahibini. Biraz da kızlarına kader beğenmek için yazmamış mıydı yazdıklarını? Kızları. İmparatorluğun bütün kızlarından mesul görüyordu kendini. Sonra. İmparatorluk suyu boşalmış bir deniz gibi çekildi. Ani ve. Ve. Ve'nin yanına hiçbir kelime yakışmıyor. Yaşadığı hayal kırıklıklarını zapt edecek bir kelime henüz yok.

Kızları, validelerinin yazdıklarını okumuş mudur? Ayşe okumuştur muhakkak. Onda herkesten ziyade âşıklık istidadı var. Canı sıkılıyor yine. Ayşe'nin hocasına âşık oluşu geliyor aklına. Evden izin çıkmayınca aşkının peşine takılıp gidişi geliyor.

Ayşe ne kadar öfke ile hatırlananса, Hatice o kadar çaresizce hatırlanandır. Zavallı Hatice! Nasıl düşmüştü öyle! "Yere çakılır gibi çakıldı" demişti görenler. Tepesinin üstüne. Nasıl! Denge. Hatice'nin denge ile hep dertli bir ilişkisi olmuştu. Ah, ne ağır imtihanı olmuştu kızlarının! Ayşe'ninki imtihan mıydı? En kolayı onun imtihanı. Hatice'yi hatırlamak istemiyor. Hatice ile Nimet kendilerine ait olmayan yüklerin altında. Hatice'yi unutmak istiyor. Kızının, tramvay yolunda, o çok beğendiği ayakkabıları parçalayışı bütün odayı kaplıyor. Mazhar Osman hiç ümit vermiyor. Sonra Nimet'e takılı kalıyor aklı. İsmet'in en ziyade zarar verdiği Nimet çünkü. "Kardeşi evden kaçan kız" diye göstermişler Boğaz vapurunda. Nimet'in günahı ne!

Anneler ve kızları. Fatma Aliye annesinin iklimine aşina değildi. Haremden selâmlığa kaçıyordu her fırsatta. İsmet'in selâmlığı ne kadar uzak. "Ben bilgi için gidiyordum" diyor, içinde durmadan sual sorup hüküm veren kalabalığa. İsmet hür olmak için gidiyormuş.

Her kuşağın göbeğini kesişi başka başka mı? Fatma Aliye, kendisini annesinden başka bir kadın olmaya hazırlarken, ilim demişti. İsmet, annesinden başka bir kadın olmak için, hürriyet diyor. Hürriyete karşı değildi oysa. Hiç karşı değildi. Habersizliğe karşı idi. Neden başkalarından haber toplamak zorunda bırakıyordu annesini! Dört kızının her biri kendi meşrebince çekmişti annesine karşı bayrağı.

İsmet en bayrak çekmeyen olacak gibiydi oysa. Dame de Sion'un sörleri ne kadar memnundu ondan. Ne çok seviyorlardı. Hep Nimet'i şikâyet ediyorlardı.

"Bu kız çok asi!"

"Örgülerimden tutup ikonlarını zorla öptürmeye kalkıyorlar. Bir daha o okula gitmem. O suratsız rahibeleri bir daha asla görmeyeceğim."

Nimet'i Robert Kolej'e almıştı. Keşke İsmet'i de almış olsaydı. Ama İsmet kabul etmezdi. "Ben sörleri seviyorum" derdi.

Sevgi de bir tehdittir, öyle değil mi? Olmayacak insanlara olmayacak sevgilerle bağlanmak.

Defterini açıyor. İsmet'i bulmak uğruna kelimelerden kendine yol çizdiği defterini. "Sevgiden ziyade tehdit var mıdır?" diye yazıyor sağdan sola.

Yazı bile uzak bir ülke.

"Sevgiden ziyade tehdit var mıdır? Yoktur! Yoktur! Yoktur!!!"

II-

"9 Eylül 1927

Sevgili Kızım,

Mektubunu aldım. Tabiî sıhhat ve afiyet haberlerinden memnun oldum. Yedi aydan ziyade bir müddet, ailesine kendisinden bir haber ve adres vermeyen ve onlardan bir haber istemeyen kimseyi, böyle birbiri üzerine uzun mektuplarla rahatsız etmek icap etmese de, mektubunun cevaba lüzum göstermesi üzerine yine de şu mektubu yazıyorum."

Kalemine minnettar. Öfkesini saklayan olduğu için. Kelâmına minnettar, imanını kavi tutacak sesler olarak kalbinde muhafaza olmaya devam ettiği için. Yazarken korka korka yazıyor. İyi ki kâğıt yalnız kalemi görüyor. Yalnız kaleme yüklenmiş kelâmı görüyor. Ya korku, okunabilen yazı gibi desen desen kâğıtlara aksetmiş olsaydı!!! Korkularından emin olmayacağını derin bir his olarak anlıyor. Adını koymuyor korkunun.

Söz vücut bulmasın diye. Ümit ölmesin diye korkularına isim koymuyor. Umudunu Nimet için sürdürmek zorunda. Hiçbir şey olmamış gibi davranmak ile, her şeyi anlayacak kadar muhakeme gücünü, idrak kabiliyetini haizim demek arasında gidip geliyor. Harflerden mesafeler kurmalı. Kurmalı ki, içindeki yangının harı görünmesin.

İnsanın kızından, sadece annesini incitmek için yazılmış bir mektup almasından daha acı olan ne vardır? Adviye Hanım ile kendisi arasında da mesafeler, başka başka dünyalar vardı. Annesini, evet, müsrif bulmuştu. Haksız mıydı; Adviye Hanım konağı yalnız cömertlikle idare ediyordu. Ahmet Cevdet Paşa'dan ne kalmıştı geriye! Dükkânlar bir bir gidiyordu işte. En son İsmet için harcanmıştı. Fransa'da İsmet'i bulmak, gayya kuyusunda iğne bulmak gibi. İki dedektif tutmuştu da ne olmuştu! Bir mektup, bir ümit üzere harcanmış onca parayı kül ediyordu işte. Sana verdiğim emekler haram olsun, diye yazıverecekmiş gibi geldi bir an. Duygulara yenik düşmek yok. Neyse karşılığı verilecektir elbet. Soğuk ve mesafeli bir mektubun karşılığı, soğuk ve mesafeli olmalıdır. Ne kadar cevap denilebilir ki dökülüp saçılan cümlelere. Öfkesini saklamalı. Uzaklara gitmiş kızına, uzaklara gitmişken kelimelerden surlar ve sırlar kurmuş kızına, ah en küçük kızına... Mesafeler koymalı. Istırabın yangınını unutturacak mesafeler. Kendi adresini değil de Sör Marie'nin adresini veren kızına mesafe!!!

"Ciğerimin köşesi" diyerek, en küçük kızına en fazla merhamet gösteren Faik Paşa'nın acısı yumruk gibi çöküyor üstüne. Hasta olduğunu yazmıştı. "Ciğerinizin köşesi" ciğerinizi delen olacakmış Faik Paşa! Faik Paşa'nın sesi doluyor odaya. Sesi zapt eden nedir? Faik Paşa'nın sesi havadaki toz zerrecikleri gibi birbirinden ayrı iken, ansızın şarkıya dönüşüyor. Faik Paşa'nın davudî sesi, asker sesi şarkıyı dayanılmayacak bir ağıda dönüştürüyor. "Sen bu yerden gideli ey saçı zer/ Seni söyler bana dağlar, dereler/ Gayret-i âhım ile bâd inler/ Seni söyler bana dağlar dereler"

Saçı zer değildi İsmet'in. Gece gibi karanlık saçları, geceyi bile aratacak kara derin gözleri vardı. İsmet'e yazabilmek için, İsmet'i unutan olmak icap ediyordu. Üç yıl önce Nimet ile Paris'e gittiklerinde, baba-kız kalmışlardı. "Bu kızda anne merhameti var. Ama seni görünce merhametini ilka ediyor."

Fatma Aliye, "Dediğiniz gibi olsun Faik Paşa" diyor küçük kızını korumaya devam eden zevcine. Faik Paşa ile zihnin kıvrımlarında konuşuluyor Zübeyde İsmet'e dair. Karşı karşıya hiç konuşulmamıştır. Bahsi açılmamıştır. Açılacak bahsin orta yerinde Tevfik Fikret Bey'in genç yaştaki ölümü beklemektedir. "Ciğerinizi bölen, merhamet ehli iken, merhametini annesi ile karşılaşınca imha eden olsun, kabul efendim. Kabul." Zihninde sürmekte olan muhavere, bir ses ile bölünüyor. İnlemesi arttı mı Faik Paşa'nın? Yavaşça başucuna gidiyor zevcinin. "Romanın nasıl gidiyor?" diye soracak, artık bir insan vücudundan değil de metal bir borudan geliyormuş gibi ulaşan sesiyle Fait Paşa. Mektup demiyor, Fatma Aliye Hanım yazdıklarına. Roman diyor. Güçlü olmalı. En çok da hasta babanın, evlâdını beklemeye dayanamayan yüreğine merhem olmak için güçlü olmalı. Erkekler onca heybetli duruşlarına rağmen acı karşısında, evlât acısı karşısında ne kadar da mukavemetsiz oluyor.

İsmet'in hasreti hiçbir hasrete benzemeyecekmiş ha! Kimyevî bir mahlût gibi.

Mahlût. Mahlût.

Mahlût ince ince kafes örüyor zihnine. Zihninden kalbine. Kalbini ören mahlût, kırlangıç darbeleri alıyor. Yüzlerce kırlangıç gagası, kalbini didiklemek, didikleyip de o mahlût ile kendine yuva yapmak için bekliyor. Kalbindeki ağrı yavaş yavaş koluna doğru yayılıyor. Kolundaki ağrıya minnettar. Bu ağrıyı biliyor. Bildiği için seviyor. Ağrının bile eskiden beri bilineni sevilirmiş ha! Kolunun ağrısı, yüreğinin ağrısını unutturuyor. Mafsallarındaki isyan artmadan mektubu tamamlamak istiyor. Hiç tamamlanmayacak hasrete, hiç bastırılamayacak öfkeye, kalpten kalbe hiç kurulamayacak olan yola, kelimeleri diziyor. Faik Paşa uyanıncaya kadar mektubu bitirmeli.

"Mektubumu iyice okumaya tenezzül etmediğin anlaşılıyor. Sörlük için söylediğim sözleri Avrupa'da bulunmaya vermiştim. Pek vazıh ve mufassal yazdığım bir şeyi anlayamamaklığın tabiî mi? Seni mektupla tehdit ettiğimi yazıyorsun. Hayır çocuğum. Ben şimdiye kadar kimseyi tehdit etmiş değilim. İğfal etmek, kaçırmak, gizlemek, saklamak, dünyanın hiçbir yerinde hoş görülecek şey olmadığını sen de bilirsin. Adresini gizlemek, yalnız Dame de Sion mektebi için değil, sair bütün sör mekteplerine de iyi olmayacağını kendin de pek iyi anlayabilirsin. Babanın hastalığının vahametini sana yazmaklığımı, seni buraya celbetmek için zannetmene taaccüb ettim. Bunu sana bildirmek vazife idi. Ben vazifemi ifa ettim. Sana kendi halimden bahsettim. Hiçbir tesir hâsıl etmemiş ise bunu tahmin edememek bir mazerettir. Avrupa'da yaşamak hayatının tadını duyduktan sonra, İstanbul'a gelmek senin için mümkün olmadığını söylüyorsun."

"Gelme zaten," diye yazmak istiyor. "Senden habersiz beklemenin elemini uç uça düğümlediğim, düğümleri kardeşinden ve babandan saklayabilmek için sarf ettiğim çabaların; bütün vücuduma ateş olarak, elem ve keder olarak, vesvese olarak, kalp çarpıntısı ve ağız kuruluğu olarak yerleştiği ateşîn günlerin kazasını yapmak mümkün olmadığına göre, yaşanmış olanlar hiç yaşanmamış gibi sayılmayacağına ve üstelik her gün yeniden anneni yıkacak haber olarak bana ulaştıktan, ulaşıp da kalbimin kasvetini arttıran olduktan sonra... Gelme!!! Gelme!! Gelme! Gelme...Gel... N'olur gelsin Allah'ım. Gelsin ve her şey unutulsun. Gelsin ve hiç gitmemiş gibi olsun. Müverrih Cevdet Paşa evden kaçan bir torun ile anılmasın."

"Sen yalnız kendinden ibaret değilsin," diye yazmak istiyor. "İyiliklerin yalnız sana ait olacak. Lâkin yaptığın hiçbir kötülük yalnız sana kayıtlı kalmayacak."

Pederi geliyor ansızın: "Yanlış düşünüyorsun Aliye. Yanlış. Peygamberler bahsini az mı tetkik ettik seninle! Niçin böyle davranıyorsun? Tam tersi. Müminin amel defteri açık kalır. Günah defteri kapanır. Terk-i dünya eyledikten sonra âdem lâkırdılarının ne ehemmiyeti var! Sen avam gibi, elâlem bize ne der, diye mi düşünür oldun? Âlemin ne dediğinin ne kıymeti olabilir? Rabbin kalbini biliyor Aliye. Sen kalbine bak. Kalbin sana ne söylüyor Aliye?"

Kendisini ayağa kalkmış buluyor. Babası o kadar gelmiş gibiydi ki! O kadar buradaydı ki. Yavaşça oturuyor. Gözlerini kapatıp ânı hissetmeye çalışıyor. Ruhaniyeti gelmiş olmalı. Yeniden güç buluyor kaleminde. Yazılacak bu mektup. Yazılacak.

Mesafesini koruyacak. Kelimelerden kalbine gidilemeyen bu çocuğun, canından can olduğunu unutacak; kalemin kuru gövdesine kendini bırakırken, en çok unutmanın iklimine sığınacak.

Hayır, kendini hiç bırakmayacak. İsmet'e rağmen bırakmayacak kendini. İsmet'in, kalbini kanırtmak, acıdan inletmek için yazdığı satırları öyle bir karşılayacak ki, beni üzemeyeceksin, diyecek. Bir umut doğuyor yüreğine. Bütün bunları annesini üzmek için yapıyorsa, üzemediğini görür ve gittiği yoldan vazgeçer. Teselli. Tesellinin hiçbir rengi doğmuyor bir yıldır hanelerine. Teselli. Hayat, bulunamayan tesellinin peşinde beyhude geçiyor.

"Babanın hastalığına, ananın gözyaşlarına gelmeyeceğini yazdıktan sonra Marok İspanyol'a, yani Afrika çöllerine gideceğinden bahsediyorsun!... İzmir'in havasıyla imtizaç edemediğin için Avrupa'ya gittiğini söylediğin halde, Marok İspanyol'un hangi güzel havası, hangi terakkiyât-ı medeniyesi için Avrupa'yı terk ediyorsun? Sen Marok İspanyol'un tasfiye olduğunu biliyor musun? Avrupa hayatının lezaizinden ve çalışmak için orada kolay yer bulduğundan bahsettiğin halde, ne için Paris, Viyana, Berlin'de yer bulmuyorsun? Senin tarif ettiğin gibi hayat, ancak oraları için anlaşılabilir. Avrupa'nın yer ve şehrini, köylerini çok dinledin ve gördün. Marok İspanyol senin yaşamak istediğini söylediğin suret-i hayatla nasıl tevafuk edebilir? Marok İspanyol'da ne bulacağını bilmiyorsun. Oralara sıhhat için, keyif için, lezaiz-i hayat için gidilmez çocuğum. Sen karşındakileri budala mı zannediyorsun?... Yoksa maksadın, oralara kadar giderim de sizi görmeye İstanbul'a gelmem, diye tahkir mi? Ebeveynini, ailesini tahkir de iftihar olunacak bir şey değildir."*

* Fas (O dönemde İspanyol müstemlekesi)

Korkularına yenik düşüyor. Mesafeyi koruyamıyor. Bir defa karşılaşsa. Dünya gözüyle bir defa görse evlâdını. Bu satırların zorla yazdırıldığına inanıyor İsmet'e. Kaçırıldığına, hapis tutulduğuna inanıyor. Gidip kurtarmak istiyor evlâdını. Dipsiz kuyularda mısın İsmet! Bütün Fransa birlik ve beraberlik içinde İsmetini saklıyor. Neden saklanıyorsun be çocuk!

Affedeceğini, her ne yaptıysa affedeceğini yazmak istiyor. Size öğrettiğim ilk dua ne idi İsmet, diye sormak istiyor. "Allah'ım, benim günahlarım okyanuslar kadar büyük olabilir. Ama senin merhametin her şeyden büyüktür."

Takdir Allah'ın. Yapabileceği bir şey var idiyse yapmıyor olmanın endişesiyle perişan. Takdir Allah'tan. İsyan etmez. Hanelerine isyanın rengi hiç girmemiştir. Elhamdülillah.

Kalbi zikre başlıyor. Hemadanî'yi yazarken, Hemadanî'yi anlamak için onun yaptıklarını yapmaya çalışmıştı. Nefesini tutarak kalp ile zikretmeyi ilk o zaman denemişti. Bütün organlar birbiriyle düğümleniyor. Aralarına hiçbir şey girmeyecek kadar tek bir organa dönüyor her şey. Bir tek kalp. Zaman genişliyor. Mekân daralıyor. Zamanın genişlemesine mekânın daralması eşlik edince, sanki yalnızlığı ortadan kalkıyor. Her faniyi korkutan, endişeye sevk eden o yalnızlık hali ortadan kalkıyor. Vücut geldiği yere geri dönüyor.

1928

* Latin Alfabesi kabul edildi. * "Türkiye Devleti'nin dini İslâm'dır" cümlesi Anayasa'dan çıkarıldı. * Uluslararası rakamlar kabul edildi. * Türkiye Cumhuriyeti ile Afganistan arasında Dostluk ve İşbirliği Antlaşması imzalandı. * Türkiye Cumhuriyeti ile Duyun-ı Umumiye alacaklıları arasında sözleşme imzalandı. * Seferberlik Kanunu kabul edildi. * İstanbul'da Taksim Cumhuriyet Anıtı açıldı. * Türk Maarif Cemiyeti (Türk Kültür Kurumu) kuruldu. * Vakit gazetesi "mesut çiftler müsabakası" başlattı ve kupon vermeye başladı. * İstanbul'da bazı dükkân sahipleri eski harflerle yazılı tabelalarını değiştirmedikleri için belediye tarafından cezalandırıldı. * Celal Sahir Bey'in (Erozan) hazırladığı İmlâ Lügati yayınlandı. Söz Derleme Heyeti, İstanbul'da toplandı. * İngiltere'de kadınların oy kullanma yaşı 30'dan 21'e indirildi. * Arnavutluk'ta krallık ilân edildi; I. Zog kral seçildi. * SSCB'de ilk 5 yıllık plan uygulamaya kondu. * Virginia Woolf "Orlando"yu, Şoholov "Ve Durgun Akardı Don"u yazdı. * Evrensel Misyonerlik Faaliyetleri Konferansı Kudüs'te düzenlendi. * Benito Mussolini "Otobiyografim"i yazdı. * Alexander Fleming penisilini buldu. * Fazla kahve üretimi sebebiyle Brezilya ekonomisi çöktü. * New York'ta ilk programlanmış televizyon yayını yapıldı. * Warner Bros tarafından ilk uzun metrajlı sesli film "New York Işıkları" gösterildi. * Latin Alfabesi kabul edildi. * "Türkiye Devleti'nin dini İslâm'dır" cümlesi Anayasa'dan çıkarıldı. * Uluslararası rakamlar kabul edildi. * Türkiye Cumhuriyeti ile Afganistan arasında Dostluk ve İşbirliği Antlaşması imzalandı. * Türkiye Cumhuriyeti ile Duyun-ı Umumiye alacaklıları arasında sözleşme imzalandı. * Seferberlik Kanunu kabul edildi. * İstanbul'da Taksim Cumhuriyet Anıtı açıldı. * Türk Maarif Cemiyeti (Türk Kültür Kurumu) kuruldu. * Vakit gazetesi "mesut çiftler müsabakası" başlattı ve kupon vermeye başladı. * İstanbul'da bazı dükkân sahipleri eski harflerle yazılı tabelalarını değiştirmedikleri için belediye tarafından cezalandırıldı. * Celal Sahir Bey'in (Erozan) hazırladığı İmlâ Lügati yayınlandı. Söz Derleme Heyeti, İstanbul'da toplandı. * İngiltere'de kadınların oy kullanma yaşı 30'dan 21'e indirildi. * Arnavutluk'ta krallık ilân edildi; I. Zog kral seçildi. * SSCB'de ilk 5 yıllık plan uygulamaya kondu. * Virginia Woolf "Orlando"yu, Şoholov "Ve Durgun Akardı Don"u yazdı. * Evrensel Misyonerlik Faaliyetleri Konferansı Kudüs'te düzenlendi. * Benito Mussolini "Otobiyografim"i yazdı. * Alexander Fleming penisilini buldu. * Fazla kahve üretimi sebebiyle Brezilya ekonomisi çöktü. * New York'ta ilk programlanmış televizyon yayını yapıldı. * Warner Bros tarafından ilk uzun metrajlı sesli film "New York Işıkları" gösterildi. * Latin Alfabesi kabul edildi. * "Türkiye Devleti'nin dini İslâm'dır" cümlesi Anayasa'dan çıkarıldı. * Uluslararası rakamlar kabul edildi. * Türkiye Cumhuriyeti ile Afganistan arasında Dostluk ve İşbirliği Antlaşması imzalandı. * Türkiye Cumhuriyeti ile Duyun-ı Umumiye alacaklıları arasında sözleşme imzalandı. * Seferberlik Kanunu kabul edildi. * İstanbul'da Taksim Cumhuriyet Anıtı açıldı.

I-

Sesler ve renkler çekilmişti dünyadan. Faik Paşa ölmüştü. Dünyanın ses neyine! Fatma Aliye Hanım'ın öfkesinden nasiplenmemek için herkes bir tarafa kaçmıştı. Beklenen olmamıştı oysa. Faik Paşa'nın ölümü, Fatma Aliye'nin sesini boğazına düğümlemişti. Sesi dokuz boğumdan çıkıp dünyaya ait olamıyordu. Sessiz sedasız bir an önce yerine yerleştirilmişti Faik Paşa. Yerine. Kara toprağa. Faik Paşa toprağın altında, Fatma Aliye toprağın üstünde yalnız. Nimet kalbinde. Saklanacak bir sır da yok artık. Faik Paşa'nın da bildiği, lâkin yüzleşilmiş dert saklanılmış dertten daha ağır olacağı için hiç dillendirilmemiş olan İsmet'in gidişi, gidip de dönmeyişi, başlarının üstünde gezdirdikleri alev topu olarak maziyi ve hali, belki de istikbali yakmaya devam edecekti.

Nimet'in istikbalini yakmıştı. Adı konmamış bir yangındı. Yangından Nimet'in kalbi hasar görmüştü işte. Nişanlısının ailesi Göztepe'deki köşkü çeyiz olarak beklediklerini ima etmişti.

Fatma Aliye, "Hacı Bekirler bizi hiç bilmemişler" dedi. Hiç bilmedikleri bir ailenin kızına niye talip olmuşlar o vakit? Kızın çeyizi, sandıkta götürdükleridir.

Oysa Nimet, bunun başka türlü bir nişan atma teşebbüsü olduğunu biliyordu. "Kardeşi evden kaçtığı için kızınızla oğlumuzun evlenmesini uygun görmüyoruz" dememişlerdi. Hacı Bekirlerin... Artık Hacı Bekirlerdi. Gelin gideceği aile değildi, Hacı Bekirler. Uzak ve yabancı. Uzak ve yabancı olduğu için, kalbin içindeki yas dışarı çıkmadan muhafaza edilebilecekti. Annesine rağmen Hacı Bekirlerin tavrını asil bulmuştu Nimet. Çok asil. Nişanlısına hak vermişti. Ailesini değil de beni tercih etmeliydi, diye düşünmemişti. Bu kadar akıllı olmak zorunda mıydı? Zorundaydı. Hayat bazılarına yalnızca akıllı olmayı bahşediyordu. Akıllı olmanın yükünü.

Ailelere rağmen saadet olmuyordu. Ayşe Ablası geliyor gözünün önüne. Hocasına âşık oldu, âşık olduğu yetmezmiş gibi ailesine rağmen onunla evlendi diye annesinin hiç affetmediği Ayşe Ablası. Küçücük bir kızdı o zaman Nimet. Üç yaşında var mıydı? İnsan üç yaşına ait bir sahneyi nasıl bu kadar parlak muhafaza edebilir ki!? Etmişti işte. Şuurumuz bize rağmen biriktirmiyor muydu hayat sahnesinin resimlerini? Köşkün odunluğundan çıkarken yakalamıştı babası Ayşe Ablasını. Elinden odunları almıştı. Bağırmış mıydı? Hatırlamıyor. Babasını Ayşe Ablasına bağırırken muhafaza etmeye yanaşmamıştı hafızası demek ki. Ama odunlar elinden alınırken, ablasının yüzündeki şaşkınlığı. Babasının öfkesini ve ablasının umutsuzluğunu. Hiç unutmamıştı. "Bu evliliği sen istedin" demişti kucağındaki odunları alırken. "Sen istedin. Bu evliliği istediğine göre soğuktan donmalı, açlıktan ölmelisin." Böyle mi demek istemişti babası o odunları alırken. Ama Ayşe Ablasının sıcaklığı bile odasında siper almış bekliyordu sahibini. Yaptığı hiç de hırsızlık gibi gelmemişti. Daha dün bu evdeydi. Odasında kokusu duruyordu. Belki yatağında bedeninin izleri kayıtlı. Şimdi el mi oldu? Donmamak için köşkün odunluğundan odun çalan bir yabancı. Bu, çalmak mıdır?

İsmet'i Paris'te ararlarken, "Bu nasıl oluyor anne?" diye sormayı düşünmüş, bir türlü soramamıştı. "Bu nasıl oluyor; İsmet'i bulmak için onlarca mülk satılıyor lâkin Ayşe Ablamdan bir kucak odun esirgeniyor. Bu nasıl oluyor?" Hacı Bekirlerden çeyiz olarak esirgenen köşkün hesabını sormak olurdu. Hiç soramadı.

Hatırlamak ne belâlı bir ülke. Hatırlananlar ile yaşananların arasındaki mesafe, her hatırlanışta yeniden mi açılıyor? Ölüm bütün mesafeleri kapatır sanmıştı. Ölümün kendisi mesafe koyan iken mümkün mü?

Babasının eşyalarına dokunuyor. Babası. Mehmet Faik Paşa, Abdülhamit'in feriki. Plevne Gazisi Osman Paşa'nın yeğeni. Beyoğlu komutanı.

Lacivert mineli enfiye kutusu. Bağrına bastırıyor. Bağrına. Babasından arda kalmış enfiye kutusunu baba niyetine bağrına basıyor. Halbuki hayatta hiç böyle kucaklaşmadılar. Hiç böyle.

Bir mektup geliyor eline. Zarfının içinde muhafaza edilmiş bir mektup.

"14 Mayıs 1312/Moskova

Sertac-ı bahtiyarî ve iftiharım efendim,

Bugün Mayısın on üçüncü günü ki şeref-i mülâkat-ı aliyyelerinden mehcur olalı on beş gündür. Gün geçtikçe nar-ı firkat te'siratını arttırıyor. Bereket versin memuriyetimiz bir zaman-ı mahdud içinde bulunduğundan, her hayalata karşı avdet gününün tasavvurat ve hatıratı bir dereceye kadar medar-ı tesliyet oluyor. Burada Rusça bilmedikçe yaşamak muhaldir. Bilmem taassub mu ediyorlar, yoksa hükümetin icbarı olarak mı, Rusya lisanından başka bir şey işidilmiyor. Nerede bulunsan ve hangi dükkâna girsen böyle. Pahalılık der isen, fevka mayetesavver. Fakat inşallah biraz paramız artacak. Niyetimiz, uydurabilir isek Petersburg tarikiyle avdet etmek ve mümkün olursa Viyana tarikini de Odesa'ya tercih etmek. Zira, bu tarik iki gün daha kısa imiş. Herhalde Mayısın yirmi sekizinci günü buradan hareket etmek ümid-i kavisindeyiz. İnşallah başka bir mani çıkmaz.

Cumartesi günü ale's-seher Grandük ve Grandüşes tarafından kabul olunduk. Dört saat sonra İmparator ve İmparatoriçe birlikte oldukları halde Kremlin Sarayı'nda kabul olunduk. Ve hamil olduğumuz nişanları, İmparator hazretlerinin nişanı Kâtip Faik Bey'in ve İmparatoriçenin nişanı acizlerinin ellerimizde bulundukları halde huzur-ı imparatoriye girildi. Bu halde nişanlar kendilerine teslim edildi. İltifat aldık ve acizlerinin hatırı soruldu. Elbette burada bizim kalemde mürekkep kalmadı. Gelelim diğer kaleme."

Diğer kalemle yazılanlar saklanmamış mı? Belki de pek hususi şeyler yazmıştı. Fatma Aliye Hanım o satırları imha etmişti. Üç kere okuyup imha etmişti. Onun hafızası her faninin hafızasından farklı olduğuna göre, kimselerin eline geçmesin diye imha etmişti. İmha ettiği için, kimseler Faik Paşa'nın zevcesine düşkünlüğünü bilmeyecek. Gece yarıları, "Siz hâlâ çalışıyor musunuz efendim?" diyerek kahve yapıp şalını omuzlarına dolayışını bilmeyecek. Faik Paşa sert, katı ve mesafeli bilinecek. Mesafe koyanın yalnız Fatma Aliye Hanım olduğunu kimseler bilmeyecek.

Çekmeceleri boşaltıyor ağlayarak. Babasının mendilini arıyor. Gözyaşlarını babasının mendiline silerse sanki yüzü babasının yüzüne değermiş gibi... Mendil yerine yeni bir zarf düşüyor. Annesinin yazısı.

"14 Temmuz 1924

Hotel Balzac / Paris

Efendim,

Bugün, yani Temmuzun on dördüncü pazartesi günü elhamdülillah salimen Paris'e vasıl olduk. Hemen doktora muayene edilmek teşebbüsünde bulunduk. Bugün 14 Temmuz Şenliği olduğundan ancak yarın haber almak mümkün olabiliyormuş. Şimdilik Şanzelize'de Balzac Oteli'ndeyiz. Doktor gidilecek yeri tayin edince hangi suları münasip görürse oraya gitmek üzereyiz. Bizim evlere ve dükkâna, yani Galavani Sokağı'ndaki ve Göztepe'deki evler ile kahvehaneye kiracı zuhur edecek olursa, bir seneden ziyadeye kontrat yapmak hakkındaki tembihatımı unutmamanızı tekrar ediyorum ki hatırınızdan çıkmasın. Bir seneliğine razı olmayana vermezsiniz.

Paris'te şikâyet edecek bir sıcak olmadıktan başka, adeta serindir. Doktor hangi sulara gitmeyi tensib ederse bildirmek üzere şimdilik bu kadar yazabildim. İsmet'in gözlerinden öperim.

Fatma Aliye

Kışlık elbiselere naftalin koyacak idiniz. Unutmamanızı rica ederim. Nimet ellerinizden öpüyor."

İki mektubu tekrar tekrar okuyor Nimet. Babasının asker satırları, muharrire annenin satırlarından daha hissî değil mi? Faik Paşa, karısına ne çok hürmet ederdi.

"Hürmete doydunuz mu anneciğim?"

Babası annesini çok başka türlü sevmişti. Annesi babasını nasıl sevmişti? Daima saygılı. Saygı, sevginin bahçesi olmaya yeter mi?

"Kışlık elbiselere naftalin koyacak idiniz."

Orada öyle dalmışken, annesiyle babasını kalem kalem birbirine karşı hizalarken, hizmetçi kızın öksürüğü ile irkiliyor.

Bir mektup uzatıyor. Kimdenmiş? Emine Semiye Hanım'dan geliyor. Hiç sırası değil. Annesine mektup vermenin hiç sırası değil. Açmakta beis var mıdır? Okunup kendisine hülâsa edilmesini tercih eder Fatma Aliye Hanım. Mektubu açmadan evvel hizmetçi kızı gönderiyor. "Annem uyandı mı?"

Fatma Aliye Hanım'ın uyanıp uyanmadığını tetkik etmek üzere uzaklaşan hizmetçinin ayak seslerini dinliyor. Uyanmamış. Yoksa bu seslere kızardı. Üzüntüsünün içinde bile kızardı. "İnsanın ayak sesi şahsiyetinin parçasıdır" diye kızardı. Demek hâlâ uyuyor.

"17 Haziran 1928
Adana

Pek Muhterem Ablacığım,

Evlâdına bir nebze refah verebilmek için Adana'nın cehennemî ikliminde çalışan -ben zavallı- bu defa da ailemize çarpan felaketi pek geç öğrendim... Seksene yakın talebemin son yoklamaları, hele beşinci sınıfın mezuniyet imtihanları arasında hummalı bir faaliyetin dalgaları içinde çabalarken... Gazetelere göz atmaya bile vaktim kalmıyordu. Mes'ud oğlumun sonuncu mektubu kara haberi bana ulaştırınca bütün vücudum donmuş gibi... Üç gün kadar zihnim durgun, kendim şaşkın bir halde... Sanki yaşıyordum! Sonra yanında bulunamamak ve gözyaşlarına gözyaşlarımı karıştıramamak... Ah, bu da gurbetin ne acı bir tecellisi!..

Ablacığım, şimdi sen hayatta yapayalnız demeksin... Kırk senelik bir hayat refikinin samimiyetini hiç kimsede bulamazsın!... Seni öz candan teselli edecek ben kardeşin de mesafelerce uzakta!... Bu hususta kalbimdeki elemler pek yakıcı ve derindir!... Fakat elden ne gelir?.. Ulu Tanrı'dan evlâtlarınla beraber tükenmez ömürlerle muammer olmanızı niyaz içindeyim. Ailemizin son reisi bulunan seni, Allah bize bağışlasın.

Dükkânın satılıkta olduğuna çok memnun oldum; zira bu seneki tamim mucibince şimdi biz muallimler nöbetçi olmadığımız günler için iaşe parası da vermekteyiz. (Sağ olsun) Cevdet'in yüzünden vaktiyle ettiğim borçları hâlâ ödeyemedim. Biçare oğlum Rıza'yı ve ailesini geçindirmek yükü altında ezilmekteyim... Eğer borçlarımı tasfiye edebilirsem tabiî biraz ferahlarım. Vekâletnameyi Mes'ud Efendi'ye gönderdim. Bugüne kadar dükkânı satmak meselesi inşallah bitmiştir.

Nimet kızımın muhabbetle gözlerinden, senin de muhterem ellerinden öper ve her ikinizi de hasretlerimle kucaklarım ablacığım.

Kardeşin Emine Semiye"

Annesine göstermeli miydi bu mektubu? Hele birkaç gün daha geçsin. Fatma Aliye Hanım'ın ne yapacağı hiç belli olmaz. Taziye mektubuna bile "ticari satırlar" sıkıştırmayı affedemez şimdi.

Lacivert mineli enfiye kutusunu yeniden bağrına bastırıyor.

II-

Bu harfler düşüncenin hızını kesiyor.

Harfler.

Harfler de oğullar, kızlar gibiymiş ha! Oğullar ve kızlar gibi. İnsan kendi evlâdının yerine başka birini koyar mı? Evlâtlık almak başka. Ama insan kendi evlâdını bırakır da başkasının evlâdını alır mı? Neden peder ve valide gibi demediğini düşünüyor. Harfleri peder ve valideye teşbih etmediğini. Teşbihte hata olmaz. Lâkin insan neyi neye teşbih eder; önemli bir bahistir. Kendisiyle muhaveresini sürdürüyor.

Bir taraftan zihnindeki muhavere sürüyor, bir taraftan camın dışındaki dünyaya şahadeti. İki çırak, eski yazı harfleri indirmeye çalışıyor dükkânın üstünden. Patronları sağa sola bağırıyor. Yeni isim arkada bekliyor. Yoldan geçenler durup bakıyor. Avam ile havas farkı. Avam seyrettiğinden bir cüz olur. Dışarı doğru bakar. Dışarısı yoksa canı sıkılır. Havas, gözünü içeri çeviren. Yeni bir bahis mi açıyor zihninde!? Takip edemiyor.

Konuşacak kimseler kalmayınca düşünce silsilesinin bozulduğunu fark ediyor. Konuşacak kimseler kalmayınca! Konuşacak kimse mi yok, yoksa kendisini dinleyecek kimse mi kalmadı!!!

Kim söylüyordu, "Sizin için diyorlar ki Azizem... 1922'den bu yana tek bir satır yazmadı. Saltanat yıkılınca sizin kaleminizin saltanatı da yıkılmış." Kim söylüyordu bunu? Hiç ciddiye almamıştı. Ciddiye almadıysa neden zihninde yer etti? Her vesile ile karşısına çıkıp duruyor.

Neden hurufatı oğullara ve kızlara benzetmişti!? Hurufat üzerinden dünyaya değip dokunulduğu için mi? Yazı yoluyla istif edilen düşünce, geriye kalan olduğu için mi? Hayırlı yazı, amel defterini açık bırakan. Hayırlı yazı!!!

"Geri kalmamızın sebebi bu harfler."

Bu nasıl idraktir!!! Oğullar ve kızları ardında bırakır insan. Kitaplar gibi. İsmet'i ardında bırakmış olacak ha! Keşke ardında kalan olmayaydı. İçindeki acı, düşüncelerin ortasına zamansız bir fener gibi asılıyor. Gün ışığında fener. Vakitli vakitsiz düşüncenin üstüne asılıveren bu fener, İsmet'i ölüm üzerinden mukayese etmeye davet ediyor her defasında. Böyle olacağına -böylenin adını hiç telâffuz etmiyor- ölseydi her şey ne kadar farklı olacaktı. Farklı ve kolay. Kolay ve izahsız.

Ölmüş olsaydı, zamanın dışına çıkmış olacaktı. Hayatın zamanı ile mematın zaman dışılığı, İsmet'i kendisinden koparmayana çevirecekti. İsmet için dua edecekti. Evlâdının arkasına kalmış anne yüreğinden âlâ kim dua edebilir! Dua ettikçe, İsmet'in amel defterine yeni yazılar yazılıyor, diye sevinecekti. Halbuki şimdi böyle! Böyle, izah getirmeyen uçsuz bucaksız bir coğrafya. Fatma Aliye'nin dilinde. BÖYLE.

Hatice, Ayşe, İsmet, Nimet. Ardında kalan bir tek Nimet. Herkesin kederini kader niyetine üstünde taşıyan Nimet.

"Nimet!"

Hizmetçi koşarak geliyor.

"Küçük hanım dışarı çıktı efendim. Sizden müsaade almıştı." Unuttunuz herhalde, diyecekti ki acele yutuyor. Bakışına yumuşaklık vermeye çalışarak, dizlerini büküp selâmlıyor büyük hanımı.

En çok, "unuttunuz" denmesine kızıyor. Unutmak istediklerini asla unutamadığını hatırlatıyor bu kelime. Kan beynine sıçrıyor, "Unuttunuz herhalde" dendiğini duyar duymaz. Oysa onun yaşıtları durmadan, "Unutkanlık işte" diyor. "Unuttum herhalde" diyor. "İnsanın umudu kalmayınca unuttukları çok oluyor" diyor. Umudu var mı Fatma Aliye'nin? İsmet gelecek mi? "Anneciğim beni esir etmişlerdi" diyerek. Başına gelenleri bir bir anlatacak mı? "Size yazdığım mektuplar, o uzak, o soğuk, o cansız mektuplar benim duygularım değildi." DİYECEK. Evet, bir gün gelecek ve bütün olanları anlatacak. "Başıma gelen" diyecek... Ağlayacak. Nâdim olacak. Bekliyor Fatma Aliye. Umut ile bekliyor. Niye tanassur etsin İsmet? Yalan. Yalan. Belki zorladılar evlâdını. Belki ne kelime! Muhakkak. Muhakkak zorladılar.

Yeni tabelayı nihayet asabildiler. Ne tantana. Dükkânın yeni ismi ne söylüyor? Hiç. Bu hurufat burada ne anlatacak! Yabancıların evinde yaşamaya razı olmak. Yeni hurufat. Yeni olunca kötülük bile sevilecek midir?

Gazeteye bakarken nereden çıkıp gelmişti İsmet? Hurufatı evlâtlara benzetmesinden mi? Sabun reklamından. İsmet severdi o sabunu. Osmanlıca hurufatın içine Latin harfleri ile yerleştirilmiş: PALMOLIVE. İsmi Latin, sıfatları Arap hurufatı eşliğinde aşikâr kılınmış: "En birinci tuvalet sabunu." İsmet ve sabun. Sabunlar İsmet'i getiriyor. Rüyalarında bile bir kalıp sabun olarak görüyor İsmet'i.

Tekrar gazeteyi alıyor eline. Okumak zor değildi. Küçük bir kız iken sökmüştü bunların esrarını. Ama şimdi başka ve uzak. Her şey uzak.

Kabuk değişince, kırılınca kabuk, sanki içindeki öz heba olmuştu. Düşünceyi içine saldığı gemi. Bu hurufat başka düşüncelerin gemisiydi. Kendi düşüncelerini bu gemiye yüklemeye kalkınca düşünce küsüyordu. Evet, düşünce küsüyordu. Hız kesiliyordu. Okur yazarların sayısı artsın niyetiyle. Güzel. Okur yazarların sayısı muhakkak artmalıydı. Âmenna. Merhum pederi bu uğurda ne çok mücadele vermişti.

Lâkin bu harflerle yazı yazılmazdı. Bu harfler düşüncenin hızını kesiyordu.

İstihzaî bir ses ile okuyor. Kime duyuracaksa! Nimet de gitmiş.

'Vakit'in millet mektepleri sayfası:

"NİNE

Nine nar nerede?

Anne bana bak!

Yeni inek burada"

Yeni inek burada. Yeni inek burada. Yeni inek burada. Yeni inek burada.

Hizmetçinin tangur tungur ayak sesleriyle kendine geliyor.

Bu defa VAPUR bahsini içinden okuyor. Burada bir vapur var / Av, tava, deve, davar / Tavada ne var?

Okudukça canı sıkılıyor. Tiyatro-sinema ilânlarına bakıyor bir müddet: "ELHAMRA'da Anna Karanin."

Nimet sinemaya gitmek istiyordu. Anlaşıldı. Anna Karanin.

Sayfanın sonundaki tefrikaya bakıyor. Hüseyin Rahmi'nin o lüzumsuz romanı devam ediyor. "Namuslu Kokotlar: Sevda avareliği zenginlere mahsus lüks hissiyatındandır."

"GRİP! Berlin'de bir milyon kişi hasta."

"Kar ve soğuk bugün de devam edecek. Fakat korkmayın. Güneşli havalara tekrar kavuşacağız."

Gazetenin sol üst köşesindeki hava raporunu üçüncü defa okuyor: "Bugün rüzgâr mutavassıt poyraz, hava kapalı, kar yoktur."

Dairelerin yeni harflerle isimlerinin ve rumuzlarının sıralandığı cetvele bakıyor bir müddet. Mümeyyiz-i evvel; birinci mümeyyiz.

Riyaset-i cumhur.

Riyaset-i cumhur, içindeki ateşe geri döndürüyor yüzünü.

Herkesi suçlaya suçlaya, işte şimdi harflere sıra geldi. Ne acîb hal, ne garip rical! Harfleri suçladık. Her şeyi hayatımızdan ata ata. Tüy gibi hafifleyeceğiz, öyle mi efendim! Tüy gibi. Tüy gibi olmak mıdır bütün muradımız? Kavi ve kati olmak var iken. Bizi biz yapan. Mayamız kavilikten kabarmış iken. Tüy gibi hafif olacağız. Efendim?!

Rüzgârın elinde oyuncak. Tüy gibi hafif olacağız.

"Borsada İngiliz lirası gene yükseldi!"

Tabela yakışmış mı? "Soğuktan koruyucu hakiki İngiliz yünleri, bu dükkânda hizmetinize sunulmuştur."

III-

"Pederiniz büyük âlimdi. Lâkin..."

Öfkelendiğini belli etmemeye gayret ediyor. Seni mazur görüyorum, edasıyla dinliyor. Kendini muhatabının seviyesine indirmelere yanaşmadan. Lâkin'in arkasına düşmeyecek. Bu genç adamın terbiyesizliğine verecek "lâkin" bağlacını. Terbiyesizliğine ve Türkçe'ye yeteri kadar vâkıf olmamasına.

Büyükler küçükleri takdir eder. Bu çocuk, bu Fransalarda okuyup "eve dönen" çocuk, kendi küçüklüğünün henüz farkına varamamış demek ki. Hukuk ve sosyoloji doktorası yapmak isminizin önüne bir sıfat yerleştirir; evet, amma velâkin, "Cevdet Paşa büyük âlimdi" deyip de, "lâkin" diye söze ara verme hakkını bahşetmez.

"Pederiniz büyük âlimdi. Bütün dünyanın takdir edeceği bir dehaya sahipti. Mecelle, Kur'anî hükümlerden devlet anayasası yapma teşebbüsü olarak fevkalade önemlidir elbet. Üzerine yapılmış onlarca doktora tezi var yalnız Paris'te. Ama konu şu efendim. Yani, sizin o konudaki görüşleriniz bendeniz için fevkalâde önemli. Bu soruyu bana bir Fransız sormuştu. Ve gafil yakalanmıştım..."

İnmiyor. Yukarıda duruyor. En yukarıda. Fransız'ın sorduğu soruyu merak ediyor tabiî. Ama merakını bu genç adama niye göstersin ki! Niye azaltsın kendini merakın ve tedirginliğin kuyularında. Kim anladı ki pederini! "Sen yakışmaz dersin amma kel başa şimşir tarak / Sadrazam oldu Tal'at, cilve-i takdire bak."

Onca anlayışsızlığın içinde, bunlar mı bilecekti devletlû Ahmet Cevdet Paşa'nın kıymetini! Üstelik bunlar her yeniliği zafer sayıyor. Belânın da yenisi vardır. Yenilik kendi başına bir kıymet olabilir mi? "Avnî nasıl ibrâz-ı kemal eylesin âdem / Bir yerde ki hak söyleyeni dâra çekerler."

Dâra çekilmekten korktuğundan değil. Ne korkacak! Anlamayan kulaklara sözü israf etmeye tenezzül etmiyor. Hepsi bu.

Fransız'ın karşısında gafil avlandığını söyleyen bu genç adam mı anlayacak! Cevdet Paşa'yı anlayacak âdemin hem ilmi olacak, hem siyaset dehası. Bunlarda biri olsa, öteki yok.

Mevcudiyetlerini öfkeye borçlu adamlar, kendi kavgalarını kuramayacak kadar kifayetsiz. Hâlâ daha, Mithat Paşa ile Cevdet Paşa'nın rekabetine mirasçı olmaya kalktıklarına göre.

Pederi unutulmuş. Mithat Paşa kahramanmış da, Cevdet Paşa unutulmuş. "Siz kızı olarak..." diye başlayacak ihtimal. Hep böyle oluyor çünkü. Ali Sedat'ın öldüğünden bile habersiz, "Oğlu bile mirasına sahip çıkmamışken..." diye başlıyorlar.

"Kara toprağın altında yatanlar, fanilerin işine pek karışmazlar" diyor. Anlayan oluyor mu? Hayır. "Biraderim öleli yıllar oldu" diyor. Baba oğul, ölümün kapısından beş yıl ara ile geçtiler.

"Mecelle'nin çok önemli bir çalışma olduğu elbette tartışılmaz efendim. Beni yanlış anlamayacağınızdan emin olarak bu soruyu sorma cesaretinde bulunuyorum. Formu başkasına ait idi. Biz Mecelle ile başkalarının hayatlarındaki sorunları kendimizin sayarak, onlara Kur'an'dan hüküm çıkarmışız. Yüzyıllardır yaşadığımız, süzüle süzüle getirdiğimiz muamelatı, Batı anayasasının formuna uygun olmadığı için hayatımızdan çıkarmışız. Pederiniz bu boşluğu görmüş müydü?"

Boşluk? Pederi bu boşluğu görmüş müymüş!

Kendi hayatımız? Cevdet Paşa kendi hayatımızın hadimi idi. Sonrakiler ne kendilik bıraktılar, ne hayat. Şimdi buradan bunları söylemek kolay genç adam. Yangının içinde alev bahsi olmuyor. Tarihin su gibi aktığı demler ile kan gibi aktığı demler birbirinin aynı olan soruları kaldırmıyor.

Cevap vermiyor.

Pederini müdafaa etmeye kalkmak, evvelâ pederine haksızlık. Fatma Aliye kim ki, anlamayanlara Ahmet Cevdet Paşa'yı anlatacak.

Anlayanlar hâlâ hayatta zannıyla, "Ahmet Cevdet Paşa ve Zamanı"nı yazmıştı. İkinci cildini de yazacaktı.

Kime?

Burada kimseler yokmuş.

Söyleyeceği sözlerin sükût suikastına uğrayacağını bile bile kitap neşretmek lüzumsuz!

Hizmetçi kahveleri getiriyor.

Genç adam, "Zahmet oldu" diyerek, gümüş zarf içinde takdim edilen fincanı alırken; Fatma Aliye Hanım tülü hafifçe aralayarak dışarı bakıyor.

Kahve içmiyor artık. Yalnız su. Faik Paşa'nın ölümünden sonra gece kahvelerini de kaldırdı. Gecenin bir yarısında, eklem ağrıları bütün vücudunu istilâ etmişken, ağrılar yüzünden uyuyamayan bir kadın olmamak için masanın başına otururdu. Faik Paşa bilir miydi? Ağrılara bile yenilmemek için kitaplara demir attığını bilir miydi?

"Aman efendim, üşüteceksiniz. Kahveye ne dersiniz? Şöyle karşılıklı."

Omuzlarından kayan şalı, sanki Faik Paşa yeniden yerleştirmektedir.

Genç adam, sorusuna cevap vermeye bile tenezzül etmeyen kadına bakıyor yan gözle. Onun sokağı seyredişine takılıyor. Konuşmaz ise, bu, bir an önce misafirin kalkıp gitmesini istemesindendir. "Sakın bir soruyu iki kere sorma." Böyle tembihlemişlerdi. Kendi eserlerinden bahis açsa, acaba konuşur muydu? Ama hiç okumamıştı ki. Nasıl yazdığını ve ne yazdığını bilmiyordu. "Didaktik" demişti Fransız arkadaşı. Osmanlı kadınlarının kaleminden çıkmış bütün romanları biliyordu. Türk romanının otantikliği üzerine konuşmaya başlayınca, gündüz ise gece, gece ise gündüze çevriliyordu vakit. Arkadaşım, ki o bir Fransız, sizin üzerinize bir çalışma yapıyor; o diyor ki, kadın romancıların eserlerinde, ne anlatıldığının daima önde gelmesi romanın dokusunu bozuyor. Zihninde dizmeye kalktığı cümleleri sanki fark etmişçesine bakıyor Fatma Aliye Hanım.

Genç adam suçüstü yakalanmış gibi hissediyor kendini. Yüzü kızarmaz inşallah. En çok yüzünün kızarmasından korkuyor. Bu yaşlı kadın sanki insanın içini görüyor.

Madem insanın içini görüyorsunuz; hadi ama, size bir soru sordum, cevabınızı bekliyorum.

Fatma Aliye tane tane konuşmaya başlıyor. Sanki delikanlıya, zihninizin fotoğrafı bakınız elimde, der gibi. "Soru sorduğumuz yer, cevabın gömülü ve bizi bekliyor olduğunu sandığımız yerdir."

Git, cevabını soruyu sorduğun yerde ara, demekti bu.

Tekrar tülü yavaşça aralıyor.

Bir fincan kahvenin bu kadar fazla olduğunu hiç tecrübe etmemişti genç adam.

IV-

"Merhaba Bayan,

11 Şubat tarihli mektubunuz ancak ayın 20'sinde elime geçti. Size cevap vermeden önce, mektubu tüm ayrıntıları öğrenmesi için kızınıza gönderdim. Çünkü öğrenmek istediğiniz sorulara ancak o cevap verebilir. Ondan gelecek mektubu da size göndereceğim. İsmet'ten iki üç gündür haber bekliyorum ama henüz bir cevap alamadım.

Sör Marie Constantine de Sion"

Elindeki mektubu ateşi tutar gibi tutuyor. Ateş de böyle tutulur. Bilmeyen varsa, görsün de tecrübe etsin. Tatmayanlar bilmez hükmü, şimdi burada manasını yitirmek üzeredir. Tatmayanlar da bilecektir işte. Fatma Aliye Hanım'ı görmek kâfidir. Bakışın ateş, duruşun ateş olduğu bu hal, tatmayanları tadan kıvamına getirecektir.

Sör'ün cevabı. Cevaptan başka her şeye benzeyen cevabı. Anlaşılmıştır. Fazlasıyla anlaşılmıştır. "Bana sormayınız" diyor artık. Halep orda arşın burada. Ne Halep var ortada, ne arşın halbuki. Bir defa karşılaşmak istiyor İsmet ile, bir defa. Sadece bir defa. Neden, demek istiyor. Başka bir dinin mümini olarak, durduğun yeri terk edip, en son dini terk edip de, hurafelerle mağlup Katolik inancına teslim ettin kendini? Neden? Sanki kendi sorusu bir defa, sadece bir defa İsmet'in kulağından kalbine yol alırsa, hatasını anlayıp tövbe edecektir İsmet.

Bunca öfkenin içinde, haddini bilmez bir misafir kabul edilmişti. Taş taşın üstüne, su suyun üstüne, rûzigâr rûzigârın üstüne biniyor da, ateş ateşin üstüne binmiyor işte. Yangından arta kalmış küllü bir esvap gibi oturuyor cam önünde.

"Kabul etmeseydiniz keşke" diyecekken vazgeçiyor Nimet. Annesi keşke lâfını sevmez. Keşke, olmakta olanın sorumluluğundan kaçmaya çalışmaktan başka nedir?

Fatma Aliye Hanım, kendisine son anda söylenmekten vazgeçilmiş cümle sanki söylenmiş gibi cevaplıyor. Kendisine hiç vasıl olmamış cümleler için bile cevapları hazır. Fatma Aliye'nin cevapları daima hazır. Kolalı, katlanmış, şık cevaplar şu tarafta. Büyütülüp güçlendirilmiş, güçlendirilip de muhatabı ezmek üzere hazırlanmış sorulara karşı had bildirecek cevaplar bu tarafta. Tenezzül edilmeyecek sorulara mukabele, dudaklarının iki yanındaki derin çizgilerde.

"Soyadında dağ var diye kabul ettim. Atladığım trenin hızını, gittiği yeri bana anlatır diye. Gittiği yer gidilmek istenen yer midir, anlatır diye. Aceleci ve küstah çıktı. Sizi sinirli gördüm hanımefendi, demeye kadar gitti."

Nimet, annesinin evlerine ilk defa gelmiş olan bu genç adama bir hadis nakletmesini şimdi anlıyor. Demek içerdeyken sarf etmişti o talihsiz cümleyi. Zavallı genç. Zavallı, cahil genç. Annesinin bir kitap okur gibi, bir kitabı bambaşka birine okur gibi okuyuşunu anlayamamıştır. "Sizi sinirli gördüm" sözünün üstüne zikredilmiş o hadis-i şerifi.

"Efendimizin bulunduğu meclise Ebu Cehil geldi. Efendimizin yüzüne bakıp, senin yüzünde dünyanın en çirkin adamını görüyorum, diyerek hakaret etmeye kalktı. Efendimiz, haddi aştın ama doğru söylüyorsun, dedi. Sonra Ebu Bekir geldi. Ya Resullullah, senin yüzünde dünyanın en güzel yüzünü görüyorum, dedi. Efendimiz, sen de doğru söylüyorsun, deyince, oradakiler şaşkınlıklarını dile getirdiler. Efendimiz, her ikisi de kendi yüzünü gördü buyurdu."

Genç adam anlayacak gibi değildi. Belki de anlamamanın adı bir mesleğe tekabül ediyordu artık.

"Yaşarken unutulmak çok elem veriyor olmalı."

Patavatsızlığı gençliğin, cesareti cahilliğin terkibiyle kavurarak durmadan soruyordu.

"Ben trenden indim. Aynı yerde ve aynı zamanda olanlar birbirlerini hatırlayabilir ya da unutabilir. Ben sizin zamanınızda değilim. Zalim ile mazlumun yan yana durduğu, iyi ile kötünün aralarında hiç fark yokmuş gibi idrak edilmeye çalışıldığı zamanlara ait değilim. Unutulmadım. Sizin dünyanıza hiç girmedim diyelim."

Genç adam hiçbir şey anlamıyor. Bakışları da dili kadar konuşkan. Dili kadar aceleci. Muhakeme melekesi hiç gelişmemiş. Öyleyse böyledir. Böyleyse öyledir. Hayat o kadar yalınkat değildir genç adam. Dünya senin gördüğünden ibaret değildir. İnsanlar ruhiyat kitabından arta kalmış bahisler değildir.

Artık gitsin, diye başını camdan tarafa çeviriyor. Konuşulacak bir şey kalmamıştır. Zaten yoktu. Olmadığını Fatma Aliye biliyordu. Sen bilmiyordun genç adam. Sokak lâmbasının ışıklarına dalıyor. Işıkların arasında Matmazel Alpha. Paris'i anlatıyor Alpha. Paris'in gecelerini. Gündüzlerden bile daha ziyalı olan gecelerini. Alpha, Paris'in ışıltısını anlattıkça, karanlığa gömülü İstanbul'un ciğerini sızlattığını hatırlıyor. İstanbul, Peygamber emaneti şehir. Nasıl başka şehirler İstanbul'dan daha ziyalı olabilir?!

Sokaklarda yanan ışık ile kalplerde yanan ışığın hiçbir alâkasının olmadığını düşünmek için, bütün bu olanların yaşanması iktiza ediyormuş, öyle mi? Ziya akıldan ve fikirden çıkmadıktan sonra! Emanet ziya, ziya olmuyor.

Soyadında dağ var diye kabul ettiği, ismiyle müsemmadır diye kabul ettiği gence çeviriyor bakışlarını. Aceleci gence. Büyüklere hal hatır sorulmayacağını bile bilmeyen gence. Bir soru da o sormak istiyor. Vazgeçiyor sonra. Soru sormak, dâhil olmaktır. Müdahale etmek. Nereye gidecekse gitsin düşünceleri. Nasıl toplayacaksa toplasın. Sokaktaki ışıklar sizin için her yeri sahne mi kılıyor efendim? Bir meddah, bir pişekâr. İki kalas bir heves, her yeri tiyatro yapmaya yetiyor mu?

Sormuyor. Sormak da dâhil olmaktır.

Bu genç adam, ziyadesiyle küstah!

Neden!?

Azalan kim…!

V-

Daha birkaç ay önce, 29 Ocak'ta, Hıristiyanlık propagandası yapan Bursa Amerikan Kız Koleji, Bakanlar Kurulu kararıyla kapatılmıştı. Ne tuhaf, bu kararı İsmet'e yazmak istemişti. Neden yazmak istemişti? Haklıydım demek için mi?

O vakit sevindiydi. Hatalarını anlıyorlar zannetmişti. Öyle değilmiş. Hiç öyle değilmiş.

"Türkiye Devleti'nin dini İslâm'dır" cümlesinin anayasadan çıkarılmasına bir anlam veremiyor. Ne yaptıklarını biliyorlar mı? Ne oluyor? Bize ne oluyor?

Biz diye bir şey hâlâ var mı?

Kimselerle konuşulmuyor. "Vatandaş Türkçe konuş!" diye pankart açmışlar yine. Nisan ayında da açmışlardı. Ne patırtı ne gürültü. Pankart açanlar... Pankartı yırtanlar...

Osmanlı dil üzerinden galeyana gelmezdi. Ne oluyor? Ne oluyor. Üzüntüler de bizi birleştiremeyecek mi? Biz kavgamızı böyle vermezdik. Herkes kendi muhitince konuşurdu. Ne zararı vardı! Herkes kendi dilinde dillenirdi, ne zararı vardı! Ne oluyor böyle!? Başkasının konuştuğu dilden korkmak niye!!!

Çatı yıkılınca, gelen rüzgâra nereden karşı koyacaklarını bilemiyorlar. Nece konuşursa konuşsun. Sen devletsen senin bir dilin vardır. Devletinin dilini koru. Sokakların diline karışmak niye? Sen devletsen sokaklarında huzur ve sükûnu sağlamak değil mi vazifen! Mevsimi bahar kıl da, her kuş kendi dilince şakısın. Sen devletsen mevsimi bahar kılmak olmalı muradın.

Biz artık bir millet olduk, diyorlar. Artık mı? Biz zaten İbrahim milletindendik. Evvelâ Müslümandık, Osmanlıydık; saniyyen Türk idik, Çerkes idik, Kürt idik, Boşnak idik.

Nimet ile konuşmayacak bunları. O kendi zamanının çocuğu olsun. Herkes kendi zamanının çocuğu.

Niye İsmet'e yazmak istiyor ki! Şurada Nimet ile paylaşmazken, niye İsmet'e yazmak istiyor. Nimet yolunu hiç kaybetmedi ki. İsmet yolunu kaybetti. Bulamıyor bir türlü. Bulmak istiyor mu? Kaybettiği yolu bulmak istiyor mu?

Dedektif pek meşhurdu hani! Para verdiği ile kalıyor. Bütün Fransa, İsmet'i saklamak konusunda bir anlaşmaya mı varmış! Neden tekrar İsmet'e döndü? Gazetedeki haber. Bütün haberlerin ucu İsmet'e çıkıyor. Ah, İsmet. Âhıma alev eken İsmet!

1934

* Türkiye, Romanya, Yugoslavya ve Yunanistan arasında Balkan Paktı imzalandı. * Türkiye Cemiyet-i Akvam (Milletler Cemiyeti) üyeliğine kabul edildi. * TBMM'de Soyadı Kanunu kabul edildi. * İçişleri Bakanı Şükrü Bey'in (Kaya) genelgesiyle radyo programlarından alaturka musiki kaldırıldı. Milli musikiyi halka sevdirmek amacıyla Şehir Tiyatrosu'nda üç milli opera oynanmasına karar verildi (Ülkü Yolu, Taş Bebek ve Bayönder operaları). * Kadınlara milletvekili seçme ve seçilme hakkı tanıyan kanun kabul edildi. Türk Kadınlar Birliği, seçme ve seçilme hakkını kutlamak için İstanbul'da bir miting düzenledi. * Türkiye'de ilk kez bir kadın, belediye başkan yardımcısı oldu; Bursa Belediye Meclisi Zehra Hanım'ı başkan yardımcılığına seçti. * İran Şahı Rıza Pehlevi Türkiye'yi ziyaret etti. * Bulgaristan Türkleri Türkiye'ye iltica etmeye başladı. * Matbuat Cemiyeti'nin adı Mustafa Kemal tarafından Basın Konseyi olarak değiştirildi. * Avusturya'da sosyal demokratlar devrim yaptı. * Hitler ve Mussolini Venedik'te bir araya geldi. * Winston Churchill, İngiliz Parlamentosunu Alman uçaklarının tehdidine karşı uyardı. * Gandi Hindistan'daki sivil itaatsizlik kampanyasına ara verdi. * Hitler halkoyu ile Führer seçildi. * Yugoslavya Kralı Aleksander ve Dışişleri eski Bakanı Louis Barthou, Marsilya'da suikaste kurban gittiler. * İlk Sovyet Yazarlar Kongresi, Maksim Gorki'nin başkanlığında toplandı. * Türkiye, Romanya, Yugoslavya ve Yunanistan arasında Balkan Paktı imzalandı. * Türkiye Cemiyet-i Akvam (Milletler Cemiyeti) üyeliğine kabul edildi. * TBMM'de Soyadı Kanunu kabul edildi. * İçişleri Bakanı Şükrü Bey'in (Kaya) genelgesiyle radyo programlarından alaturka musiki kaldırıldı. Milli musikiyi halka sevdirmek amacıyla Şehir Tiyatrosu'nda üç milli opera oynanmasına karar verildi (Ülkü Yolu, Taş Bebek ve Bayönder operaları). * Kadınlara milletvekili seçme ve seçilme hakkı tanıyan kanun kabul edildi. Türk Kadınlar Birliği, seçme ve seçilme hakkını kutlamak için İstanbul'da bir miting düzenledi. * Türkiye'de ilk kez bir kadın, belediye başkan yardımcısı oldu; Bursa Belediye Meclisi Zehra Hanım'ı başkan yardımcılığına seçti. * İran Şahı Rıza Pehlevi Türkiye'yi ziyaret etti. * Bulgaristan Türkleri Türkiye'ye iltica etmeye başladı. * Matbuat Cemiyeti'nin adı Mustafa Kemal tarafından Basın Konseyi olarak değiştirildi. * Avusturya'da sosyal demokratlar devrim yaptı. * Hitler ve Mussolini Venedik'te bir araya geldi. * Winston Churchill, İngiliz Parlamentosunu Alman uçaklarının tehdidine karşı uyardı. * Gandi Hindistan'daki sivil itaatsizlik kampanyasına ara verdi. * Hitler halkoyu ile Führer seçildi. * Yugoslavya Kralı Aleksander ve Dışişleri eski Bakanı Louis Barthou, Marsilya'da suikaste kurban gittiler. * İlk Sovyet Yazarlar Kongresi, Maksim Gorki'nin başkanlığında toplandı. * Türkiye, Romanya, Yugoslavya ve Yunanistan arasında Balkan Paktı imzalandı. * Türkiye Cemiyet-i Akvam (Milletler Cemiyeti) üyeliğine kabul edildi. * TBMM'de Soyadı Kanunu kabul edildi.

I-

Fatma Aliye 1934 yılında, "Fatma Aliye Hanım öldü" diyen habere bakıyor.

Her fani, hiç olmazsa hayatında bir defa, ölümüne ağlayanların hayalini gözünün önünde bir lahza canlandırmıştır. "Bensiz kalan" dünya oyununu hiç olmazsa kendisi için, bir anlığına sahneye koymuştur. Fatma Aliye de (kendine "ben" demiyor, "Fatma Aliye" diyor) ilk gençlik yıllarından itibaren, benlik ve dünya algısı üzerine düşünmüştü. Yaşarken görülen dünya ile bedenin sınırlarından azat olan ruhun gördüğü dünya arasındaki farklara dair tefekkür etmişti.

Ama şimdi, bu gördüğü şey değildi hayal ettikleri. Hayallerinin içinde bu sahne hiç yoktu. Yıllarca, unutulmanın acısına katlanmak zorunda kalmak yerine, "Ben kendimi silerim" diye direnmişti, doğduğu dünyaya artık hiç benzemeyecek olan dünyaya. Kendi izini silmeye kalkınca, "unutulmak" bir tehdit olmaktan çıkıyordu. Yazarları esas mahveden unutulma tehdidi idi. Yalnızlığın ilâcı inzivaya çekilmek ise, unutulmak ile mücadele kendini unutturmak bahsi ile başlıyordu.

Kurulmakta olan yeni dünyada kendisine yer olmadığını, çağdaşlarının aksine çabuk idrak etmişti. İki tip insan çıkmıştı ortaya. Ya geçmişi imha ederek yenilere yarananlar ya da yenilerin her yaptığını kötüleyerek düne demir atanlar. Fatma Aliye ne dünde kalanlara katıldı, ne bugünü dünü öldürerek ihya edenlere. İkisinin de birbirinden farkı yoktu.

1922'den beri unutturmuştu kendini. Artık yazıları okunmayan muharrire olmaktansa, artık yazmayan eski zaman muharriresi olarak kalmak daha efdal değil midir?

Nimet görmüş olmalı bu haberi. Gördüğünü saklamaya beyhude uğraşıyor. "Muharrire Fatma Aliye Hanım öldü" diyen haberi yavaşça kesiyor. Kimselere göstermeden. Hizmetçilere artık hiç gücünün yetmediğini fark ediyor. Hizmetçiler niye bu kadar edepsiz oldu? (Artık Fatma Aliye değil. Zihninde bile kendini Fatma Aliye olarak sürdürmek yorucu geliyor.) Evin sahibi onlar da, bize lütfen yer açıyorlarmış gibi. Başlar ayak, ayaklar baş. Devlet el değiştirince evler de el değiştirdi. Hizmetçilere mi kaldı?

Sabahtan beri bir defa bile telefon çalmadı. Demek ki zavallı Nimet, validesinden kalan boşluğu tek başına taşımaya uğraşacak. Uğraşacak ama sonunda rahatlayacak. Rahatlayacak ya. Anne duası aldı. Fatma Aliye anne duası almamış mıydı?

Hacı Bekirler nişanı atarken Nimet'in tek bir söz söylemediğini hatırlıyor. Herkeslerden saklasa bile gözbebeklerindeki kırgınlığın ne kadar aşikâr, ne kadar okunaklı bir yazı olduğunu bilmiyor Nimet. Mesele köşk değildi. Anlamış mıydı? İşi yokuşa sürüyorlardı. "İslâm adabına göre olacaksa izdivaç, kıza mehir verilir. Kızdan çeyiz olarak köşk istemenin varsa bir karşılığı..." Devamını getirmiyor. Devamı İsmet'te bitecek. Atlayıp geçiyor zihni. Zihninde İsmetler kısım kısım. Her kısmın kendine göre alevi var. İsmet bir evlâdın adı değildir artık.

İsmet, alevden topun mazide ve istikbalde gezdirilmesidir. Bir tarafıyla asil davrandılar esasında, diyor Hacı Bekirlere hak vererek. Kardeşi tanassur eden kızın nişanını attık demek yerine, kendilerini küçültmeyi göze aldılar. Hüsnüzan. Neyse ne. Hüsnüzan, suizandan evlâdır.

Ölüm ilânını görmüş bir bahtiyar o şimdi. Bahtiyar. Taş olunacak, toprak olunacak devirler geldi de geçiyor. Hadi bakalım, karış toprağa sen de Aliye. Kaç kere karıştı dünyanın renkleri, kaç kere. Kaç rejim, kaç hükümet gördün! Mutlakıyet, meşrutiyet, cumhuriyet. Azala azala yaşamayı öğrendin. Geri çekile çekile deniz kalınır mı, tecrübe ettin işte. Dün memleket olarak gittiğin yerlere, bugün pasaportla zor giriyorsun. Öğrendin azala azala yaşamayı. Öğrendin mi? Sahi, öğrendin mi?

Ne paşaların hayatına tanık oldun. Tarih yazmak yetmiyor. Önce tarihi yapmak gerekiyor. Hitler bir tarih yapabilecek mi kendi milletine! Avrupa'nın içinde, bütün Avrupalılardan başka türlü bir mükemmellik çıkarmaya kalkıyor. Bir yıldır nasıl bir rüzgârdır estirmeye çalıştığı.

Fatma Aliye soranlara fikrini söylemiyor yine de. Sûretâ ona benzemeye çalışanları görmek hiç şaşırtmıyor artık. Kelebek bıyık. İnsanlar böyle. Kendilerini bırakacak rüzgâr arıyorlar. Yelken çadırı mısın?

Berlin'de kitaplar yakılmış. Kitap yakandan adam olur mu? Yakandan adam olmaz. Haddini bilmeyenden adam olmaz. İlimden intikam alandan baş mı olur?

Ölüm ilânına dönüyor yeniden.

"Anneciğim arızaya haber verdim. Telefonumuz kesikmiş."

Ah, Nimet. Güzel evlâdım. Demek bunun için uğraşıyorsun hâlâ.

Oysa Nimet'in kendi elleriyle telefonu kestiğini görmüştü.

II-

"Annem romanlarında iyileri hep sarışın beyaz tenli olarak resmetmiş."

Annesini böyle güçsüz görmeye razı değil.

Daima dik, daima ne yapacağını bilen annesini.

Kendisinden bahsederken, "Ben" yerine "Fatma Aliye böyle düşünüyor" diye kendini kendine bile uzak tutan annesini.

Endişesini içine atıp, içine atıp da "Ya Lâtif" çekerek verimli bir toprağa dönüştüren annesini.

Böyle çaresiz, sessiz, içine dönük görmeye razı değil.

İsmet'i ararken bile Paris sokaklarında, dedektif tutma pahasına İsmet'i ararken bile... İsmet'in zorla tutulduğuna inanıp, dağları delecek gücü tek nefes gibi içinde taşırken bile.

Böylesine acı vermiyordu annesinin acılarına tanık olmak.

Eşin dostun imalarına aldırmayıp, "Her faniye peygamber tarihi dayanaktır" diyen. "Derdini veren dermanını verir, dermana doğru uçabiliyor musun Nimet; işte asıl müşkül bu" diyen.

"Biz Allah'ın sevgili kulu olmaktan vazgeçmedikçe Yaratıcımız bizden neden vazgeçsin" diyen annesini.

Şimdi böyle sessiz, pencere kenarında, elinde tespih. Annesi elinde tespih uzaklaşıyor. Hiçbir yere gitmezken bile giden olmak böyle bir şey mi?

"Yürüyen gemi mi? Kıyı mı?" Böyle derdi, insanı şaşkına çeviren bir olay ile karşılaşınca. Görünüşe göre sağlığı sıhhati yerinde. Çok az yiyor. Yıllardır böyle. "Kuş kadar yiyip, düş kadar yaşanacak ömür kaldı" diyor. Kuş kadar.

Annesini hep kuş gibi görmüştü. Büyük, eşsiz bir kuş. Kimselerin bilmediklerini görüp gelmiş bir kuş. Kanatları çelikten. Gökyüzüne ev kurmasına izin verilmiş bir kuş. "İsmet, annemin kanatlarını kırdın! Ne Ahmet Cevdet Paşa aleyhine söylenen sözler, ne teyzemizin fevrilikleri. Annemin kanatlarını sen kırdın İsmet."

Eldivenlerini çıkarmış ellerinden. Eldivenlerini çıkarmış. Dünyaya karıştığının işareti mi bu! İsmet'ten gelen son haberden sonra, annesini eldivensiz asla görmediğini hatırlıyor. Şimdi ansızın çıplak elleriyle karşılaşınca...

Yıllar önce, 1928'di. Mayıs'tı. Gül mevsimi. Fatma Aliye Hanım'ın ellerinde fildişi eldivenleri görmüştü. (Annesinin azametinden korktuğu zaman, "anne"liği "Fatma Aliye Hanım"lığa dönüştürürdü.) Evin içinde eldiven. Nereden icap etmişti! Niye takmıştı! Soramamıştı.

Babasının ölümü henüz taze idi. Hep taze kaldı. Tutulmamış matemin içinde, babası hep gömülemeyen bir ölü olarak kaldı. Bir türlü toprağa karıştırılamamış bir ölü. Ölürken "İsmet gelecek, değil mi?" demişti. Annesinin İsmet'e mektup yazdığını, "Pederin hasta" diye yazdığını biliyordu. İsmet'in gelmeyeceğini de.

İsmet. Gelmemişti.

Faik Paşa'nın ölümünden sonra günlerce ateşler içinde yatmıştı Fatma Aliye Hanım. (Annesi ve babası değil! Faik Paşa. Fatma Aliye Hanım.)

Onca doktorun hiçbiri ateşini düşürememişti. "Çok kuvvetli bir mizaca sahip olduğu için, ruhuna tesir edemeyen acı bedeninden çıkıyor" demişti son gelen doktor. Bu kadar ağır ne yaşamış olabilir, diye sormamasına ne kadar minnettar kalmıştı. Eğer sorsaydı cevabı hazırdı: 48 yıllık zevcini kaybetti, diyecekti. Sormamıştı. İstanbul'un eski aileleri yeni Türkiye'ye sığamıyordu. Annem eski bir yazardı, demedi Nimet. Eski. Hayır. Annem yazar, diyebilirdi. Demedi. Doktor, annenizin romanlarını ablam ve annem çok severdi, demedi. O ânın içinde sır olarak kaydı alınmış fakat söylenmemiş cümle, odanın iklimini yumuşatıvermişti.

"Hastanın uyanmasını bekleyeceğiz. Uyandığında yaşadıklarını kabullenecek ve mazi kılacak ya da saklamayı tercih edecek. Her iki halde de yaptığının onun için en doğru olduğunu kabul etmeye hazırlayın kendinizi."

Hazırlamıştı. Hastalıktan kalktıktan sonra bir daha çıkarmadığı eldivenleri onun için hiç sormadı.

Yıllardır içinde sakladığı sahne düşüyor annesinin çıplak ellerinin üstüne. Sanki kendi gördüğünü annesi de görüyormuş gibi. Dame de Sion'un bahçesinde dolaşıyorlar. İsmet'in beyaz yakasını Bulgar kızlardan biri koparmış. "Üzülme" diyor. "Seninkini bir akranın koparmış. Benim kurdelemi Sör Marie kopardı. İkonlarını öpmedim diye..."

"Yalan söylüyorsun. Sörler öyle bir şey yapmaz. Sörler bizi sever. Onlar Tanrı'nın kızları. Annemizden bile daha çok severler bizi."

Yıllardır içinde sakladığı tortuyu çıkarıvermek istiyor. Çıkarmak ve hafiflemek. "Anneciğim, bütün bu olanlarda benim de suçum var." Hayır, bunu söyleyemez. O zaman annesine, sizin suçunuzun yanında benim de suçum şu, demiş olacak. Annesinin bir defa bile, benim suçum, demediğini hatırlıyor. "Biz kendimizi suçlamayız" demişti. Bütün ömrünü gayrimüslimler ile Müslümanların farklılığı üstüne düşünerek geçirmiş olan Fatma Aliye. "Benim suçum, dediğimiz an, imtihanın Allah'tan geldiğini unuturuz. Kaza ve kaderi unuturuz. Enaniyetimizi yüceltmiş oluruz. Biz, şeytanın bile kötülük yapma kudretinin olmadığına inanırız. Dileseydi, Allah ona hiç fırsat vermezdi. Müminin gafleti olur, hatası olur, suçu olmaz. Suç ile iman eden kalp olunmayacağı için, Allah kullarına tövbeyi bağışlamıştır. Müminin suçu olmaz. Mümin hatasında ısrar etmez ki suçu olsun! Hatasında ısrar edenin de müminliği kalmaz."

Pencere önünde büzülerek oturan şu kadın, sanki sokağa değil de bütün bir geçmişe bakıyormuş gibi bakan şu kadın. Annesi. Yani Fatma Aliye. Yani Ahmet Cevdet Paşa'nın büyük kızı. İsimler böyle mi kalıyor geriye? Kendisini bunun için mi unutturuyor? "Siz ki kadınlık âleminin medar-ı iftiharısınız" diye geçmişi bir defter gibi gözler önüne sermeye çalışanlara, annesi sanki başka birisinden bahsedermiş gibi fısıldıyor.

"Fatma Aliye şimdi uzak bir ülke; devr-i evvelde kalmış uzak bir ülke."

İçinde kendini suçlayan, kendini suçlu hissetmesine sebep olan kocaman bir an var. "Nimet" demişti İsmet, "Sör Marie, annemin bütün iyi kahramanlarının sarışın ve mavi gözlü olduğunu söyledi. İyiler hiç esmer olmazmış. Esmerler iyi olmazmış. Biz esmeriz lâkin..."

Öyle miydi? Annesinin yazdıklarını okumamıştı ki! Kızları okumamıştı ama Sör Marie okumuştu. Ne demek istemişti, "Annenin iyileri sarışın ve mavi gözlü" diyerek? Annem de sarışın ve mavi gözlüydü. "Ben esmerim Nimet! Görmüyor musun! Çok sevinme! Sen de mavi gözlü ve sarışın değilsin."

Annesinin romanlarını Sör Marie'den sonra okuduğu için suçluluk hissetmişti hayatı boyunca. Keşke daha önce okumuş olsaydı. Bir kadın, insanın hem annesi hem okuduğu yazar olamıyor işte. Sanki okursa sevgili annesi olamayacakmış gibi. Yazı uzak bir ülke. "Anneciğim, siz uzak değilsiniz; yazı uzak bir ülke."

Soramamıştı... Annesi kendisi gibi kahramanlar yaratmıştı. Kendisi gibi. Şimdi elinde tespih, pencere önüne kıvrılmış olan bu kadına, kahramanlarınız neden sarışın ve mavi gözlüydü, demenin bir faydası var mı? "Biliyor musunuz anne; İsmet'i en çok üzen, bütün iyi karakterlerinizin sarışın ve mavi gözlü olmasıydı..." Söyleyebilir mi?

Elinde tespih. Kendi matemini mi tutuyor? Dünkü gazetede çıkan ölüm ilânını gördü. Üzülmüş müdür? Telefonun arızalı olduğunu söylemesi iyi olmuştu. Kimselerin aramamasına dayanamazdı herhalde. Gazetede haber çıksın da kimseler aramamış olsun. Kabloyu kesmekle iyi etmişti, değil mi? İyi etmişti elbet. Merak eden varsa atlar gelir. Telefon arızalı diyerek arayanların ulaşamamış olması, kendisi için de bir dayanak.

Annesi hakikaten ölmüş olsa idi demek kimseler açmayacaktı kapılarını. Kimseler. Bu kadar yalnız.

Yalnızlığı, taştan bir elbise gibi sırtına geçirmeye hazır mısın Nimet?

1936

* Alman askerleri Ren Nehri'nin batısını işgal etti. * Boğazların Türkiye'nin egemenliğine geçişini sağlayan Montrö Sözleşmesi imzalandı. * Mussolini ve Hitler, Berlin-Roma Mihverini kurdular. * İtalya, Avusturya ve Macaristan, Roma Paktı'nı imzaladı. * İspanya'da sivil savaş başladı. * Fransa ve İtalya'da devalüasyon yapıldı. * Ankara'da Dil ve Tarih Coğrafya Fakültesi açıldı. * İzmir Kâğıt Fabrikası'nda üretime başlandı. * Ankara-İstanbul uçak seferleri başladı. * Milli Eğitim Bakanlığı yayımladığı genelgeyle öğrencilere soyadlarıyla hitap edilmesini istedi. * İstanbul Festivali başladı. * Ankara'da Çubuk Barajı ve Hıfzısıhha Okulu açıldı. * Siyasal Bilgiler Fakültesi (Eski Mekteb-i Mülkiye) İstanbul'dan Ankara'ya taşındı. * Trotsky Rusya'dan Meksika'ya sürüldü. * Dr. Alexis Carrel, yapay kalbi geliştirdi. * İstanbul Üniversitesi'nin amblemi belirlendi. * Harp Okulu İstanbul'dan Ankara'ya taşındı. * TBMM, Hatay davasının Milletler Cemiyeti'ne götürülmesini kabul etti. * Ankara 19 Mayıs Stadı açıldı. * Alman askerleri Ren Nehri'nin batısını işgal etti. * Boğazların Türkiye'nin egemenliğine geçişini sağlayan Montrö Sözleşmesi imzalandı. * Mussolini ve Hitler, Berlin-Roma Mihverini kurdular. * İtalya, Avusturya ve Macaristan, Roma Paktı'nı imzaladı. * İspanya'da sivil savaş başladı. * Fransa ve İtalya'da devalüasyon yapıldı. * Ankara'da Dil ve Tarih Coğrafya Fakültesi açıldı. * İzmir Kâğıt Fabrikası'nda üretime başlandı. * Ankara-İstanbul uçak seferleri başladı. * Milli Eğitim Bakanlığı yayımladığı genelgeyle öğrencilere soyadlarıyla hitap edilmesini istedi. * İstanbul Festivali başladı. * Ankara'da Çubuk Barajı ve Hıfzısıhha Okulu açıldı. * Siyasal Bilgiler Fakültesi (Eski Mekteb-i Mülkiye) İstanbul'dan Ankara'ya taşındı. * Trotsky Rusya'dan Meksika'ya sürüldü. * Dr. Alexis Carrel, yapay kalbi geliştirdi. * İstanbul Üniversitesi'nin amblemi belirlendi. * Harp Okulu İstanbul'dan Ankara'ya taşındı. * TBMM, Hatay davasının Milletler Cemiyeti'ne götürülmesini kabul etti. * Ankara 19 Mayıs Stadı açıldı. * Alman askerleri Ren Nehri'nin batısını işgal etti. * Boğazların Türkiye'nin egemenliğine geçişini sağlayan Montrö Sözleşmesi imzalandı. * Mussolini ve Hitler, Berlin-Roma Mihverini kurdular. * İtalya, Avusturya ve Macaristan, Roma Paktı'nı imzaladı. * İspanya'da sivil savaş başladı. * Fransa ve İtalya'da devalüasyon yapıldı. * Ankara'da Dil ve Tarih Coğrafya Fakültesi açıldı. * İzmir Kâğıt Fabrikası'nda üretime başlandı. * Ankara-İstanbul uçak seferleri başladı. * Milli Eğitim Bakanlığı yayımladığı genelgeyle öğrencilere soyadlarıyla hitap edilmesini istedi. * İstanbul Festivali başladı. * Ankara'da Çubuk Barajı ve Hıfzısıhha Okulu açıldı. * Siyasal Bilgiler Fakültesi (Eski Mekteb-i Mülkiye) İstanbul'dan Ankara'ya taşındı. * Trotsky Rusya'dan Meksika'ya sürüldü. * Dr. Alexis Carrel, yapay kalbi geliştirdi. * İstanbul Üniversitesi'nin amblemi belirlendi. * Harp Okulu İstanbul'dan Ankara'ya taşındı. * TBMM, Hatay davasının Milletler Cemiyeti'ne götürülmesini kabul etti. * Ankara 19 Mayıs Stadı açıldı.* Alman askerleri Ren Nehri'nin batısını işgal etti. * Boğazların Türkiye'nin egemenliğine geçişini sağlayan Montrö Sözleşmesi imzalandı.

I-

Yıllar sonra, nehrin yatağında akacak su kalmamışken üstelik.

Şimdi burada, mazinin ağırlığı altında.

Ezilmiş iki beden olarak.

EŞİTLENİYORLAR ha!

İki yaşlı kadın.

Paşa kızı olarak doğup, paşa kızı olarak devam ettikleri hayatlarında azala azala yaşarken ve üstelik her azalanın yeri yeni bir acıyla dolarken...

Eşitleniyorlar ha!

Yaşananların hiç yaşanmamış olması lâzım.

Eşitlenmeye razı değil Fatma Aliye Hanım. Hiç razı değil.

Eşit değildik; eskiden de eşit değildik, diye düşünüyor.

Muhatabının, şimdi yeniden eşitlenişinden memnun ve mütebessim ve üstelik içindekileri saklama ihtiyacı bile duymadan her cümleyi, "biz" olarak kurup, yenilginin tarihine "biz" olarak dibace düşmesinden. ÖFKELİ.

Öfkesini kendine saklayacak kadar yorgun.

Yüzünde tek bir çizgi oynamayacak. Bütün dikkatini dudaklarına veriyor.

Nimet, "Anneciğim, dudaklarınızın kıvrımları insanları korkutuyor" demiyor mu...

Müstehzi dudak kıvrımları. Dudak kıvrımlarına mukayyet olacak.

"Bak, başladığımız gibi aynı yere geldik işte" diyor. "Koca konaklardan, küçücük apartman dairelerine sığındık."

Ne kabul var dinleyişinde ne de ret.

"Takdir sizin hanımefendi" diyor.

Muhatabı, iki paşanın hayatından geriye kalan muhatabı, bu cümlede, odaya kurşun ağırlığında düşüp metalik yankılar bırakan bu cümlede, takdirin kendisine neden bırakıldığını idrak edemiyor.

Maksat sınır çizmek. Sesinden sınırlar çizecek. Çizdiği sınırlarının sultanı kendisi. Hiç kimseye vermeyecek bu sultanlığı. Tebaası olsa da bir, olmasa da.

Paşa kızı ve paşa eşi olarak eşitlenişlerini, salonun ortasına doğru yayıyor kadın.

"Onun geleni gideni pek fazlaymış" diyor.

Eşitiz. Kitap yazdıysan ne olmuş. Bak kapını kimseler açmıyor. Unutuldun.

"O" dediği kim? Halide Hanım olmalı. Dönmüş mü? Sormayacak. Sürgünden dönmüş mü, diye sormayacak. Gelen gideninin belki de gurbette fazla olduğunu söylemeye çalışıyordur, başkalarının hikâyesini kaftan niyetine sırtına geçirmeye çalışan bu kadın.

Bu kadın, anlattıklarıyla maziyi ve hali aynı anda zapt etmeye çalışan bu kadın, ne bilir unutulmanın bir nimet olduğunu. Kendini unutturmak için, görüşmek isteyenlere randevu vermemeyi.

"Eldivenleriniz için diyorlar ki..."

Çenesine vurmak böyle bir şey demek ki. Karşındaki hiç söze karışmasa bile, hem çalıp hem oynamak. Eldivenlerim.

"Fatma Aliye Hanım'ın mikrop korkusu varmış" diyorlarmış.

Bu hikâyeyi beğeniyor. Kendisi için uydurulmuş bu hikâyeyi. Mikrop korkusu hikâyesini beğeniyor. Ardında böyle bir hikâye bırakacak olmasından neredeyse mesut oluyor. Mikrop korkusu daha düz, sıradan bir korku. Bu korkudan hiç kimse İsmet'in hikâyesine geçiş yapmaz nasıl olsa. Dünyaya dokunmadan yaşadı. Harflerle birlikte hayatlar değişir. Hayatlarla birlikte hikâyeler başkaldırır. İsyan eder. Hikâyeler tanassur eder.

Pek memnun. Fatma Aliye, bir an evvel susmasını beklediği muhatabını konuşmanın çayırlarına salıveriyor. Kadın daldan dala konuyor. Konsun. Dünyadan haber almak zor gelmiyor şimdi. Mikrop korkusu ile elinden eldiveni çıkarmayan Fatma Aliye hikâyesi, en çok Fatma Aliye'nin işine yarayacakmış ha!

Eldivenlerini vücudundaki herhangi bir organdan daha çok sevdiğini düşünüyor. Hayat ile arasındaki geçiş hattı eldivenler.

Her şey üst üste gelmişti. Son âna kadar kızını beklemişti Faik Bey. "Geliyor" demişti Fatma Aliye. Gelmeyeceğini bile bile. O uzak, o küstah satırları yazabilecek kadar merhametsiz İsmet, gelir miydi? Yine de, içinde tek bir noktayı diri tutmaya gayret etmişti. Gelen mektuptaki yazının İsmet'in el yazısı olduğunu bildiği halde, hep kaçırılmış da zorla yazdırılmış olma ihtimalini ümit niyetine muhafaza etmişti. Bunun adı ümit mi?

Faik Bey'in gözlerini kapatırken -ki ailesinden hiç kimsenin gözü açık gitmemişti şimdiye kadar- yavaşça sıvazlamıştı. Ellerine, göz kapaklarında takılı kalmış İsmet bulaşmıştı.

Tanassur etmiş söylentilerini nasıl saklayacağını bilememişti. Kendisine bile itiraf etmemişti. İşittirilmeye çalışılan "vah vah"ları yarı yolda imha etmişti. Faik Bey, Tevfik Fikret Bey'e ne kadar üzülürdü. "İyi ki bu yük ile çok yaşamadı" derdi.

İsmet'i bilmedi Faik Bey. İsmet'in tanassur etmiş olduğu söylentilerini saklamak ne kadar zordu. Saklamıştı. Saklamış mıydı? Belki de, ikisi de birbirinin karşısında dağılmamak için, hiç böyle bir şey yok gibi davranmıştı. Yok gibi. Anmayınca, bahsi geçmeyince, var olan derdin yok olduğunu tecrübe etmişti bunca yıl.

II-

İki gün yatak, üçüncü gün toprak. Kaçıncı gün.

Nimet, diye seslenmek istedi. Ağzını açtı. Konuşan başka biri. İçinde ırmaklar. Irmakların sesi Fatma Aliye'nin sesini duyulmaz kılıyor. Hava sıcak, diyorlar. Niye üşüyor o vakit? Avrupa'da, Amerika'da yüzlerce kişi ölmüş sıcaktan.

Nimet!

Irmaklar uyur mu? Irmaklar su taşıyor Fatma Aliye'nin bedenine.

Irmaklar İsmet'i mi getiriyor?

Gemileri kim yakmış?

Irmaklar yangından korkar mı?

Benim içimde bana rağmen dolaşan ırmaklar, Nuh'un gemisini mi tutuyor?

Şöyle bir toplanabilse.

Kabil değil.

"Müddet-i ömrümce..." Sanki birine bir şey anlatacak. Böyle bir cümle yarım kalmış içinde. "Müddet-i ömrümce..." Arkası nasıl gelecek bu sözün?

Pederi mi gelmiş?

Pederi odasına girmiş olsun da, Aliye böyle uzanmaya devam etsin.

"Aman efendim! Beni bağışlayınız.

İçimde bütün ırmakların suyu birikmiş de, bendenizi ağırlaştırıyor.

Sizin İsmet diye bir torununuz hiç olmadı efendim. Lâkin olsaydı bendenizin suçu mu olacaktı? Kaza ve kader.

Aman efendim, bendenizi bağışlayınız. İslâmiyet'in hizmetkârı olmaya çalıştım efendim. Müddet-i ömrümce..." Arkasını getiremiyor. Pederine ifade etmek istediği bir şey var. Lâkin niye böyle yarım kalıyor. Bir kere daha başlamak istiyor. "Müddet-i..."

"İnsanın sesi kendisine yük değildir, değil mi efendim?

Başkasının sesi olunca yük.

Deli deli akan ırmakların içinde, insanın sesi kendine yük. Hiç tasavvur edemezdim.

İçimdeki ırmaklar başka yerlerin kayalarını getiriyor. İçim kaya dolu. Gitmeyiniz efendim. Bendeniz şimdi toparlanırım.

Elbet toparlanırım. Hiç dağılmadım ki.

Gözyaşımı bilen yok. Müsterih olunuz efendim. Daima sizin kızınızdım."

III-

Nimet ansızın karşılaştığı bu günlüğü yakıp yakmamakta mütereddit kalıyor bir vakit.

Kendi aralarında bile hiç konuşmamışken.

Birbirlerine düşüncelerini hiç açmamışken.

Mesela Paris'te dedektif ararken.

Sanki aranan birinin kardeşi, ötekinin kızı değilmiş gibi; dedektife, bulunması gereken kişinin özellikleri sıralanırken.

Başka birini arıyormuş gibi.

İsmet'in kendilerinden kopuşunu yabancı bir kimliğin içinde saklı tutunca, sanki bulunan İsmet, hiç terk etmemiş olana dönüşebilirmiş gibi.

Kendi İsmetlerini kendilerine saklayıp, dedektife bambaşka İsmet tarifleri verirken.

Şimdi bu defter. Tutulduğunu bile bilmediği defter. Acının günlüğü olarak elinde. Bakmalı mı, bakmamalı mı? Annesi bütün bu satırlardaki Fatma Aliye'nin görülmesini ister miydi?

Annesinin, kızlarının her birinden uğradığı hayal kırıklığını tek başına tamir edebilirmiş gibi, kendi isteklerini hiç düşünmeden, hiç Nimet olmadan, yalnızca Fatma Aliye Hanım böyle münasip görüyordur herhalde diyerek yaşamıştı bunca yıl. Yine öyle yaşayacaktı. Ve kararını, elbette Fatma Aliye Hanım böyle isterdi muhakkak, diye verecekti. Muhakkak.

İsmet için, bir kış Paris'te kalmaya karar verdiklerinde, üniversiteye yazılmıştı. Hukuk tahsil edecekti. Fatma Aliye Hanım, sanki Paris'te bulunma sebepleri Nimet'in tahsiliymiş gibi davranırken, kime yalan söylüyordu? Kime yalan söylüyordu da, sonra hangi hakikate yaslanarak ayakta duruyordu.

Bir defter. Defterler ve yazı. Yazmanın bedelini bunca ağır mı ödemeliydi annesi!

Telefon çalıyor. Çalsın. Ne ehemmiyeti var çalan telefonların. Bu yalnızlığın içinde telefon sesi ne ki. Annesi hayattayken, yalnızlıklarına şükrederdi. Yalnızlık demek, izah yükümlülüğünden azat olmak demekti. İmalardan, istihza dolu bakışlardan azat olmak. Şimdi yalnızlığından korkuyor. Annesi de korkar mıydı? Korktuğu için mi tekrarlardı? "Hiç kimse kimsesiz değil, Herkesin var bir kimsesi / Hiç kimsesiz kaldım / Yetiş ey kimsesizler kimsesi."

Telefon nihayet susuyor. Issızlığın içinde, Şefika Kadının ayak sesleri tokmak gibi geliyor Nimet'e. Annesi, ayaklarını yerde sürüme, diye azarlardı Şefika Kadını. Bütün azarları tutmak için ölümünü beklemiş gibi, yukardan yukardan atıyor adımlarını.

Elindeki gazeteyi seriyor masanın üstüne.

"Bizim bey görmüş küçük hanım."

Küçük hanım, derken tereddüt ediyor bir an. Büyük hanım

artık hayatta olmadığına göre. Nimet kime göre küçük ki! Yaşıtları çoktan çoluk çocuğa karıştı.

Şefika Kadın, küçük hanım ifadesinin oyduğu boşluğu doldurmak istercesine, gazeteyi işaret ediyor acele acele: "Hanımefendinin ölümünü haber yapmışlar, bakın!"

Hiç oralı olmuyor Nimet. "Ölmeden önce de yapmışlardı" diyor sesini kendine saklayarak. İki yıl önce. Ne akla hizmet ise. Hayır, almayacak o gazeteyi eline. Bakmayacak.

Kendine verdiği sözü tutamıyor lâkin. Şefika Kadın sessizce çekilirken, gazeteye gözü ilişiyor. Okumayacak. Ama okuyor. Bütün sayfayı kaplayan habere gözü takılıyor önce. "Şehit itfaiye çavuşunun cenazesi dün defnedildi."

Kocaman bir fotoğraf koymuşlar. Kalabalık. Annesinin cenazesinde kaç kişiydiler? On beş, en fazla yirmi. İtfaiye erini uğurlamaya yüzlerce insan gitmiş gibi.

"Vazife kurbanına büyük bir cenaze merasimi yapıldı ve gözyaşları arasında şehitliğe gömüldü."

Şefika Kadının, "Bizim bey görmüş" diye işaret ettiği yere bakıyor. Küçücük bir haber. Birkaç santimlik. Nerde şehit itfaiye erinin haberi, nerde Fatma Aliye Hanım'ın vefatını duyuran haber.

"Vefat

Merhum Ahmet Cevdet Paşa Kerimesi, Faik Paşa Haremi, Muharrire Bayan Fatma Aliye vefat etmiştir. Cenazesi, Taksim Şehid Muhtar Cad. No:13, Tan Apartmanı'ndan saat 11'de kaldırılarak, namazı Teşvikiye Camii'nde kılındıktan sonra Feriköy Kabristanı'nda defin olunacaktır."

Fatma Aliye Hanım yerine yerleşeli bir hafta oluyor. Gazetenin tarihine bakıyor. 14 Temmuz 1936. Bu habere rağmen o kadar az kişinin gelmiş olması, bir kere daha içini yakıyor.

Fatma Aliye Hanım yerine yerleşti. Ondan geriye kalan eşyalar bile yeni sahiplerini buldu. Yeğeninin tavrı ne kadar çiğ idi. Ah Adviye. Ah Adviye. Malları taksim etmek için ne çok acelesi ve acelesini besleyecek öfkesi vardı.

Tekrar deftere bakıyor Nimet. Yakacak bu defteri. Kimselere göstermeden yakacak.

Yazının ve yazılmış olanın bedelini ödemekten azat olacağını düşünüyor böylece.

Şefika Kadın gittikten sonra, kimseler görmeden yakacak. Yazılmış olanı, kendinden bile esirgeyerek yakacak.

Yazı belâdır. Kim Nimet kadar bilmiştir ki, yazının belâ olduğunu. Varlığında da belâdır, yokluğunda da.

15 Temmuz 1936
Son Posta

Ercüment Ekrem masanın başına hüzünle oturuyor. Feriköy Mezarlığı'ndaki yalnızlığın ziyadesiyle etkisi altında. "Garip" diye teselli ediyor kendini, "Ahmet Mithat Efendi de böyle üç beş kişi ile yerine yerleştirilmemiş miydi?"

Tesellisine Namık Kemal eşlik ediyor: "Top patlasın, ateşleri etrafa saçılsın / Dünyada ne bulduk ki; ölümden ne kaçılsın"

Fatma Aliye'nin hayatında ağır olanın... O kadar sevilmişken, değer verilmişken, 1890'dan sonra doğan kızlara, daima ona imrenilerek Fatma Aliye ismi konmuşken, Fatma Aliye gibi ilim irfan sahibi olmak takdir ile karşılanmışken... Sonra ne olduysa olmuş, sanki bir gecede bütün itibarlar geri alınmaya kalkılmıştı. Yaşarken unutulmanın acısı neye benziyordur? Bir kadın, yaşarken unutulmanın acısına nasıl direnmiştir?

Kitapçı dükkânının kapısındaki halini hatırlıyor yeniden. Dimdik ve gururluydu. Şikâyetsiz ve minnetsiz bir nazar ile dünyaya karşı siper almıştı.

Yazmak acısını azaltacak. Vefasızlığın kelimelerden resmini çizerse, bütün yaşayanlardan intikamını alacak Ercüment Ekrem. "Fatma Aliye'nin rüçhan hakkı vardı üzerinizde. Neredeydiniz?"

"Fatma Aliye

Dün on beş yirmi kişilik ufak bir cemaat, tarihçi Cevdet Paşa'nın kızı, edip Fatma Aliye Hanım'ı Feriköy Mezarlığı'na kadar teşyî ederek yeryüzündeki son durağına tevdî ettiler.

O büyük adamın en büyük kızı, yetmiş iki yıllık hayatında yüksek kültürü ve yabana atılmayacak kıymetteki eserleriyle, Türk kadınlığına hizmet etmişti.

Dün tabutunu takip edenlerin azlığından anladım ki, bu hizmetler unutulmuş yahut ki onları takdir eden kalmamış.

Gerçi unutmak insanlığın şiarıdır. Fakat Cevdet Paşa'nın kızının, bu kadar çabuk hemcinslerinin nankörlüğüne hedef olacağını tahmin edemezdim.

Sosyal tarihimizin son yarım asırlık faslında, Fatma Aliye'nin bir pişdârlık mevkii vardır. Harem ve kafes devrinde, Türk kadınlığı kasten koyu bir cehalet içinde boğulurken, okur yazar ve yazdığını okur olarak dosta düşmana gösterebildiğimiz birkaç kadının başında o vardı.

Çok esaslı bir tahsil görmüş ve öğrendiği şeyleri hazmetmişti. Mükemmel Arabî, Fârisî, Fransızca bilirdi. İşlenmiş hafızasında Mütenebbî'nin kasideleri, Hafız'ın Divan'ı ve Lamartine'in Meditationları yan yana yaşardı.

Ölümünden pek az evvel, kendisine Fransız kitapçısında rast gelmiştim. Yeni müelliflerin son eserlerini karıştırıyordu. Ayak üzerinde on dakika, bana François Mauriac'ın Andre Mauoris ile mukayesesini yaptı.

Otuz, otuz iki sene evvel Hanımlara Mahsus Gazete'de edebî makalelerini neşrederken muhakemesi ne ise, o gün de öyle idi. Aynı kuvvet ve aynı ciyadet!

Fatma Aliye romanlar neşretmişti. Bilhassa Muhadarat ve Udi'yi anmak isterim. Bunların her ikisi de, içinde kullanılan lisan fazla terkipli ve ağdalı olmasa, klasikler meyanına geçecek kıymettedir.

Ancak o, şöhret için yazmaz. Yazmakla bir şevk ve bir heves tatmin ederdi.

Kendisiyle her şeyden bahsedebilirdiniz ve bütün fikirlerinden istifade mümkündü. Kafası, yaşına ve hastalığına rağmen dinç ve genç kalmıştı. O, kafanın manevî gıdasını eksik etmezdi. Okur ve okuduğu şeyleri muhakeme ederdi.

Fatma Aliye'nin ölümü, hem edep hem de edebiyat için bir zayiattır."

Bu değildi. Yazmak istedikleri bu değildi. Hissedileni yazamamak, bir hayattan yazı çıkaramamak mıydı bu kuru satırlar? Merhumenin ruhunun geleceğinden endişe ediyor bir an. O dimdik haliyle, "Efendim, insanın kendisini unutturmak bahsine saygı göstermek icap eder, öyle değil mi?"

Yaşamak nedir ki, diye düşünüyor Ercüment Ekrem? Temmuz ayına hiç yakışmayacak bir rüzgâr esiyor dışarıda. Rüzgârın, Fatma Aliye Hanım'a kabrinde arkadaş olacağını düşünüyor. Bu düşünce ile teselli buluyor.

Bir sigara yakıyor. Külünü yerlere döke saça iniyor merdivenleri. Çaycı çocuk, "Bu akşam erkencisiniz üstadım" diyor. Cevap vermek yerine, eliyle havada bir daire çiziyor.

Fatma Aliye bile bu dünyadan böyle uğurlanıyorsa... Kendi cenazesini de belediyenin kaldıracağını düşünüyor. Başkasının ölümünde kendi ölümüne ağlıyor.

kilitli kalmak

dört yıl önce feriköy mezarlığı

Tuhaf bir heyecan. Damarlardan kan böyle mi çekiliyor? Ürperiyor. Dişleri birbirine vuracak neredeyse. Üşüyor.

"Fatma Aliye Hanım'ın mezarı hemen girişte, sağ tarafta." Böyle söyledi torunu. Hangi girişte? "Üç girişi var" diyor görevli. Bir iken görevli, iki oluyor. İki iken dört. Her tarafta adamlar. Kimi resmî kıyafetli, kimisi serseri görünüşlü.

"Hangi tarihte öldüğünü biliyor musunuz?"

"13 Temmuz 1936."

"Daha önce hiç gelmemiş miydiniz?"

Ses tonu, suçlamanın bütün renklerini barındırıyor.

"Gelmemiştim."

Renksiz bir ses. İpucu vermeyen. Pişmanlık ya da savunma içermeyen.

"Defterden bakalım."

Defterden bakılıyor: 36. pafta.

Hava yağmura iyiden iyiye hazırlanmış. "Kara gökler kül rengi bulutlarla kapalı." Yağmur. Yağmur neyi bekliyor?

Sağ tarafa gidecekken, hep sol tarafa gidiyor. Her mezar taşını okuyor. Her okumadan sonra borçlandığını bile bile. Ruhuna Fatiha. Ruhuna Fatiha. "Mezar taşlarını okumak unutkanlığa alamettir." Şimdi burada, unutmak ile hatırlamanın birbirini yeniden yeniden inşa edişini tuhaf bir büyü gibi hissediyor. Hatırlamak için, bir şeyleri unutmak gerekiyor. Unutmak için, o asla unutulmaması gerekenlerin baskısı şart. Hatırlamak ve unutmak. "Fatma Aliye Hanım, siz benim için epistemik unutuşun, epistemik unutuşun, epistemik unutuşun..." Arkası gelmiyor. Öznesi, diyemiyor. Kahramanısınız, diyemiyor. Dönüm noktasısınız, diyemiyor. Fatma Aliye, Fatma Aliye olarak kalıyor. İmajsız. Tasvirsiz. Salt kendisi olarak. Kendisi?

Kabristanın bütün ahalisi, onlara ilâveten arkadaşı, canhıraş bir şekilde Fatma Aliye Hanım'ın kabrini ararken; her defasında adı neydi, hangi tarihte ölmüştü diye sorarlarken; o, sakin sakin başka mezar taşlarını okuyor. Onunla aynı tarihte ölenlerin, onunla aynı tarihte doğanların mezarlarını. Sanki hazırlanıyor. Bulmaya. Bulamamaya da razı. Bulduğunda da bulmuş olacak. Bulamadığında da bulmuş olacak. Ama henüz hazır değil. Sanki kalabalığın karşısında kürsüye çıkacakmış gibi. Kelimeleri unutuyor. Etrafında koşuşturan resmî ya da gayrıresmî görevlilerle konuşmayı beceremiyor. Kesik kesik. Adamlar suçluluğuna veriyor. Ayak üstü, yetmiş yıldır babasını ziyaret etmeyen, yetmiş yaşındaki kadının hikâyesini anlatıyorlar!

"Biraz önce. Siz geldiğinizde kapıdan çıkan iki kadın vardı ya. Beyaz saçlı olanı Antalya'dan gelmiş. Bunca yıl hiç ziyaret etmemiş de, şimdi babasının mezarını arıyor. Koca mezarlık burası. Gelip bakmazsan ölüne. Sahip çıkmazsan..."

Öleceği anca aklına geldi, demeye getiriyor zeytin gözlü, siyah saçlı delikanlı. Kendine ölümü hiç yakıştıramadığı için. Ölülerini unutmuş olanları affetmiyor.

Hatırlamak, hayatı ertelemek ya da durdurmak mı? Hayat son sürat koşuyor. Her şey birbirine karışıyor. Bu karşılaşma için o kadar çok hazırlanmıştı ki... Kendine rağmen. Sanki bir şey olacak; Fatma Aliye, beni bırak, diyecek. Beni bırak, demesini duymamak için, ertelemek için, kırk dakikadır dolaşmakta olduklarına aldırmıyor. Havaya bakıyor. Bulutlara. Sanki, önce bulutların kapısından girecek içeri.

Taşa resmi oyulmuş, kolsuz elbise içinde poz vermiş geçmiş zaman kadınına takılıyor gözü, onun da adı Fatma:

"Temiz kalpli bir insandı sağlığında. Gülmedi. Niçin doğdu? Niçin talihsizdi? Niçin öldü; biz bilmiyoruz. Kimse bir şey söylemiyor ki.

Manisa 1907 - İstanbul 1937"

Ne çok şey söylüyor, "bilmiyoruz" fiili.

Kitabeler ne çok şey söylüyor.

Kadınların tarihi ve talihi mezar taşlarına kazınmış. Erkeklerin hikâyesi hayatta kaldığı için mi bu itina? Kadınların talihini yazmaya gayret taşın üstüne. Üç cümle ile.

Bazen de, kadının değil hayatındaki erkeklerin hikâyesi kayıtlı kalmış:

"Burada yatan (yazı okunmuyor) evrak kaleminden merhum Bay İsmail Hakkı eşi ve matbaacı Hüsnü Onaran'ın anası Bayan Nimet'tir. 1856-1937

Hak ganî eylesin
Merhumeye rahmetin
Kıl hediye ruhuna
Bir fatiha Nimet'in."

"Buldum buldum" diye bağırıyor görevlilerden biri.

"Romancı demiştiniz, değil mi?"

Bir koşuşturma, bir telâş.

Arayan kıpırdamıyor bile. Fatma Aliye'yi arayan. Taş gibi ağır.

Yüksek sesle okuyor görevli.

"Yeni Asır sahibi merhum Abdurrahman Arif kızı Rabia Arif Bilgin, kalbinde şefkat hazinelerini ve vatan sevgisini sanatkâr kalem ile romanlarına serpen Türk muharriresi, burada medfûndur. Onu rahmetle anınız."

Ayağının dibinde salyangoz. Basmamak için adımını olabildiğince açıyor. Kocaman bir adım. Kocaman bir adım. Rahmetle anınız. Rahmet ile anınız. Kabirlerin dili taşlarında aşikâr. Bastırılmış merak, dipten gelen dalga gibi sarsıyor. Ah, siz ne söylüyorsunuz Fatma Aliye Hanım. Sizin taşınız ne söylüyor? Epistemik unutuş / unutuluş. Sizin taşınız ne söylüyor?

Bulsa da bulmuş, bulmasa da bulmuş olacağını düşündüğü halden çıkıyor. Kendi kuyusundan çıkıyor. "Zincirlikuyu'da hepsi kayıtlı, telefon edelim" diyen yeşil gözlü görevlinin teklifini hatırlıyor.

Görevli, kot pantolonlu, soluk siyah tişörtüyle rüzgâra rağmen dolaşan adama soruyor: "Sen bilmiyor musun?"

Bilgi istiyor, soluk siyah tişörtü ve taba rengi sivri burunlu ayakkabıları olan esmer adam. Bilgi verin, hemen götüreyim edasında. Aramakta olan hiç yüz vermiyor. Üstelik görevlileri lakayt bulduğunu saklayamıyor. Telefon edilecekse edilsin. Kim bu adam?

"Ailesinden herhangi biri mesela."

"Kızı olabilir yanında. Nimet Selen."

"Nimet Selen mi? Tiyatrocu Suna Selen'in nesi oluyor?"

Buldu işte, buldu. Bu adam şimdi götürecek. Hissediyor. Ama hayır hiçbir yere götürmüyor. Çünkü zaten oradalarmış. Orada. Nasıl görmeden geçip gittiler. Bu çeşmenin önünden en az iki defa geçtiklerini hatırlıyor.

Mezara yaklaşamıyor. Çekim gücü. Bir taraftan itilirken, bir taraftan engellendiğini duyuyor. Gök boşaldı boşalacak. Şimdi boşalsa, hemen şimdi boşalsa. Göklerden inen rahmet ile birlikte karışsa toprağına.

Önce heyecanını yenmeli. Bir ölü ile karşılaşmanın heyecanını. Karşılaşmak. Karşılaşmak mıdır bu sahiden? Yerin altında kalmış. Yetmiş yıl evvelinden bir beden.

"Beni yalnız bırakın" diyor adamlara.

Yalnız bırakmıyorlar. Tam şimdi seyirlik sahne ortaya çıkmışken. Beş altı adım uzaklaşıyorlar.

Adamlar gitmezken, arkadaşı uzaklaşıyor: "Ben seni yalnız bırakayım."

Yağmur boşalıyor. Ezana yağmur, yağmura ezan karışarak. Bulutlar kapısını aralıyor mu?

İyi geldi yağmur. Gözyaşlarına arkadaş. Ağladığını saklayabilecek böylece.

Yeni bir adam daha çıkıyor ortaya: "Yakınınız mıydı?" Cevabı beklemeden yüksek sesle okuyor. Tekrar tekrar okuyor. Tekrarlar, "sizin yakınınız olamayacak kadar eski"yi paketlemeye çalışıyor. Bu adam, birinin ayak izinden yaşanılan hayatı tamir etmeye çalışmanın müşküllüğünü ne bilsin! Yakınım mıydı? Yakınlık ve uzaklık nedir, insan söz konusu olduğunda? Kim kime yakındır? Yakınlığın ve uzaklığın mayası hangi kapta kabarır? Sen bensin. Ben de sen. Böyle biri var mı? Ne sen, sensin; ne de ben, ben. Bunu biliyor. Ben olamayışı biliyor. Dağılmayı. İmha olmayı.

Beklediği bu değildi lâkin. Bunu hiç beklemiyordu. Bunu... Oradayken buluşamamış olmayı. İki defa önünden geçip gittikleri yerdeymiş. Çeşmenin karşısında. Çalakalem yazılıvermiş, bir acemi tarafından yazılıvermiş bu taş. Taş. Taş. Taş, şimdi kalbinin üstünde. Bıraksa kendini uluyarak ağlayacak. Bağırarak. Gözyaşından destanlar yazacak.

Destanı dişleri yazıyor. Kimselere fark ettirmeden sol elini ısırıyor.

Birbirine hiç uymayan harfler. Kim yazmış? Harf inkılâbı yapılalı sekiz yıl olmuş. Başka taşlar onca itinalıyken... Kim yazmış? Cenazesinde 15-20 kişi varmış. Mezar taşını da yeni harfleri hiç bilmeyen biri yazdı belki de. Kâğıdın üstüne yazdılar. O da baka baka mermere kazıdı.

MUHARİRE FATMA ALİE
MUVERRİH MERHUM AHMET CEVDET PAŞA KIZI
13 - 7 - 936
ULVİ, PAK VE TEMİZ RUHUNA FATİHA

Sadece babasının kızı olarak ölmüş. Babasının kızı olarak. Hayatta tek vazgeçmediği kimlik buymuş demek ki. Babasının kızı.

Bir yanında kızı yatıyor. Bir yanında iki aylık bir bebek. Fatma Aliye, babasının kızı olarak yatıyor; yanı başında kendi kızı, Fatma Aliye'nin kızı olarak. İsimler ve nispetler. Fatma Aliye hep babasının kızıydı.

Birden katıldığı radyo programı geliyor aklına. Gözyaşları içinde bitirmek zorunda kaldığı radyo programı.

Öylesine konuşurken.

Havadan sudan.

Sözden ve yazıdan.

Hayattan ve hızdan.

Öylesine konuşurken.

Yani her zamanki gibi. Her zamanki gibi, soru soranlar kendi sorularının peşine düşmeyip, yani verilecek cevabı beklemeyip, henüz ağzını açmışken yeni soru sormanın telâşında, sadece ben sorayım, ama sen hepsine cevap vermek zorunda değilsin, zaten senin cevaplarının ne önemi var, sen yalnız ben sana soru sorayım diye buradasın edalarında, seslerinin en teatral tonunda uçmuş gidiyorken…

Öylesine sorulmuş bir soruya takılıp kalmıştı. "Şu ara okuduğunuz kitap?" demişti sunucu. Turkuaz ceketi vardı. Vücut dili de, kullandığı kelimeler kadar zarifti. Kendi sorularını önemsemesine rağmen zarifti. Görüp göreceği en zarif radyocuydu belki. "Son okuduğunuz kitap?" demişti. "Son" kelimesinin nasıl bir son hazırlayacağını bilemeden. Bilememenin bütün mazeretlerini çoktan hak eden olarak. "Çöl Kraliçesi'ni okuyorum" diye anlatmaya başlamıştı. Soran, kısa konuşmalara, kısa cevaplara ayarlıydı. Hızlı olması için kısa olmalıydı her şey. Oysa o, uzun ve yavaş zamanların iklimine aşinaydı. "Esasında" diye başlayıvermişti: "Esasında yayınevinden gönderdiler kitabı. Şöyle bir baktım önce. Irak sınırları yeni baştan ve daha kanlı olarak çizilirken; Irak'ı cetvelle çizen kadın diye tanınan, Arabistanlı Lawrence'ın akıl hocası olarak tanınan Getrude Bell'i, 'Çöl Kraliçesi' imajı içinde sunan kitaptan önce tiksindim. Iraklı Nur'un mektubu vardı içimde. Amerikalı askerlerin tecavüzünü anlatan mektubu. Ebu Gureyb kadınlar koğuşunda, başını duvarlara vura vura intihar edenleri anlattığı mektubu."

Ağlamaya başlıyor. Elleri titriyor anlatırken. Kendini susturmayı beceremediği için konuştuğunu biliyor. Yüzündeki çizgilerin her biri yeni çizgiler doğururken, sesi ve elleri titrerken, anlatmaya niye devam ettiğini bilmeden, sadece susmayı beceremediği için anlatıyor: "Şöyle bir bakacaktım. Birkaç dakika en fazla. Ama onun, Fatma Aliye'nin çağdaşı olduğunu fark ettim ansızın."

Öylesine sarhoştu ki, kendinden tam yüz yıl önce dünyaya gelmiş ve üstelik kendi adını taşıyan kahramanını anlatırken. Sunucunun yayından çıktıklarını ilân eden işaretini bile anlamamıştı. Nedensiz yaşlar akıyordu gözlerinden. Niye ağladığını bilmiyordu.

"Hayat her zaman tek kişilik değildir" demişti en son. Fatma Aliye'nin hayatı, Fatma Aliye'de bitmedi.

Ölülerin ziyaretçilerini duyduklarına dair hadisler, mezarın üzerinde asılı duruyor alt alta ve Arapça. Arapça bilmemesine rağmen yine de anlıyor hepsinin manasını sanki. Sanki İbnü'l

Cevzî gelmiş Kitabu'r-Ruh'u okuyor. Neden şimdi burada, Fatma Aliye'nin mezarı başında İbnü'l Cevzî'nin sesi doluyor kulaklarına. Yazı değil ses. Mümkün mü? 1351'de vefat etmiş bir âlimin sesi? Muhayyile böyle bir şey. Kes yapıştır. Kes yapıştır.

Ansızın sabaha kadar gördüğü rüyaları hatırlıyor. Korkarak. Ürpererek. İbnü'l Cevzî'nin sesine sığınmak bunun için demek ki. Mezarlığa giden ziyaretçilerin mezarlıkta uyuyakalmaları ve rüyada ziyaretlerine gelen mezar ehli. Şimdi burada uyuyup kalmaktan korkuyor. Arkadaşını arıyor. Nereye gitti? Şimdi uyuyup kalacak. Ağırlık çöküyor üstüne. Oysa konuşmaya geldi buraya. Sizi yazmam mümkün mü, diye sormaya geldi. Geçmiş hep bugünden yazılıyor; bugünden sizi yazmaya kalkarsam en ziyade sizi eksiltmekten korkarım, diye konuşmaya geldi.

Perşembe sabahı geldi işte.

İbnü'l Cevzî zihninde mihmandar.

Ölülerin haberdar olacakları zaman, diye geldi perşembe gününe sığınıp.

Ama konuşamıyor. Ölüler duyar. İnanıyor. Ama duymaları için konuşması gerekiyor. Neden konuşamıyor? Öylesine anlatacak... Ne biriktirdiyse yıllardır. Anlatacak. "Size rastlarken kendimi, kendime rastlarken sizi buldum" diye başlayacak. "Sizi bulduğum noktada kaybolma hikâyelerine karıştınız." Oraya gelmekten korkuyor. Kaybolma hikâyelerini deşmeye hakkının olup olmadığı konusunda hâlâ mütereddit. Kime anlatsa, şeksiz şüphesiz yaz cevabını alıyor. Yaz.

Tarihî bir kahramanı yazmak, yazarın ne kadar hakkıdır? Tarihe kaydı düşülmüş olaylara rağmen anlatıcı ne kadar, neyi anlatabilir? Yaşarken böyle bir hikâyenin bütün ağırlığını zaten üzerinde hissetmiş Fatma Aliye... Her şeye rağmen başını dik tutuş. Bulutların arasına karışmış bir baş.

"Neden Topuz soyadını aldınız?" diye bir ses duyuyor. Şaşırıyor. Bu ses kendinden çıktı. Çıkabildi. Topuz. Evinin erkeğini yitirmiş kadınların, kendilerine katı, kallâvi, eğilip bükülmeyen soyadı seçişlerinin izini sürmeye kalkışını hatırlıyor. Fatma Aliye'nin anne tarafının Topuzlar sülalesi olduğunu öğrendiğinde, kurduğu yapı nasıl da çökmüştü! Kimseler bilmesin diye mi? Ama mezar taşına işlenmemiş Topuz soyadı. Öylesine, mecburiyetten. Hiç benimsenmeden edinilivermiş bir soyadı: Topuz.

"Bana kendinizi açın, Fatma Aliye Hanım."

Her nefs ölümü tadacaktır. Nasıl yaşadıysanız öyle öleceksiniz.

"Siz nasıl öldünüz Fatma Aliye Hanım? Yaşadığınız gibi. Nasıl yaşadığınızın izini bulmam kolay mı?" Bugünden düne gitmek ya da bugünden yarına gitmek. Hangisi daha zor?! Bugünden yarına hülyalarla gidiliyor. Olması istenenlerin yol göstericiliğinde şekillenen hülyalar. Bugünden düne giderken, hep yarı yolda kalmışlık var. Yaşadığımız hikâye değiştikçe dün de değişiyor. Ama dündekiler bu kadar değişik yaşamamışlardı ki. Dün kurguya gelmeyen. Hayale sığmayan.

Siz nasıl öldünüz Fatma Aliye Hanım? Romatizmalarınızı biliyorum. 1924'te Paris'e gitmiştiniz ağrılarınız için. Yanınızda Nimet. Bedeninizin gittikçe kuruduğunu da biliyorum. Her ölümden ve ayrılıktan arta kalan olduğunuzu da.

İlk ölümünüz 1928 miydi? 1928'den sonra kaç defa daha öldünüz? Her ölüm zor. En zoru tekrar tekrar ölmek mi? En çok 1928'de öldünüz. En büyük mezardı 1928. Hayat arkadaşınız bırakıp gitti. İyi ki gitti, dediniz mi? Kızınızın peşinde savrulurken, baba yadigârı mülkleri tek tek elden çıkarırken, iyi ki Faik Paşa yaşamıyor, diye şükrettiğiniz oldu mu?

1895'te kudretli ve devletli Cevdet Paşa ölmüştü. Bir âlimin ölümü âlemin ölümüydü. "Bildiğini pek ziyade bilmesiyle mağrur" Cevdet Paşa'nın yokluğu, sıralı ölüm tesellilerine sığıyor muydu?

Pederinin yokluğuna yalnızca beş yıl dayanabilen ağabeyiniz vefat ettiğinde, size olan kırgınlığını affedebilmiş miydiniz? Ahmet Mithat Efendi'ye kendinizi açmanızı bağışlamayan biraderinizi, siz bağışlamış mıydınız? Ondan geriye, yani tarihe, sadece bir kırgınlık kalmış olması acı değil mi? Ne Salih Zeki ile giriştiği mantık tartışmaları hatırlarda, ne de kırklı yaşlarında, yani hayatının en olgun döneminde gidiverişi. Şimdi buradakiler, erken giden oğlun hikâyesini hiç bilmeden yanlış çıkarımlar yapıyorken...

1928'de damadınızı da kaybettiniz. Onu hiç damat olarak kabul etmemiştiniz. Dul kalmış Ayşe'yi affettiniz mi? Tanassur etmiş İsmet'in peşinde koşarken, hocası ile evlendi diye affetmediğiniz Ayşe'yi nasıl o kadar kolay gözden çıkarmıştınız? Cenazede yoktunuz. Mason Locası tarafından kaldırılmış cenazede...

1928'de, tarihi kaybettiğinizi düşünme fırsatınız oldu mu? Siz ki Kosova Meydan Muharebesi ile Ankara Savaşı'nı mukayese edecek kadar tarih felsefesine vâkıf idiniz.

Neden sustunuz?

Sesinizi nereye sakladınız?

Ölünceye kadar Osmanlıca yazdığınızı biliyorum. "Bu harfler okumak için iyi, lâkin yazarken hız kesiyor; yazının hızı kesilince düşüncenin de hızı kesiliyor" dediğinizi biliyorum.

Başka. Bana kendinizi açın Fatma Aliye Hanım. Her arayan bulmaz, lâkin bulanlar yalnız arayanlardır. Bana kendinizi açın.

Bana kendinizi açın. Size doğru çıktığım bu yolculukta, hiç olmazsa bir defa kendinizi bana aşikâr kılın.

Rüyalarım size ayarlı. Gelmiyorsunuz lâkin. Yine de her gece boş bırakıyorum. Rüyaları boş bırakmayı bilir misiniz?

Uykuya geçmeden önce günün bütün kıymıklarını temizliyorum.

Kalbime batanları, fikrime batanları. Hepsini çıkarıyorum.

Sanki uykum bir mekân. Siz geleceksiniz. Sizi ağırlamak için dalıyorum uykulara. Dipsiz denizlere dalar gibi. Sonra uyanıyorum. Gelmemiş oluyorsunuz. Rüyalarıma doğmamış.

İlk muharrireyi güneşte arıyorum. Mevsim kış ya da yaz fark etmiyor. Pencereye koşuyorum. Fecrin renklerinden fal tutuyorum. Falda her defasında tek bir cümle okunaklı oluyor: Fatma Aliye; uzak ülke.

Kalbim yakın olmalı. Değil. Kalbim yakın değil. Bunca emek ve meşguliyetten sonra yakın olmasını umut ediyorum. Bulduğum her yeni belge ile size yaklaştığımı/yaklaşacağımı sanırken, uzaklaşıyorsunuz. Size vardıkça aramızdaki mesafe açılıyor. Kim gidiyor? Uzaklaşan neyden uzaklaşıyor da, kime yaklaşıyor?

"Ağaç devrilmiş. Gelin gelin."

Adamlar sese doğru koşarken bahçıvan geliyor. Gönüllü bahçıvan. Mezarlıkta büyümüş olan bahçıvan. Bir elinde sünger bir elinde deterjan taşıyan, yedi sekiz yaşlarındaki bir çocuğu gösteriyor. "Bunun kadar yoktum."

Konuşmaya dermanı yok ki.

Ama o, ille de anlatmak istiyor: "Bu mezara ben bakıyorum. Torunu bana emanet etti. Tiyatrocu. Titiz kadın. Ayda bir muhakkak gelir. Mezarları fırçalar. Siz on beş gün sonra gelin. Yemyeşil göreceksiniz buraları. Şu ceviz ağacını görüyor musunuz; üç yıl önce ben diktim."

Mezarlara ceviz ağacı dikilmez. Kendiliğinden biterse başka. Kökleri kavidir ve hızla büyür. Kabirdekinin toprağına rahat vermez ceviz ağacı. Rahat mısınız orada Fatma Aliye Hanım?

Yerden kalkıyor arayışlardan maya çalan. Üzerine plastik menekşelerin, plastik çimenlerin iliştirildiği mezara kadar ağlıyor. Kendinden geçmişçesine ağlıyor.

Mezara bu plastik çiçeklerden koymak da nedir?

Yolup almak istiyor. Yaşanılan hayatın naylonlarına karşı yenik düşmüşken... Fatih'in caddelerindeki plastik palmiyeler ile çay bahçelerinin plastik çimenleri ile mücadele edememişken...

Vasiyet yazma zamanı belki de. Beni alkışlamayın vasiyeti gibi, sakın ola kabrime plastik çiçekler bırakmayın.

Karşılaşma ânı günlerce anlatılacak. Günlerce. Her anlatışta deli mavi suların dışarı sızdığı biline biline.

Buldu mu? Bulduğu için mi "bulmuş" olacak. Bulduğu için, esasında hiç bulamadığını mı idrak etmiş?!

Bulunan kimdir? Orada öyle yatan. Satırların Fatma Aliye'si ile "babasının kızı" olarak yatan Fatma Aliye arasındaki mesafe kapanacak mı?

üç yıl önce
kadıköy kafe

Aniden çıkmıştı karşısına. Kadıköy meydanında. Aylardan Şubat mıydı? Karşıya geçecekti. Keşke bu kadar programlı olmasaydı. Keşke zamanın akışına teslim olmayı becerebilseydi. Keşke. Bir pişmanlığı beyhude toparlamaya çalışmak keşkeler eşliğinde. Toparlanmıyor işte. O gün ne kadar cesurdu. İnsan selini yarıp varmıştı. Bir daha hiç bu kadar cesur olamayacağını bilmiyordu.

Çiçekçilerin yanında görmüştü onu. İncecik geçip gidiyordu meydandan. Aylardan Şubat'tı ama sanki mevsim bahardı. Selâm verdi. Hiç düşünmeden. "Sizi ne çok tanımayı istemiştim" dedi. Meydan durdu. Herkes durdu. Eylem halinde olan yalnız ikisi. Ayak üstü, nefes nefese konuştu. "Fatma Aliye," dedi. "Büyükanneniz. Ben. Yani şey. Onun hakkında. Size... Ulaşamadım. Büyükanneniz."

Şimdi hiçbirini hatırlamıyor. Yalnız heyecanını hatırlıyor. Coşkusunu. Bir yerde, bir kahve içebilirlerdi. Ah, dakikliği.

Onca coşkunun arasına girmeyi becerebilen dakiklik. Vapur kaçıyordu. Kaçsındı. Hayatımda bir defa da, ben yaptım oldu, diyebilseydi. Suna Selen'i gördüm. Tanıştım. Konuşacak o kadar çok şeyimiz vardı ki, bu derse gelemedim, diye mazeret sunsaydı öğrencilere. Hangi öğrencilere, Fatma Aliye'yi dinlemek üzere kilometreler kat etmiş öğrencilere mi? Ne yârdan geçilirdi ne serden.

Telefonunu vermişti Suna Selen. Bir telefon numarası kadar yakın olmanın emniyetine sığınıp yetişmişti, esasında kaçırılması, hiç binilmemesi gereken vapura.

Tekrar tekrar konuşmalar. Tekrar tekrar yaşanan hayal kırıklıkları. Kardeşim daha iyi bilir, diye kapatılan telefonlar. Kardeşin görüşmeye hiç yanaşmaması.

Fatma Aliye'yi rüyalarda beklemek. Bari torunlarının rüyasına lütfetseydi. Üzmeyin çocuğu, deseydi.

Onca buluşma denemesinden sonra nihayet karşı karşıyalar işte.

Nihayet. Gelenler gelmiş oluyor mu? Emin değil yine de.

Vapur düdüğü. Martı çığlığı. Satıcı sesleri. Trafik uğultusu. Çiçekçilerin ille de mimoza satma cehti. Yan masaların, kendinden başka kimseleri umursamayan dipsiz sohbetleri. Her oturanın, nefes almasına bile fırsat vermeyen garson tetikliği.

Aramızda bu kadar çok ses varken, sizin bedeninizden anneannenize vasıl olacak mıyım?

"Tarlabaşı'ndaki ev annemin elinde kalan tek mülktü. Cevdet Paşa'dan kalan bütün mülkler, teyzemi bulmak için dedektiflere harcanmıştı."

Anlatırken hiçbir duygu girmiyor kelimelerin arasına. Rüzgâr, boynundaki morumsu fuları yüzüne dokunduruyor. Ağır bir ritme ayak uydurur gibi.

Bir oyuncu ile konuşmanın farkını yakalamak istiyor kelimeler arasındaki boşluklardan, kelimelerin yüze vuran yankısından. Hayat gerçek olduğu için, inandırıcılık gerektirmediği için, inanıp inanmamak muhataba terk edildiği için mi bu yalın anlatış! Oysa tiyatro sahnesinde, inandırıcılık kazansın diye, her rol jest ve mimikler eşliğinde, kelimelere yüklenmeye çalışılan duygular eşliğinde, tekrar be tekrar gözden geçirilecektir.

Şimdi dümdüz bir ifade. Bu düz ifade, aramızda kelimelerden köprü kurmanın, hiç olmazsa geçmişin sokaklarında buluşmanın bile uzaklığına mı delalet etmektedir? Yaşanmış olanın ağırlığı, hiçbir teatralliği kaldırmıyor belki de. Yaşanmamışlar için ışık, ses, sahne düzeni. Şimdi yaşamıyor gibi yaşadığımız için mi hayatın bir sahne düzenine dönüşmüş olması.

"Büyükannem ilk feministlerdendi" diyor gururla.

"Büyükanneniz, onu tanımlayan kelime feminist kelimesi olamayacak kadar..." Cümlenin arkasını getiremiyor. İslâmcıydı, diyemiyor. Sait Halim Paşa, onca Avrupaî hayat tarzına rağmen İslâmcı oluyor da, Fatma Aliye'nin İslâmcı olmasını engelleyen ne? Taaddüd-i zevcat'a karşı çıktığı için mi? Kızların eğitim hakkını savunduğu için mi? Kadınlar kadınlardan yana olunca, elimizde feministten başka kelime kalmıyor mu?

Büyükannenizin hikâyesine hangimiz daha yakınız?

Garson çay getiriyor masaya. Martılar oturanları korkutacak kadar yakından uçuyor. Yan masalardan bir kadın sadece karşısındakine değil, orada bulunan herkese duyurmak istercesine haykırarak anlatıyor.

"Geçen gün Bostancı'da yürüyordum. Pat, kafama bir şey çarptı. Etrafıma bakındım, top mu çarptı diye. Ay o ne! Kafamın üzerinde bir karga. Çarpan, karganın kanadıymış meğer."

Kadının karşısındaki adam kahkahalarla gülüyor. "Kargalar dört yüzyıl yaşarmış, biliyor musun?" diyor kahkahalarının arasından kadına.

"Büyükannenizin doğumunun, yüz…?" Özellikle tamamlamıyor. Pat diye söylemesini bekliyor. Yüz, diye başlayan cümle yarım kalıyor. Artık tamamlayamaz. Ayıp oldu. Konuşmanın düğümünü yeniden açabilmek için uzun uzun anlatıyor:

"O da doğduğu yüzyılda ölmeyenlerdendi. Doğduğu yüzyılda ölmeyenler, belki de yaşadıklarından koparak ayrılanlardı. 1862'de Abdülaziz zamanında doğdu, Abdülhamit zamanında ismini kazandı ve Mustafa Kemal Türkiyesi'nde kendisini unutturdu."

"…"

"Ali Sedat Bey'in çocuklarını, Emine Semiye Hanım'ın çocuklarını biliyor musunuz? Onlarla görüşüyor musunuz?"

"Siz söylediniz ya..." diyor biraz alaylı. "Biz, yaşarken kendimizi unutturmayı tercih ettik. Dar gelirli bütçemizle onurlu bir hayat sürdürdük. Evet, yazlığımıza giderdik. Kardeşim baleye yazdırılmıştı. Ama ben, iki bale ayakkabısı alamayacakları için tiyatro kısmına gönderildim. Sen zaten incesin, dedi annem. Böyleydi. Yılda bir ayakkabı alınırdı bize. Okul zamanına denk gelmesine dikkat edilirdi. Savaşın çocuklarıydık biz. İkinci Dünya Savaşı bitmiş, eve beyaz bir şey gelmişti. Herkes ne kadar seviniyordu o beyaz şey için. Ben çayın tadını o beyaz şey ile hiç sevmedim. Çünkü ondan önce çayın içine kuru üzüm atardık. Kuru üzümlerin şişmesini beklemek hoş bir eğlenceydi bizim için."

"Yani sizin... Tarlabaşı'ndaki ev..."

Cümlesini tamamlamasına izin vermiyor.

Hayatının tesadüflerini anlatıyor. Hayatına yön veren esas notanın, dikbaşlılığı ve inatçılığı olduğunu anlatıyor. Gerisi hep tesadüftü işte. Ressam olmak için evlenmişti. Evliliği devam etmediği için defilelere çıkmıştı. Bir tesadüf eseri tiyatroda oynaması teklif edilmişti. Her şey bir tesadüftü. Aslolan onun inatçılığı.

Bunca tesadüfîlik ve inatçılık arasında, sorusu yarım kalmıştı. Yarım ve anlamsız. Anlamsız ve uzak. Uzak ve isabetsiz. İsabetsiz ve içi boş. Halbuki sesiyle formüle etmeden evvel, içinde saklı tutarken, her şey pek düzenli, pek ahenkli geliyordu. Hayat düzen kaldırmıyor mu?

"Osmanlı aristokratlarının çocukları hep sanatkâr oluyor. Cemile Sultan'ın torunu Prenses Mevhibe, Muhsin Ertuğrul'un kumpanyası ile Trabzon'a kadar gidiyor. Halk, Osmanlı bakiyesi bir prensesin imajına, prensesin kendisinden daha çok değer veriyor. Siz... Yani Ahmet Cevdet Paşa'nın torunu olarak... Bir tiyatro sanatçısısınız."

Bu ciddi tespitlere gülüyor. "Hayatı bu kadar ciddiye almayın kuzum. N'olacaktı? Bize iyi bir zevk estetiği verilir. Hayata karşı en önemli şey, bu zevki kazanmak olarak verilir. Ne yaparsın, sen de kazandığın bu zevk estetiğini hayatının bir parçası, işin haline getirirsin."

Konuşmanın ortasına bir fotoğraf düşüyor. Ufka bakar gibi bakıyor, hayalinde takılı kalmış resme.

Abdülhamid'in oğlu Şehzade Abdürrahim Efendi'nin koltuğunun altına kemanını sıkıştırdığı resme. Sandalyenin üzerine oturmuş. Bir eli, pantolonunun cebinde. Diğer elinde, kemanın yayını tutuyor dizlerinin üstünde. Kemanını niye koltuğunun altına almış? Fotoğrafın altında, "Abdürrahim Efendi'nin kemancılık yaparken alınmış resmidir" diye yazıyor. "Kemancılık yaparken..." Bu fotoğraf çantasında olabilir mi? Teorisini desteklemek üzere, hayatını sanatçı olarak kazanan 'Son Osmanlıların' resimlerini taşıyor yanında.

Hay Allah! Çantasını masaya döküyor. Masanın üzeri bir sürü ıvır zıvır ile doluyor. Ama fotoğraflar yok. Hiç olmazsa, son sadrazam Tevfik Paşa'nın eşi Naciye Neyyal'in resmini bulmuş olsaydı. Ama o resim, teorisini ispatlamaya yetmez ki. Neticede Naciye Neyyal hayatını bir ressam olarak kazanmak zorunda kalmamıştı.

Utanarak topluyor çantasını. Utancı kaldığı yerden devam etmesine engel değil yine de.

"Yani, Osmanlı aristokratlarının torunlarının sanatçı olmasının sebebi sadece bu mu? Dedem, en kötüsü saz çalmaktır. Onu da becerip duvara asmak lâzım, derdi."

"Dedeniz aristokrat mıydı?"

Ancak aristokratlar böyle sorabilir.

"Hayır. Dedem aristokrat değildi. Molla idi. Molla Mehmet."

Tekrar, "Yani" diyor ikinci defa yani deyişinden utanarak. Bu defa yani'nin perdesi yüksek. Yan masalar susuyor ansızın. Yani esrarlı bir kelime demek.

"Yani, duvardaki sazı indirdiniz. Sadece bu mu? Kurduğum teori çökecek bu durumda."

"Teori" sözü, yan masaların ilgisini iyice belirgin hale getiriyor.

Değişik bir tını içinde kahkaha atıyor.

"Teori de sizin, yapı da."

Sonra hep başka şeylerden konuşuyorlar. Hep başka şeylerden. Başka başka yönlere giden konuşmanın ucunu, her defasında umutsuzca Fatma Aliye Hanım'a getirme gayreti.

"Anneniz Nimet Hanım, annesini nasıl anlatırdı? Fatma Aliye Hanım'ı...?"

"Anneannemi, annem müthiş bir hayranlıkla anlatırdı. Ellerinin güzelliğini anlatırdı. Sedef gibi parlayan cildini. O sedefin içinde, yeşil ırmaklar gibi akan damarları vardı diye anlatırdı."

Neden kadın yazarların ellerinin güzelliği özellikle öne çıkıyor? Woolf'un da ellerinin güzelliği anlatıla anlatıla bitirilemez.

"Başka?"

"Siz bulacaksınız kuzum. Ben de sizden okuyacağım."

Bulmak.

Kilitli kalmış bir hayatı hangi anahtar açar da, arananlar bulunmuş olur...

geçen yaz - ev

I-

Geçmişin sokaklarında iz sürmek, bir hayatı başka hayatlardan çıkarmak en zoru. Her zorluk, karanlığı koyulaştırmaya teşne. Bulduklarını bulunmamış yapıyor. Hayal ettiklerini, hayali hakikate uygun şekilde tasvir etmeye kalktıklarını yok ediyor. "Uydur uydur yaz" diyorlar; "Ömrümün yedi senesini bu ayak izine verdim" dediğinde. Meslektaşları, "Bulamadıklarından iz sürmeye kalkılmaz," diyor. "Bulduğun her ne ise, aradığın tam buymuş gibi yapacaksın. Bulduğun vesika üzerine bina edeceksin bütün geçmişi."

Bütün geçmişi tek bir vesika üzerine bina etmek. Bina etmeler heyecan vermiyor ona halbuki. Bina etmekten daha çok öğrenmek, öğrenmek için didiklemek heyecan veriyor. Geçmişin sokaklarında ışık olsaydı, öğrenmek yine bu kadar heyecan verici olacak mıydı?

Bir tek belgeden inşa edemiyor hiçbir şeyi, ama bir tek belge inşa ettiklerini yıkmaya yetiyor. Ahmet Mithat Efendi'nin hayat izini yazdıklarından sürmek, onun yazdıklarından Fatma Aliye'ye varmak. Olmuyor işte. Hiçbir hayat, bir başka hayatın ışığı olmaya yetmiyor tek başına.

Tekrar yazıya dönüyor. Geçmişin en münbit kaleminin satırlarına. Gece. Karşıdaki dürümcü bile kapattı ışıklarını. Son seferini yapan minibüsçüler, evlerine gitmeden önce dürümcüye uğradılar. Caddedeki sesler iyice azaldı. Televizyonların yeşil ışıkları sızmaz oldu camlardan. O hâlâ masanın başında. Bulabildiği her yazıdan onun hayatını çıkarmaya uğraşıyor, bulabildiği her hayattan onun imajlarını toplamaya.

Zihni dağılıyor. Birden karşısına çıkan velospit yazısı, kurduğu binayı darmadağın ediyor. Birisiyle konuşmak istiyor. Kiminle konuşulur bu gece yarısı? Ahmet Mithat Efendi kadınların bisiklete binmesini hiç tasvip etmiyor. Oysa Fatma Aliye'nin, genç bir kız iken bindiğini tahmin ettiği bisikletli bir resmi var. Bisikletli resim, Fatma Aliye imajlarının başka bir havuzda toplanmasını zaruri hale getiriyor. Gecenin bir yarısı, gece ne, şehrin sabahı karşılamaya hazırlandığı şu saatlerde, bütün bunları konuşacağı biri olursa, Ahmet Mithat Efendi'nin "velospit" modasına dair sözleri ile manevi kızı ilân ettiği Fatma Aliye'nin velospitli resmini uzlaştıracak.

Uzlaşmaları gerekiyor mu? Yazıyı tekrar tekrar okuyor. Üçüncü okuyuşunda, Ahmet Mithat Efendi'nin velospite binen kadından ziyade, velospite binen kadının fistanının kısa olup, ayaklarının bacaklarına doğru ziyadece görünmesine karşı olduğunu fark ediyor. (Fark etmiyor aslında, böyle yorumlayarak yıkılmış binayı yeniden kurmak istiyor.) Evet ya, bunu ilkin niye anlayamamıştı. Gece her şeyi örtüyor. Düşüncenin üstünü bile. Sabaha çıktığına şükreden hastalar kadar, içinin umut dolduğunu fark ediyor. Evet, bir kere daha okuyor. Tabiî ya, nasıl fark etmedi! Erkeklerin nazarını üzerlerine çekmeye çalıştıkları için eleştiriyor Mithat Efendi, bisiklete binen kadınları.

Fatma Aliye'nin kıyafetini hatırlamaya çalışıyor. Uzun bir elbisesi vardı. Başı açıktı. Ama bacakları görünmüyordu. Resmi bulmadan içi rahat etmeyecek. Neredeydi o resimler?

Resmi ararken, İstanbul'da ilk defa bisiklete binen, denize giren büyükelçi eşlerinin hikâyelerine rastlıyor.

At üstünde durmak gibi anlıyor belki de Fatma Aliye bisiklete binmeyi. Binmekten ziyade bisiklet ile poz vermeyi. Denge. Ayaklarının üstünde duran kadın imajı. Fatma Aliye'nin bütün meselesinin, Osmanlı kadınının Batılı kadından geri olmadığını ispat etmek olduğunu yeniden düşünüyor bu geceyarısı.

Ah, ispat yükümlülükleri!!!

Ne sanatın derinliği kalıyor ispat yükümlülüğü altında, ne tefekkürün kanatları. İspat, matematiğin kanatları, matematiğin hükmü altında yol açıcı. Sanat ve tefekküre en baş mesele olarak ispat karışınca, geriye kalan ispat edilen değil, bir yöntem.

Yöntem, sanat olmaya yeter mi?

Fatma Aliye'yi kendisine yaklaştıran bu mu? Herkese uzak iken, kendisine yakın kılan. Hayatı bir ispatlar zinciri altında yaşamaya katlanmak mı? Hiçbir şeyi hiç kimseye ispat etmek zorunda kalmasaydı, yine de yazmaya talip olur muydu Fatma Aliye?

O zaman Fatma Aliye'nin başka türlü yazacağını ve hatta belki de başka türlü yaşayacağını hayal etmeye çalışıyor. Gözünü içine açtığı yüzyıl o kadar uzun olmasaydı, başka türlü bir ilk muharrire... Bir an önce anlatmak, ispat etmek, hayran etmek zorunda kalmadan usul usul yazan bir ilk muharrire.

Romanını faydasız ilimden Allah'a sığınarak" yazmaya çalışırken, faydanın romanı kuşatan bir kavilik içinde her yeri işgal edişine razı olmak ile kendini arar gibi roman yazmak. Hayatı arar gibi yazmak. "Budur ve buradadır işte, tam da böyledir, böyle olmaklığının temel esbabı şudur..." demeden.

Onun, yüzyılı gördüğünü yazıyordu. Görülecek ne çok şey oluyordu. Görmek yük olmaya başlamıştı.

Fatma Aliye'ye, herkese uzak iken kendine yakın olan meslektaşına, bu geceyarısı haksızlık mı edecekti? Yorgunluk, tahammülü ve teferruatı öldüren. Oysa sanat teferruatta. Teferruatı tek tek, ince ince bütüne bağlamakta.

Şimdi uyumalı. Uyku ile uyanıklık arasında, beyhude yere Fatma Aliye'den bir işaret beklediğini kendinden bile saklayarak, ucu kırılmış bir tığ ile ilmekler tutturulmaya çalışılmalı.

İlmek. Neden ilmek dedi? Dün sabah, çok satan parlak kadın yazarı kalemine dolayan parlak eleştirmenin (Neden böyle herkes ışıl ışıl?) yazısını okumuştu. "Kadınlar, kadınca imgeler kurarak yazar olacaklarını zannediyor" demişti. Sonra da, "Üçüncü bölüm cıvık olmuş, dördüncü bölümün dibi tutmuş" diye yazmıştı. Ne şimdi bu! Kitabın yazarı kadınsa, tarifler mutfak ölçüleri ile oluyor demek. Tencere, dip, kıvam, tuz. Aynı parlak eleştirmen, pek beğendiği tıkız erkek yazarı, ontolojik, epistemolojik imajlar eşliğinde edebiyatın yeni prensi ilân ediyordu.

Bak şimdi, adama o kadar kızmıştı dip, kıvam yazıyor diye. Şimdi kendisi de ilmek diyor. İlmek. Halı dokur gibi. Örgü örer gibi. İlmek. İlmekleri tutturmak. Nasıl tutturacaksa?!

Annesine imrenerek örgü ördüğü günler geliyor aklına. Ortaokul öğrencisi iken kendine kazak örmüştü. Ne tuhaf, niye kendine örmüştü? İnsan ilk ördüğü şeyi en sevdiğine hediye etmez mi? Beğenmediği içindir muhakkak. Kimselere hediye edilmeyecek kadar çirkin bulmuştur.

Üç gün önce, oğlu iki yumak getirmişti. "El örgüsü atkı çok moda. Herkesin annesi örüyor." Mesaj alınmıştır. Ama alınmamış gibi yapılacaktır.

"Bak çocuğum, değer vermek ile vaktini vermek arasında senin zannettiğin gibi düz, doğru bir orantı yok. Ben en değer verdiklerimi zihnimde ve kalbimde taşıyorum. Onun için gözümün nurunu, iplere dizip boyunlarına atkı yapmama gerek kalmıyor."

Oğluna atkı bile örmeyen tembel anne imajından kurtulunmuş mudur?

"Bak, istersen sana doktor raporunu bile gösterebilirim. Boyun eğilmeyecek. Dik açı muhafaza edilecek."

Örgü, kitap okur gibi örülmüyor.

"İpler yok olmuş. Nereye gitmiş! Gençlik. Bizim her şeyimizi annemiz örerdi. Para verilip alınan kazaklara ne çok imrenirdik. Ya parası oluyor insanın, ya zamanı. Bende ikisi de yok. Ne parası ne de zamanı olanların ilmi ve sanatı oluyor, diyebilir miyiz? Kim soruyor bu soruyu?

İçimde soru cinleri. Böyle olacağı belliydi sonunda. Kimselerin sorduğu soruları beğenmezsen. İçinde nerden geldiği belli olmayan tuhaf sorular yeşerir.

Cevap veriyorum. Evet, diyebiliriz. (Soru cini duydu mu bu cevabı!)"

Yorgunluktan. Bütün bunlar yorgunluktan. Zihni isyan ediyor olmalı. Araya reklam alıyor sürekli. Reklam, esas filmin yerine geçiyor. İlmek nerelere gitti? Yokuş aşağı üstelik. Durdur durdurabilirsen. Katıp önüne her şeyi.

İlmek kaçtı. İlmek kaçtı. Bisikletli fotoğraf, bisiklet motifli bir kazağa dönüştü sonunda. İlmek kaçtı.

Fatma Aliye Hanım nakış işlemiş miydi? O en ziyade kendisine benzeterek inşa ettiği kahramanları, 'Muhadarat'ın Fazıla'sı mesela, nakış işliyor muydu? Fazıla her şeyi mükemmel yapar. Hiç yorulmaz. Düşüncesinin ilmekleri (Nereden takıldı bu ilmek? Kurtul şu ilmeklerden!) hiç kaçmaz. Daima düzenli, daima yardıma hazır, daima herkesi anlayacak kadar mücehhez. 'Enîn'in Sabahat'ı nakış işliyor muydu? Fehame işliyordu. Elleri güvercin kanadı. İğnesini gergefe değil de yüreğine batıra batıra.

Fatma Aliye nakışı da, hayat bir zekâ oyunudur, demek için işlemiştir muhakkak.

Her şey iki tutam zekâ, bir tutam sabır kıvamında yoğrulur.

Oysa iki tutam zekâ, bir tutam sabır ile yoğruldu diye kıvam mükemmel olmuyor. Kabın bile önemi var. Bir tutam sabrı almayacak kaplar da vardır, değil mi?

Fatma Aliye işaret parmağını sallayarak düşüyor velospit yazılarının üstüne. "Bir felsefeci, hayatın daima üstündedir. Hayata teslim olmaz."

"Sahi, hiç teslim olmadınız mı?"

II-

Şaşırmış olmalıydı. Kapıda ansızın karşısında görünce. Aa, sen de nereden çıktın, demeliydi en azından. Hayretine hayret katarken, kapıdakini sevindirmeyi başarmış olmalıydı. Ama hiçbirini yapamıyor. Yıllar sonra, hatta çeyrek asır sonra çocukluk arkadaşını kapıda görüyor. Hiç şaşırmıyor. Sanki dün ayrılmışlar. Yarın kahve içeriz birlikte, diye randevulaşmışlar. Çok sıradan bir bakışla bakıyorlar birbirlerine.

"Şaşırdın mı?" diye soruyor kapıdaki.

E yani, der gibi bakıyor onu içeri alırken. Konuşamıyor fakat. Dün geceden kaldı. Sabahın ilk ışıkları bisiklet bahsine doğdu. Güneş gökyüzünde hükümranlığını ilân ederken, o rüya âleminde durmadan düştüğü bisikletlerin üstündeydi.

"Sen bisiklet sürersin, değil mi?" diye soruyor. Kapıyı biraz daha açarken.

Aa, konuşabildi. Evet konuşabildi. Gelenin şaşkın bakışlarını, "Uyuyordum. Sen geldiğinde bisiklet rüyası görüyormuşum. Bir türlü süremediğim bir bisikletin üstündeydim" diyerek cevaplıyor.

Niye kapı aralığında konuşuyorlardı? Ha, Belma severdi kapı aralıklarını. Evet, adı Belma'ydı. Çocukluk arkadaşı. Uzaktan akrabası. Açılmayan dosya açılıyor ve bilgiler yere düşüyor arka arkaya. Sahi niye gelmişti? Birbirlerinin nikâhına bile gitmemişlerdi. Gitmeyen kendisiydi. Belma üniversite okumamıştı. Birkaç yıl memurluktan sonra evlenivermişti. Düğün yapmıştı galiba. Düğün değil nikâh olsaydı giderdi. Gitmemişti. Gitmeyişinden arta kalan boşluk yoktu. Belma'nın hayatında doluluk olmadı hiçbir zaman. Doluluk olmadığı için boşlukları hiç bilmedi. Hayatını idare etmek için gündelik klişelerle yetindi daima.

Hatırladıkça içi sıkılıyor. "Ellerimi yıkayabilir miyim?" diye koridorda yol alan bu kadın! Belma işte! Hiç değişmemiş. Yirmi yıl sonra çat kapı geliyor. Banyo müsait mi, diye sormuyor bile. En azından, şurası mı banyo, diye bir sor. Eliyle koymuş gibi buluyor.

"Kahvaltı yaparız değil mi?"

Gelen niye geldi? Ve kendisi, sanki davet etmiş gibi hiç şaşırmadan nasıl yürütebiliyor? Aslında yürütmüyor. Yürüyen bir şey yok.

"Ben hazırlarım kahvaltıyı" diyor. Diyen kim: Belma! Ev sahibine inat, arsız misafir rahatlığı ile her yeri ele geçiriyor.

O, bir kitabın sayfaları arasında tutuklu kalmışken... "Sadece üç gün" demişti. "Üç gün. Gidin ve beni aramayın, sormayın. Sanki ben yokum." Gündelik hayat bu kadar sıvaşırken insana, 19. yüzyılın ilk kadın muharriresi ile nasıl yekdil olunacak! Hadi, gidin. Üç gün gidin. Tatil yapın. Eğlenin. Benim sevmediğim, sizin sevdiğiniz ne varsa yokluğumun şerefine yapın. Bütün boyalı ve gazlı içecekleri tüketin. Olmaz saatlerde uyuyup, olmaz saatlerde uyanın. Ha babam televizyon seyredin. Sadece üç gün. Bana üç gün verin. Dileniyorum. Allah rızası, kul hakkı için dileniyorum. Sadaka evlâtlarım, sadaka. Vakit fukarası annenize, üç vakitlik sadaka. Biriniz bin olsun. Nefesiniz huzur dolsun. Evlâtlarım sadaka."

Verdiler de ne oldu! Gittikleri günün ertesinde Belma geldi. Bir adet piyango Belma'sı. Amorti mi? Fatma Aliye Hanım ile değil, Belma ile mi yekdil olunacak?

Hiç değişmemiş. Kadın, sen benim mutfağımı nereden bileceksin, diye öfkeleniyor. Öfkesi kendinde saklı. O nerede, bu nerede diye soracak. Kahvaltı hazırlamak yerine, nereden icap etti bu geliş ondan haber versene. Biz senle dün ayrılmadık ki! Sen bana nasıl kahvaltı hazırlayacaksın!

Hiçbirini soramıyor. Soramadığı yetmezmiş gibi, öfkesini ifade edebilecek bütün cihazlardan mahrum bu sabah mahmurluğunda.

Gözleri, öfkenin rengini merak ile değiş tokuş eden bir isyankârlık içinde.

Sesi nereye gitti... İsyankâr öfkenin debisini sükût ile bastırıyor.

"Tost ister misin?"

En Belma sesiyle.

Kadın, sesin de mi değişmedi senin!!!

Evcilik oynadığımız günlerden bugüne nasıl sakladın!

İsterim desem ne olacak? Evde ne tost ekmeği var, ne tostun içine konacak kaşar.

"İsterim" diyor ev sahibini zor durumda bırakmaktan hoşnut misafir edasında. Ama o, misafir değil. Ev sahibi. Ah, hiçbir şeyin sahibi olamadığını Belma'dan iyi kim bilecek!

Çantasını alıyor Belma, sandalyenin üzerinden. Çanta değil, küçük bir seyahat bavulu. Yok daha neler! Sakın kalmaya filan gelmiş olmasın. Böyle ölüm kadar ani. Her ölüm anidir, değil mi? Her hayat henüz bitmemesi gereken bir yerdedir. Ötenazi hariç. Ötenazi nereden çıktı şimdi?

Çantanın içini düzenli hareketlerle masanın üzerine boşaltıyor. Masanın üzerindeki fişlere ve fotoğraflara hiç şaşırmadan. Nereye koyayım, demeden derleyip topluyor. Herkesin annesi Belma. Eskiden de bu böyleydi. Üvey kardeşlerinin bütün sorumluluğu yetmez, mahalledeki çocuklara da kol kanat gererdi. Annesinin, aman yavrum, kendin değil hizmetin görünsün, lâfını bedeninin her bir tarafına kaydetmişti sanki. Annesi gelir oyunumuzu bozardı. "Belma, Salih'in uyuması lâzım."

Sinir.

"Tamam anneciğim. Ağacın altına uyutsam olur mu?"

Eğikbaş Belma!

Soruyu sorarken, çoktan resimlerine hayran kaldığımız Ayşegül'dü. "Ayşegül Kardeşini Uyutuyor" bahsini onunla birlikte oynamaya başlamış olurduk başladığımızı bilmeden.

Köle oyuncular.

Annesi Salih'i öğlen uykusu için ikna edemezdi asla. Salih'i kovalar; o da her defasında Belma'ya sığınırdı. Belma, "Uyuma" derdi kardeşine. "Uyursan bizim oyunumuza katılamazsın." Oyun ne; evcilik. Evcilikte, Salih bizim çocuğumuz. Salih uykuya değil oyuna karışacağından, Belma'nın her dediğine razı. Kardeşini ayaklarına yatırır, Salih ayaklarını ablasının omzuna kadar çıkarmışken, bize emirler yağdırırdı. Salih on dakikaya kalmaz uykuya karışırdı. Annesi gelip alırdı. Salih'in her uykudan uyanışında, Belma aynı serzenişini tekrarlardı. "Ama Salih, ben seni oyuna alıyorum, sen uykuya kaçıyorsun."

Sahtekâr.

Herkesi idare eden Belma, kocasını niye idare edememişti!

Bavulun içinden iki simit, iki tost, bir kutu soğuk çay çıkıyor. Semaverin fişini takıyor. Çayın yerini soracak. Sormuyor. Dolabı açıyor, eliyle koymuş gibi çayı buluyor.

"Hiç değişmemişsin."

"..."

"Çocukken de teneke kutuları toprakla doldururdun çay niyetine."

Bir sabah ansızın, çocukluğumuzda çay niyetine doldurduğumuz teneke kutulardan konuşmak için mi geldin!?

"Oğlum" diyor, "sizin Anadolu Lisesini kazandı."

Bizim sokakta olduğuna göre, Anadolu Lisesi de bizimdir tabiî. Belma bu. "Sizin pastane var ya," diye anlatmaya başlardı. Sonra bütün sınıfı pastanenin bizim değil, bizim sokağın başında olduğuna ikna edeceğim diye uğraş dur.

"Bugün veli toplantısı vardı, sabahın köründe. Sizin komşunun kızıyla aynı sınıfta benim oğlan. Hep senden bahsediyordu. Tabiî ben, senin sen olduğunu bilmiyordum."

Ne diye bahsediyormuş benden on iki numara? Evet, on iki numara olmalı. Bir tek onun kızı var lise çağında.

"Bugün şeytan dürttü. Beraber çıktık senin komşuyla okuldan. Buraya kadar beraber geldik. Aşağıda biraz konuştuk. Sonra tahmin ettiğim gibi zilde yalnız soyadın yazıyordu. Bir şansımı deneyeyim, dedim. Karşıma senin çıkacağından emin değildim. Başka birisi çıkarsa ne yapacağıma da karar vermemiştim. Ya satıcı numarası yapacaktım ya da karşı komşuya geldim ayağına yatacaktım. Meğer her katta tek daire varmış."

On iki numara ne diye benden bahsediyormuş? Evime gelmez, evine gitmem. Sokakta merhaba, merhaba. İnsanlar da ne tuhaf.

"E sen de tabak çatal çıkar bari."

Açıldı. İlk dakikaların tutukluğu geçti. Birazdan ev onun olur. Eşyaların yerini değiştirmeye bile başlayabilir. Biraz yadırga, değil mi? Yıllar var görüşmeyeli, de. Biraz nostalji yap. Kâh ağla kâh gül; aramızda yeniden başlaması gereken ünsiyet için geçmişin sokaklarından malzeme bul getir. Yok. Sanki dün ayrıldık. Sanki yıllardır içtiğimiz su ayrı gitmedi.

"Ben aç değilim."

"Sabaha kadar çalıştın. Uykunu alamadığın içindir. Ağzına bir iki lokma al, iştahın gelir."

Belma anne, ipleri eline doladı bile. Çalıştım, demedim ki. "Rüya gördüm" dedim. On iki numara, benim sabaha kadar çalıştığımı mı söylüyor buna? O nereden biliyor ki sabaha kadar çalıştığımı?

"Bizim yaşımızda uykusuzluk iyi bir şey değil. Sonra banka kuyruğunda ocağı açık bıraktığını hatırlarsın."

Vay, çenesi düşük on iki numara vay. Başka hiçbir mevzun yok mu senin!!!

"On iki numara mı anlattı?"

"Yok, Seher'in bankasına gitmişsin. O anlattı. Seher benim kızım. Hatırlatmama gerek var mı kızım olduğunu? Kocaman bir oyuncak ayı getirmiştin doğumuna. Okulunu bitirdi. Halin çok komikmiş. Anlatınca, ne kadar bizim şeye benziyor, dedim. Adınız bile aynı. Adresini önce Seher'den öğrendim."

"Niye hafiyelik yapıyorsun. Annemle görüştüğünüzü biliyorum. Ondan alabilirdin numaramı, adresimi."

"Böylesi daha hoş. Hafiye gibi. Gelip gelip, ay dünya ne kadar küçükmüş, demek hoşuma gidiyor."

Klişe Belma.

Şimdi anlaşıldı on iki numara macerası. Kadına durmadan sorular sormuştur. Çevremde bakalım nasıl tanınıyorum. O da, tanınmıyor, demiştir büyük ihtimalle. Hiçbir şeye karışmıyor ki nereden tanınsın!

Düğüm çözüldükten sonra, kendini bıraktığı yere geri dönüyor. Aralarında uzak bir ülke var. Kendi geçmişinden daha yakın olan, bir başkasının geçmişinde bütün soluk alıp vermeleri. Bu eve, bu mutfağa ait olamayacak kadar uzakta. Burada olmak için verdiği çaba yetmiyor. Öfkeden medet ummuştu. İçindeki öfke onu buraya, Belma'nın karşısına getirir sanmıştı.

Belma, kahvaltı masasında kendi getirdiklerinin yanında, kendi demlediği çayı yudumlarken, kendi istediği sohbetin kıvrımlarını ustalıkla açıp bütün odalara dağıtırken, o geri çekiliyor. Kendi geri çekilişinden Fatma Aliye'nin geri çekilişine varıyor. Demek böyle oluyor, diyor. Söz söze uymadığında, sükût sükûta maya katmaz olduğunda, bir taraf azalırken bir taraf çoğalan oluyor.

Belma mutfağa yerleşiyor.

Belma salona yerleşiyor.

Belma kitapların arasına yerleşiyor.

Yerdeki mecmuaları toplamaya kalkıyor.

Çalan kapılara koşuyor. "Ben açarım."

Su bitmiş. Su siparişi veriyor.

Belma onu karşısında sanıyor. Belma'nın tam arkasına Fatma Aliye geliyor. İğne oyalı hotozunu eldivenli eliyle düzeltiyor. "Metin ol çocuğum," diyor sanki. "Bak, bisikletin üzerinde değilim. Buradayım. Metin ol."

Metin oluyor. Bir daha görür müyüm diye, Belma'nın sağ kulağının arkasından kütüphaneye doğru bakıyor.

Belma bir kahkaha atıyor. "Sen çok değişmişsin be anam. Niye öyle Metin Şentürk gibi bakıyorsun.

"Az önce Fatma Aliye Hanım gelmişti."

Ağzında çıkan cümlenin ehemmiyetini, odanın içine dağılıp kendisini tehdit etmeye başladığında fark ediyor.

Belma anlamıyor. "A ne tesadüf, benim de Aliye diye bir komşum var. TV'deki Aliye'ye hiç benzemiyor. Çirkin bir kadın. Ama kendisini o Aliye sanıyor. Sanki herkes ona âşıkmış gibi davranıyor."

Belma ne anlatıyor!?

Onca uykusuzluğun üstüne Belma hiç çekilmiyor.

"Belma, sen hani hepimizin annesiydin ya çocukluğumuzda. İyi ki geldin. Günlerdir uykusuzluk çekiyorum. Hadi sen konuş, ben şurada uyuyayım. Çocukluğumun annesi ol yine ha."

"Ben kendi çocuklarımın bile annesi değilim artık. Onlar babalarının oldu."

Bankada çalışan koca kız da mı?

"Oğlanın veli toplantısı dedin biraz önce...?"

"El elin çocuğuna veli oluyor. Kendi çocuklarımın veli toplantısına gidemez miyim? O zaman hiç boşanmamış gibi oluyorum. Veli toplantılarına gidince. Alyansımı takınca. Sanki başarısız değilmişim gibi. Sanki her şeyi başarmışım gibi."

"Evli kalmak başarılı olmak mı Belma?"

Belma ağlıyor. Çocukluğumuzun annesi Belma. Üç çocuğunun üçünü de kayınvalidesine kaptırmış Belma. AĞLIYOR. "Onların hayatı hiç değişmedi biliyor musun? Kayınvalidem hiç boşluk kalmamacasına her yeri doldurdu. Fazla fazla doldurdu. Benden geriye bir boşluk kalsın isterdim. Veli toplantıları benim tek dayanağım biliyor musun?"

Belma'ya 'Levayih-i Hayat'ı veriyor.

Belma'nın gözyaşlarına, Fatma Aliye'nin bütün kahramanları eşlik ediyor. Hikâyesini bir türlü bitiremediği Fehame ve Sabahat, Belma'ya, "Üzülme kardeş" diyor. Belma onları duyuyor mu? Fehame'nin güvercin kanatlı beyaz ellerinden düşen ipek mendil, Belma'nın eline nasıl da yakışıyor.

geçen sonbahar
kütüphane

I-

'Enîn'in taslakları üzerinde dolaşıyor gözleri. On yedi adet defter üzerinde 'Enîn' kaydı var. Defterlerdeki yazılara bakıyor. El yazısı okuyamadığı için yakınlaşmak istediği metinler, hızla uzaklaştıran oluyor. 1928'e gidiyor aklı. Birden her şey yabancı. Hayır, yabancı değildi şüphesiz. Su gibi konuştuğu Fransızca, Latin harflerinin gövdesinde yüklü değil miydi? Yine de, adını yazarken zorlanmış mıydı? Kalbe gömülü fe'den sonra, saldırgan iki dişe dönüşen fe.

Enîn romanının taslaklarında dolaşıyor gözleri. Yazılan metin değil aradığı. Metnin yazıldığı zaman. Yazının içinde hemen seçilen, öne çıkan zel, sanki Faik Bey'in öfkesini imlemektedir. Dal ve zel, öfkeyi tanımlayan iki şekle dönüşüyor. Birazdan sayfadaki zel'ler Faik Bey olarak çıkıp gelecek. Roman okuyan Fatma Aliye'nin kitabını elinden alıp, fırlatıp atacak. Sonra hep korkacak Fatma Aliye, roman okurken yakalanmaktan korkacak. Roman yazarken bile aklında hep o suçluluk duygusu. Ahmet Cevdet Paşa'nın büyük kızı olarak, beş yaşında Kur'an'ı baştan sona okumuş biri olarak, ifsat edici olmaktan nasıl korkuyor. Hep tedbirli. Suizanda bulunanların günahından bile kendini sorumlu tutacak kadar tedbirli.

"Hiçbir roman iyiliği fenalık ve fenalığı iyilik suretinde göstermez. Yalnız kusur, onu telâkkidedir. Bir mürşid-i kâmil, bir bağban-ı mahir vazifesini deruhte eder ise, bârân her şeyi ihyâ eylediği gibi, roman dahi herkesi ihyâ eder."

Hayat ve düşünce berrak bir su. Onu kirleten, bozup dağıtan içine konduğu kaplar. Hep kabını temiz tutmaya çalışıyor Fatma Aliye. Hep artmaya çalışıyor. Hayatın kimyası, daha daha diye kaynıyor kazanlarda. Daha. Hayatı hep bir "daha" olarak yaşıyor. İlim öğrenirken doymuyor, kanmıyor. Yorulmuyor. Daha. Hadi, Fatma Aliye, daha. Ağabeyi bile yoruluyor; hayata, daha daha diye tempo tutan kardeşinden. Oysa, Ahmet Cevdet Paşa'nın mahdumları Ali Sedat Bey için, bilimin araçları bir halı gibi seriliyor ayaklarının altına. Konakta laboratuar kuruluyor. Hocaların biri gelip biri gidiyor. Her şey Ali Sedat Bey için. Fatma Aliye kapılarda. Ağabeyi lûtfedip bir kitap veriyor. Daha.

Ağabeyi için gelen hocaların ardından hasret ile bakan Fatma Aliye çıkıyor, bakışı kendine dönük fe harflerinin içinden. Ayın, gayın, fe, kaf, kef... İki arkadaş, bir münzevi. İki arkadaş, bir münzevi. Fe demek, Fatma Aliye demek. Ayın ve gayın arkadaş. Fe yalnız. Kaf ile kef arkadaş. Fe yalnız. Kaf ile şekilde benziyor. Ama söylenişiyle yalnız. Fatma Aliye yalnız. Birazdan Nigâr Hanım'a gidecek belki. Evde bulamayacak. Bir kart bırakıp gelecek. Birisi ne kadar yakınsa kadınların dünyasına ve kadın olmaya, öteki o kadar uzak kadınsılığa. Kadın ile kadınsı olmak arasındaki bağları ve mesafeleri düşünüyor yeniden. Nigâr Hanım kadınsı. Belki yeniden yeniden hatırlanan olacak kadınsı kimliği ile. Günlükleri gün ışığına çıkarken, kadınsılığı ile aramızda yaşayan olacak. Süleyman Nazif için yazdığı cümle, "Yazık ki, hiçbir zaman benim olmayacak" dilden dile dolaşacak.

Aynı rüzgârın içinden iki farklı iklim çıkar mı? 'Enîn'e bakan gözleri, büyücünün küresine dönüyor. Romanın sayfaları hızla akıyor. Bir ahenk ile birbirine tutuşturulamayan harfler, yavaş yavaş yere düşüyor. Bir tanassur hikâyesi çıkıp geliyor. İtalyan gencin aşkından vazgeçen; din değiştirmek zorunda olduğu için vazgeçen; babası Hıristiyan iken Müslüman oldu, kızı tanassur etti, derler diye vazgeçen Nigâr Hanım'a karşılık, kızı tanassur eden Fatma Aliye.

Tanassur edişin izini süremiyor. Bir adım bile atamıyor iz sürmek için. Tam da iz süremediği noktada, cebinden yavaşça bir fotoğraf çıkarıyor. Tunus. İsmet Faik Topuz rahibe kıyafetleri içinde. 1901 doğumlu olduğuna göre, bu fotoğrafta 63 yaşında olmalı. Resmin arkasına bakıyor. 10. 04. 1964, T. Koçyiğit, İ. Cerrahoğlu, M. Maksudoğlu, S. Biçer. Rahibe İsmet Topuz.

'Enîn'i okuyamıyor. 'Enîn', saf bir metin olmuyor. Yazıyı değil yazarını arıyor. Son romanı diye ve üstelik adı inleme olduğu için, 'Enîn'deki yazılardan sanki göz göze geleceği bir Fatma Aliye imajı toplamaya çalışıyor. En karşı çıktığı bu değil miydi halbuki. Yazarların yazdıklarını, psikanaliz metinleri niyetine delik deşik etmek. Öyle olduğu için böyle yazdı, diye hükümler çıkarmak.

'Enîn'e dönmeli. Osmanlıca harflerin gövdesindeki 'Enîn'e. Rahibenin fotoğrafından kopamıyor. Kıymık. Batıyor kalbine.

Kütüphane, 'Enîn'e ulaşmasını engelliyor sanki. Bir sandalyeye bağlı kalmak. Memurun göz hapsinde. Fotokopi çektirmeli. Sahaf Asım'dan bir haber çıkmadı. Fotokopi çektirmeli ve gecenin seslerine gömmeli 'Enîn' cümlelerini. Ölüler geceyi sever mi? Ruhlar kanatlanıp uçmak için ille de geceyi bekler. Geceye serecek 'Enîn'in cümlelerini.

"Bir aristokratın hikâyesi, başka bir aristokratın hikâyesinin dibacesidir." Kim söylüyordu bunu? İsmet Topuz'un resmine bakıyor yeniden. Kütüphane memuru akıcı bir Osmanlıcası olmadığı için durmadan kıpırdadığını fark etmiş midir? Osmanlıca metnin yanına, bir kadına ait yaşlılık ve gençlik resimlerini yan yana dizmeye uğraşan okuyucu ne kadar da garip!

İsmet, kara kuru bir kadın denileceklerden. Ama Rahibe İsmet gayet kilolu görünüyor. Kendisinden bir yaş büyük Nimet ne kadar güzel oysa. Ailenin en çirkin kadınıydı, diyecek tiyatrocu yeğeni. "Teyzeniz bir aşk uğruna din değiştirmiş olabilir miydi?" sorusuna karşılık. "Aşk ve teyzem mi? Yok canım. Ama biliyorsunuz Katolik rahibeler parmaklarında alyans taşırlar, Tanrı ile nişanlı olduklarını göstermek üzere. Çirkinliğinden kaçmıştır küçük teyzem olsa olsa. Ailenin en çirkin kadınıymış çünkü."

Evet evet, bir aristokratın hikâyesi, başka bir aristokratın hikâyesinin dibacesi olabilir. Ama yakaladığı şey dibaceden öte. İki kere yaşanmış sanki. Selma Ekrem geliyor kütüphanenin loşluğuna. Namık Kemal'in torunu Selma Ekrem. "Özgürce şapka giymek için" Amerika'ya iltica eden Selma Ekrem. Satır satır geliyor. İki hayat birbirine değiyor.

Enîn bekleyebilir. Kâğıdı ikiye bölüyor derhal. Birisine Selma Ekrem yazıyor, dedesi Namık Kemal; ötekine İsmet Faik Topuz yazıyor, dedesi Ahmet Cevdet Paşa.

Selma Ekrem'in doğum tarihi 1902, İsmet Faik'in doğum tarihi 1901. Selma Amerikan Kolej'e gidiyor, İsmet Dame de Sion'a.

Selma, 1923 yılında, bir gemiye binerek Amerika'ya varıyor. Yaşadıklarını 'Peçeye İsyan' diye yayınlıyor 1930 yılında. İsmet Faik, 1926 yılında evden kaçıyor. Ondan geriye annesine yazdığı birkaç mektup kalıyor: "Hür yaşamak için gidiyorum."

Aldığı notlara bakıyor. İki hayat, iki rakam kadar birbirine böylesine kolay bağlanabilir mi? Bağlanıyor. Aynı muhitin benzer mizaçtaki çocukları olarak, birbirine denk düşen iki hayat hikâyesi oluyorlar.

Artık 'Enîn'in sayfalarına dönecek gücü bulamıyor.

Fatma Aliye de benzer bir duyguyu yaşamış mıdır? 'Enîn'i hiçbir zaman bitirmediğine göre. Bitirecek gücü kendinde bulamadan. Hayatın romandan daha akıcı ve daha hızlı ve üstelik daha karışık olduğunu keşfettikten sonra. Yazılanlar yazılmamış olduktan sonra…

Zihni ve kalbi harflerle doluyken. Harfler sözcükleri doğururken. Sözcükler önermelere dönüşmüşken. Fatma Aliye kendinde birikenlerle, yine kendinde kilitli mi kalmıştır!!!

II-

Geçmişin sokaklarında iz sürerken, zihninde hep aynı cümle dolaşıyor. "Avcı değilim. Avcı değilim." Hayatta olanların, kendilerinden önce yaşamış olanları bir öğün niyetine avladıklarını düşünüyor. Sadece rakamlar güvenilir geliyor. Fatma Aliye'nin doğduğu tarih ile öldüğü tarih arasındaki rakamlar. Evlendiği yıl. Çocuğunu kucağına alışı. İlk yazısı. İlk kitabı.

Yorum karışmadığı zaman hata yok. Yorum karışmadığında, geçmiş bir av malzemesi değil izi sürülüp yakalanacak.

Oysa rakamlar bir şey söylemiyor. Rakamlar ispat yükümlülüğü altında eziliyor sadece.

Yorumlandıkça, bugündekiler için tarih yaklaşan oluyor. Ama yorumlandıkça, dünde kalanlar bir daha kendileri olamayacak kadar, yaşadıkları zamandan uzaklaşıyor.

Elindeki metne tekrar bakıyor. Neden bu kadar sinirlendiğine bir anlam veremiyor. "Bütün o öncü kadınlar görünmez oldular" diyor, "öyle bir ışık ile çıktı ki, diğerlerinin ışığı karanlık içinde seçilmeyecek hale geldi. Halide Edip, ışığı ile göz kamaştırandı artık. Tarih sahnesinin tümünü dolduracak kadar kadındı ve kahramandı."

Yorum. Bu yorumun sahibi sadece Halide Edip'i biliyordu. Onun ışığı ile gözleri kamaşmıştı. Fatma Aliye'yi hiç bilmeden bu yorumu yapmak kolaydı. Hem yorumcu hem de yorumcunun yorumuna sığınan yorumcular, 'göz kamaştıran ışık' metaforunu çok sevdi. O kadar çok sevdiler ki, metafor hakikatin temsili olarak değil, kendisi olarak var olmaya başladı.

Fatma Aliye, ışığı kesildiği için görünmez olmadı. Görünmek istemediği için, unutulmak istediği için sahip olduğu bütün ışıkları kapattı. Işıklar kapanınca unutuldu. Unutulmuş olmayı kendi elleriyle gerçekleştirebilmek için, "Cevdet Paşa ve Zamanı" adlı kitabın ikinci cildini yayınlamadı. İyi belledi, hıfzetti. Ama hıfzettiklerinin önemli bir kısmını bilincinde saklı tuttu. Saklı tutmasaydı hep görünen olacaktı. Tarihte bir ziya olarak asılı kalacaktı.

Işıklarını söndürdü. Daha yaşarken ışıklarını ne kadar söndürmüş olduğunu görme imkânı oldu. Kendi vefât ilânını okudu Cumhuriyet gazetesinden: "Mecelle'nin yazarı Ahmet Cevdet Paşa'nın kızı, ilk kadın romancılarımızdan Fatma Aliye'nin dün vefât ettiği öğrenilmiştir."

Gazete idaresine telefon edip, yanlışlık olduğunu bildirmek isteyen dostlarına izin vermedi. "Öldü diyorlarsa, bir bildikleri var elbet" dedi. Ölmeden evvel ölmek tavsiye edilmemiş miydi? Şimdi kendisine, ölmeden evvel ölüşünün provası takdim ediliyordu. Takdime itirazı olmadı.

Işıkları söndürdü.

Ansiklopediler yaşadığı yıllardan çalıp, öldü diye kayıt düştüler ona dair yazılan birkaç paragraflık yazıya. 1862'de doğdu 1934'te öldü, dediler. O en çok 1928'de ölmüştü. Kimseler bilmedi. Ondan sonra yaşamıyor gibi yaşadı.

Yazdıklarını okudu tekrar. Bunlar da yorumdu. Yorumlara kızan bir yorumcu mu oluyordu en sonunda?

"Kimlik ve Edebiyat" iddialı bir başlıktı. Ama yorumun "yorumlanışını" görmek için, en az üç dönem aynı konuyu değişik kişilere aktarmak gerekiyordu. Gerekiyor muydu? Gözden ziyade kulağa ait olmak. Fatma Aliye de belki böyleydi. Gözden ziyade bir kulakta kendini buluyor, bulduklarını birbirine ekleyip yaralarını sarıyordu. Gözden ziyade...

Sesi bir kulağa değmediğinde ve sesine ses gelmediğinde, kuru harflerin gövdesine mana yüklemeye neden kalksındı ki! Üstelik karış karış koparken İmparatorluktan, 1928'de harf harf de kopuyordu.

Kulak. Sanat gözden maya tutuyorsa, fikir kulaktan yol alıyordu. Kulak. Bütün o yazılanları gözleriyle okuyanlar ayrıydı, kulağı ile okuyanlar ayrı.

On gün sonra "Kimlik ve Edebiyat" dersleri başlayacak. Kimler gelecek acaba? Gelenlerin kimliği önemli. Neden geldikleri önemli. Ben onlara bir şey anlatmayacağım. Onlar, dinleyişleri ile benim fikrimin ebesi olacak. Ebesi.

o kış - üsküdar kültür merkezi

I-

Kar başlıyor. Kimseler gelmez sanmıştı. Çoğunluk burada olmalı. Boş yer kalmadığına göre. Umarım zahmetlerine değer.

"Arkadaşlar gayretinize hayranım. Böyle bir günde üstelik. Umarım dersin sonunda, geldiğimize değdi, cümlesini sizlere söyletmiş olmayı başarabilirim. Tek bir ricam var. Dersin kesintisiz olmasını istiyorum. Soru sormak yok. Espri yapmak da. İşi olanlar, acelesi olanlar, ilerleyen dakikalarda canı sıkabilecek olanlar, dersi terk edebilir elbette. Ama lütfen olabildiğince sessiz olsun gidişiniz."

"Şey hocam... Ben erken ayrılmak zorundayım. Ama ayakkabılarım çok ses yapıyor. Dişçiyle randevum vardı da. Beni yanlış anlamazsınız değil mi?"

Ah, Neclâ. Anlamam. Hiçbir gidişi yanlış anlamam.

"Başlıyoruz arkadaşlar! Bugünkü dersimiz yansıtma üzerinden yol alacak. Bir aynada resmi zaptedebilmektir bütün mesele. Ayna kim olsun? Rastgele biri. Ama hiçbir şeyin rastgele olmadığını bilincimizde saklı tutarak, rastgele bir isim seçelim. Geçen ders tarihten bir isim seçmiştik. Bugün seçeceğimiz kategoriyi siz belirleyin."

Mavi başörtülü, "Bir filozof olsun mesela" diyor.

Herkeste bir burun kıvırma.

"İsmi benim belirlememde bir sakınca var mı? Yok. Peki, aynada kötümser felsefenin aşılmaz ismi olsun. Schopenhauer. Seçtiğimiz aynaya düşüreceğimiz resim, Fatma Aliye. Hazır mıyız?"

Tıbbiyeliler gülüyor. "Tombaladan filozof çıktı" diyor ip takkeli olan.

"Fatma Aliye dünyaya gelmeden iki yıl önce, ünlü Alman filozof Arthur Schopenhauer, bir irade olarak gözlemlediği dünyadan ayrılmıştır. Fatma Aliye'nin hikâyesine, kendisi doğmadan ölmüş bir filozofun, üstelik kötümser bir filozofun hayat izini düşürmeye kalkmak neden?

"Sorunun cevabı annelik damarından gelip vuracak bizi. Yaşadığı dönemin en ünlü kadın yazarlarından olan ve 1820 yılında bütün eserleri 20 cilt olarak basılan Johanna Schopenhauer ile oğlu Arthur'un sert ve yakıcı bir ilişkisi vardı. Johanna, sıradan bir ailenin akıllı ve kabiliyetli kızıydı. Tüccar olan kocasına tahammülünü zorlaştıran yıllar geçirmişti. Fakat kocası bir intihar sonucu hayattan ayrılınca, Johanna Almanya'nın en ünlü salonlarından birini açtı. Yakın dostu Goethe'nin teşvikiyle romanlar kaleme almaya başladı. Her muhitten edebiyat meraklısı erkeklerin devam ettiği salonuna, oğlunu da ancak misafir kabul günlerinde dâhil etti. Onun dışında, bu her şeye kötümser bakan ve kimseleri beğenmeyen oğlunun iklimini yanı başında hissetmek kötü geliyordu. Bir kavga sonucu, oğlunun merdivenlerden yuvarlanmasına sebep oldu. Arthur, bu yuvarlanışın rövanşını, yıllar sonra ev sahibinden almayı deneyecek; ancak kadın merdivenlerden yuvarlanıp kötürüm kaldığı için, yıllarca nafaka kadına ödemek zorunda kalacaktı.

"Annesi ölünceye kadar, yani yirmi dört yıl boyunca bir daha oğlunu görmek istemeyecektir. İşte hikâye burada eklemlenir birbirine. Almanya'nın yazarlıktan geçimini sağlayan ilk kadın yazarı olan Johanna ile ilk Osmanlı kadın romancısı olan Fatma Aliye'nin hikâyesi. Johanna, sıkıcı evliliğinden sonra serbest aşk hayatı yaşamayı seçmiş; oğlunun eleştirilerine tahammül etmek istemediği için, bir daha onunla yüz yüze gelmemeyi tercih etmiştir. Fatma Aliye'nin dört kızının en küçüğü olan 1901 doğumlu İsmet de, özgür olmak istiyorum, diye evden ayrıldıktan sonra, bir daha asla yüzünü annesine göstermeyecektir. Ortadan kaybolduğu 1926 yılından itibaren, annesi tanıdığı herkeste 'İsmet'ini arayacak, uçan kuşun kanadına haber yazıp haber soracaktır. Ama İsmet ortaya çıkmayacaktır. Babadan kalan, o ünlü Cevdet Paşa'dan kalan bütün mülk, İsmet'i bulmak yolunda dedektif parası yapılacaktır.

"Sahih haberlere hep yalan haberler eşlik edecektir. İsmet'inden sadece bir yaş büyük Nimet'ini yanına alıp, 'görülmüştür' diye adı geçen bütün illerde İsmet'i aramaya devam edecektir.

"Annesi yaşadığı sürece, Johanna'nın oğlu olarak anılan Arthur, yazdığı eserlerin kitap olarak değil kese kâğıdı yapmak için alındığı dönemde bile, umudunu hiç kaybetmez. Onunkine ne kadar umut denilebilir zaten? Babasından miras kalan üç kuruş, onu üniversiteye mahkûm etmemiştir; hayatın eline oyuncak etmemiştir; o da hayatını bir filozofa yakışır şekilde ilkeli ve soğuk ve mesafeli olarak sürdürmüştür. En sevdiği fabl, kirpi fablıdır. Yani fazla yaklaşmaya gerek yoktur insanlara. Kişilerin birbirlerine zarar vermeyecekleri en uygun mesafe, kirpilerin okları gibi korunmalıdır daima. Korumuştur kendisini insanlardan. İlerde onlar için vazgeçilmez olacağından emin. Johanna'nın, Arthur Schopenhauer'un annesi olarak anılacağından emin. Biyograflar onu en çok Byron ile anacaklardır, anne sevgisinden yoksun oluşun eserine verdiği renk konusunda. Anne sevgisizliği kadın sevgisizliğine dönüşecek, bütün felsefesini kadınların ahmaklığı üzerine kurmaktan vazgeçmeyecektir. Ama yine de, çocukların irade ve davranışlarını babalarından, akıllarını annelerinden aldıklarını söylerken, aklı ve zekâsı ile yaşadığı dönemin erkeklerinin başını döndüren Johanna'nın oğlu olmaktan şikayet etmeyiş eşlik etmiş gibidir felsefesine.

"Annesi tarafından kovulmayan, sevgiyle bağra basılan bir çocuk olsaydı Arthur, belki kadınlar konusunda o kadar tahammülsüz olmayacak; tahammülsüz olmadığı için ev sahibini merdivenden yuvarlamayacak; merdivenden yuvarlamadığı için nafaka cezasına çarptırılmayacak; üç kuruş ile nasıl yaşarım endişesini daha az duyacağı için, belki de kadınlar hakkında daha az kötümser olacaktı.

"Erkekler adına çok eşliliği savunan Arthur Schopenhauer ile Fatma Aliye'nin yolu bir defa daha kesişecektir tarih önünde. Üstelik Schopenhauer, felsefesiyle modern psikanalizin babalarından biri sayılacak; -Freud hiç bahsetmemiştir ondan ama eleştirmenler, Freud'un düşüncesinin izinde Schopenhauer'un fikirlerini bulmakta gecikmeyecektir- fakat çok eşlilik üzerine ileri sürdüğü fikirler, önce parantez içine alınacak; sonra sonra görünmez olacaktır. Fatma Aliye'nin Mahmut Esat Efendi ile tartıştığı 'taaddüd-i zevcat' meselesi, İslâmcıların çok karılılığa bakışı olarak, en vülgarize söylemlerin parçası olacaktır. Fatma Aliye, çok karılılığa karşı çıktığı için İslâmcılar tarafından benimsenmeyecek, İslâm'ı Türk toplumunun temel harcı olarak gördüğü için de modernistler ve feministler tarafından.

"Kim kim ile mukayese edilir? Mukayeselerin temeli neye dayanır? Doğumundan iki yıl önce ölmüş bir filozofun ayak izlerine, niye Fatma Aliye'nin hayat izlerini karıştırmaya çalışıyoruz? Schopenhauer hayatı boyunca annesinden nefret etti. Kötümser metinler ortaya koydu. Fatma Aliye evden kaçan kızının peşinde koşarken, kızının bütün bunları sadece kendisini üzmek için yaptığını düşündü.

"Ne kadar üzüldüğünü, utandığını yazdı. Ama yollayamadı o mektubu. Yollasa da, İsmet'in annesi tarafından yollanmış kelimelere kalbini kapalı tutacağını biliyordu. Ah, İsmet. İnatçı, ketum İsmet. Güzelliğe düşkün, ama güzel olmayan İsmet. 'Çirkin ördek yavrusunun intikamı' dedi İsmet'ten sadece bir yaş büyük olan Nimet. 'Kendinizi hırpalamayın. Sizin suçunuz değil. Bu, İsmet'in tabiatında olan bir şey anneciğim.' Ama hep içinden söyledi. Bir defa bile, annesiyle kardeşinin akıbeti hakkında konuşmadı. Fransa gezileri, sanki İsmet'i aramak için değil de, gezip görmek içinmiş gibi yapıldı. İsmet'i bulur umuduyla tutulmuş dedektiflere rağmen.

"İsmet'in tabiatı... Nimet, ben bu okula gitmeyeceğim, diye kazan kaldırdığında; İsmet inadına, burada kalacağım, dedi. Nimet, beni örgülerimden tutup ikonları öpmeye zorluyorlar, diye isyan bayrağını çektiğinde, Fatma Aliye Hanım onu alıp Robert Kolej'e kaydettirmişti. İsmet gelmemişti. Sörler beni seviyor, demişti. Beni seviyor.

"Fatma Aliye evlâtlarıyla sınanmış bir kadın olarak hatırlanmak istemediği için, yaşarken unutturdu kendini. Annesini hatırlamayan çocukluğu gibi, daha yaşarken izini sildi yaşadığı şehrin, ait olduğu coğrafyanın sokaklarından. Onun silme işlemine, devletin politik güç olarak benimsediği silme işlemi eşlik etti. Hatırlananlar ne kadar az olursa genç devlet o kadar güçlü olur, diye inandı kurucuları. 1928'de yüzlerce yıldır kesintisiz akan ırmak, ansızın koptu orta yerinden. Suyun kopuşu ağır oldu. Suyun kopuşuna İsmet'in kopuşu eşlik etti. Evinden ansızın ayrılan İsmet'in izini buldukça, o her defasında başka bir yere gitti. Her defasında başka bir vasıta kullandı. Trenlere bindi. Vapurlara bindi. İstanbul'u sevmediğini ve bir daha İstanbul'a dönmeyeceğini söyledi karşılaştığı ahbaplara. Ahbaplardan gelen haber ile annesine bir mektubun satırlarında belirttiği şeyler birbirini hiç tutmadı. Hayatımı kazanmak istiyorum, demişti annesine, İzmir'e gitmesinin bahanesi olarak. Bütün romanlarında kadının kendi ayakları üzerinde duruşunu rol model olarak sunan Fatma Aliye, buna kızabilir miydi? Çalışsındı. Elbet çalışacaktı. Ama kendisi, İsmet'i için en iyi işi bulmaz mıydı? Kızına layık olan işi. Ahmet Cevdet Paşanın torununa layık bir iş.

"Giritli Mehmet Efendi'den 4 Ağustos 1927'de almış olduğu mektup, Fatma Aliye'yi yaşarken öldürecekti. Giritli Mehmet Efendi'nin evinde kiracı olarak kaldığını öğrenmişti kızının. Ülkesinin tarihsizliğine kendi tarihsizliği karışacaktı yudum yudum. İsmet'in tercihi, Fatma Aliye'yi zamandan silen bir silgi olacaktı. Giritli Mehmet Efendi, İzmir'de bir süre kalan İsmet'e, Nice'ten ve Marsilya'dan mektuplar geldiğini yazacaktı. Mektuplar gelirdi. Arkadaşları vardır. Olsun. Ama Fransız Konsoloshanesi'nde İsmet Hanım adına, kim tarafından ve nereden yollandığı belli olmayan beş bin franklık bir çek..."

(....)

Nefesinin bittiğini fark ediyor. Hiç kimseyi görmeden anlattığını. Taş gibi mi oturmuşlardı? Hiç kıpırdamadan. Mavi başörtülüyü bile hiç algılamadığını düşünüyor çantasını toplarken. Şimdi silik olan her şey, yavaş yavaş belirginleşmeye başlıyor. Yaklaşmak... Fatma Aliye'nin zamanına yaklaşırken, yaşadığı zamandan uzaklaşıyor. İki zaman yan yana neden akamıyor? Kahramanıyla yekdil olduğu için mi?

"Hocam çok tuhaf... Hayatımda ilk defa böyle bir şey oluyor. Kendimi bir CD gibi hissediyorum. Sizdeki bütün bilgilerin ve duyguların kaydedildiği bir CD gibi."

Sizi anlıyorum, diyecek iken vazgeçiyor. Kim bu hanım? Daha önce gelmiş miydi?

Yine aynı şey. Koptu. Bir şey söylemesi gerekiyor. Burada olduğunu hissettirecek bir şey. Olmuyor. Sadece göz göze gelince tebessüm edecek kadar bir enerjisi var. Mukayese edeyim derken, fenafil Fatma Aliye olacak ne vardı! Gençlere fark ettirmeden buradan çıkmayı bir başarabilse!..

"Hocam, haftaya da aynamız olacak mı?"

"Haftaya... Bilmiyorum. Afedersiniz arkadaşlar gitmem lâzım. Çok geç kaldım."

II-

Kahramanı hendeseye, mantığa ve kimyaya meraklı olduğu için miydi, her şeyi farklar ve benzerlikler üzerinden kurmaya kalkması?

Her hikâye kendi sandığı içinde çıkıp geliyordu.

Fatma Aliye ceviz kakmalı bir sandık.

Suya bırakılıvermiş.

Kıyıda bekleyen kim!

Sandık açılıyor.

İçindekiler ıslak ve solmuş.

Mürekkebi akmış kâğıtlar.

Bir hikâye başka hikâyelerden çıkarılacaktır şimdi.

Benzerlikler ve farklardan.

Benzerlikleri ve farkları bulmak için, merkezdeki hikâye hep zihinde taşınacaktır. Her şey Fatma Aliye üzerinden değer kazanacaktır. Fatma Aliye'nin ayak izinde dolaşırken, vereceği kararın yükünden azat oluyor.

Şerife'nin Almanya vizesi çıkmış. Aylardır beklediği. Dört haftadır, çıkmasa da gitmek zorunda kalmasam, dediği vize. Aylardır okuluna gidemeyen kızların arasında, bir suçlu gibi dakika dakika beklediği haber. ÇIKTI. Çıkmasını hiç istemediği bir anda.

"Keşke Üsküdar dersleri daha önce başlamış olsaydı."

Keşke!

"Kimlik ve Edebiyat seminerlerine daha önce tutunmuş olsaydım hocam!.."

Haftalardır hazırlanıyor. Ondaki azmi gördükçe yeni kitaplar veriyordu. Yeni metotlar söylüyordu: "Tarih ve sosyoloji birbirine zıt düşer bazen. Biri soyarken öteki giydirmek ister. Soymak tehlikeli değildir. Onun için tarihin suları daha güvenli akar. Ama giydirmek tehlikelidir. Kime hangi kostümü giydiriyorsun? Bu önemli."

"Hocam, Fatma Aliye'yi okurken giydirdiğimi mi düşüneceğim, açtığımı mı?"

Hoca tebessüm ediyor. (Hoca sanki kendisi değil. Hatırladıklarıyla kendisini bir başkasına dönüştürüyor. Onlar olmadığında, bir öğrenci karşısında olmadığında, hemen bir öğrenciye dönüşüyor.)

"Haftaya konuşalım uzun uzun. Eve yetişmem lâzım."

Hocanın konuşmasına hayranlar. (Bu noktada, hoca ile kendisini hiç birleştiremiyor. Çünkü konuşmasını hep çok hızlı bulan aile fertleri giriyor devreye. Annesi, "Baban gibi acele acele, kelimeleri yuta yuta konuşma" diyordu. Ağabeyi, "Suçlular senin gibi hızlı konuşur." DİYORDU. Kriminoloji ders notlarını delil olarak gösterip. Kocası, "İnsanlar senin ne demek istediğini takip edemediği için yanlış anlıyor." DİYORDU. Oğlu, "Anne, insan seni dinlerken biraz sonra kavga çıkacakmış endişesi taşıyor." DİYORDU. Yalnız kızı. Evet, kızı. "Anneciğim, çok güzel konuşuyorsun" diyor. Bütün güzel şeyleri annesine yakıştırıyor. Sakız kâğıdından çıkan ve altında F. Bacon yazan sözü annesine ait kılışı gibi. "Anne, senin soyadını yanlış yazmışlar. Senin soyadın Bacon değil ki." Sonra o da büyüyecek. Belki de annesinin konuşmasını, neydi o aletin adı, işte onun yumurta çırpışına benzetecek. Saklı saklı yemek programları seyrettiğine göre. Kızlar en fazla annelerine inat büyüdüğüne göre... Belki de Avrupa'nın, dünyanın en iyi kek yapan annesi olmak üzerinden örüyor kimliğini ilmek ilmek. Örüyor, deme. İlmek, deme. İnşa ediyor, de. Yapılandırıyor, de. Kocaman fiiller kullan. Kallavi fiiller. Muhkem fiiller. Kızına sen de fiillerden çeyiz hazırla. Dantellerden değil fiillerden.)

"Sizin gibi olmak istiyorum hocam."

"..."

"Sizin gibi her şeyi birbirine bağlayabilmek için, neleri okumam gerekiyor?"

Hoca yine tebessüm ediyor. (Bu defa hoca kendisi; ikilik yok, birlik var.)

"Sükûta mahkum edildiğim için, bütün ipler birbirinin içinden geçiyor. Rüyam konuşmaktı. Yazmaya hüküm giydim."

Sizin gibi olmak istiyorum, dediği günden beri daha bir aşk ile hazırlanıyor Şerife. Sadece 'Refet'i anlatmayacak. Bir romandan nerelere gidecek. Kanatları olacak. Bir oraya konacak bir buraya. İçindeki aşkı anlatacak. Öğrenme aşkını, bilme ve bildiklerini anlatabilme aşkını. Aşkını anlatırsa, neden Almanya'ya kabul edilmek için boyun büküp beklediğini izah etme yükümlülüğünden azat olacak. Halini hatırını soran herkese Refet'i anlatıyor. Fakir ve çirkin Refet'i. Aç ve susuz, okul bitirmek için dişini tırnağına takan Refet'i. Fatma Aliye fakirliği bilmiş mi? Şerife biliyor. Vizesi çıktı. Ama bilet parası yok. Dil sınavını geçmiş olmasına ne kadar şaşırıyorlar.

"Kendi kendine mi öğrendin Almanca'yı? Ama bu mümkün değil ki!"

"Refet'i okudukça, önce size kırıldım" demişti.

"Refet ben miyim? Neden Refet'i bana verdiniz? Ama yine de teşekkür ederim. Fatma Aliye'nin bana en uygun romanı 'Refet', değil mi?"

İçinin kavrulduğunu hatırlıyor. Şerife'nin ayakkabılarının artık boya tutmayan derisi. O solgun ayakkabılara (ayakkabılar Şerife'nin ayakkabısı olunca sanki canlı hükmünde) gözü değdiğinde, her defasında yeniden Refet kılmaktan korkarak Şerife'yi. Ah, neden vermişti. Neden!

Bu eski ayakkabılarla İstanbul'da dolaşılır. Ama Almanya'da Refet olunmaz. Ayakları, kunduraların içinde çıplak. Çorapların yalnız konçları sağlam. Moraran parmaklarını bilinmez kılıyor çorapların konçları... "Refet'in çoraplarının tabanı yoktu. Sen Refet değilsin elbet. Hepimizin çorapları var. Yoksulluklarımızla değil, yoksunluklarımızla hepimiz Refet'iz yine de. Fakir değiliz ama mahrumuz. Hem de nelerden mahrum!" Keşke bunları söyleyebilmiş olsaydı.

Fatma Aliye'yi unutmamak için kendini unutacaktır. İki hayat bir zihinde taşınmıyor işte. Gündelik hayat ile bağlantısı, ucu Fatma Aliye'ye dokunduğu zaman başlıyor. Temas. Değip dokunmadan yaşarken, ansızın bir abanmaya dönüşüyor ufukta Fatma Aliye silueti göründüğünde. Temas abanmaya dönüşüyor. On beş dakikadır minibüsün içinde. Herkes kendi gezegeninde yol alırken, bir kadın sesi bütün kapıları açıyor. Birbiriyle temas etmesi mümkün olmayan bütün kapıları. Tam Validebağ Öğretmen Evi'nin önünden geçerken: "Annem, işte burada arkadaş olmuş Halide Nusret ile" diyor. Annesi Halide Nusret ile arkadaş olmuş kadının yüzünü görebilmek için, başını çeviriyor. Göz göze geliyorlar. Kadın şaşırıyor. Biri şaşkın, öteki donmuş bir merak olarak duran iki çehre, birbirine değip dokunuyor. Oracıkta, o kadınla konuşmayı istiyor. Selâmsız sabahsız. Kendini takdim etme yükümlülüğü olmadan. Halide Nusret'e ulaşmak için, hiç tanımadığı bu kadınla, "Benim annemden size ne!" terslenmesini işitmek pahasına, annesini konuşmaya talip. Halide Nusret'ten İsmet'e gidecek. Tuhaf, Halide Nusret'in kendisinden bir hayli küçük kız kardeşinin adı da İsmet. İsmetler birbirinin içine giriyor. İsyankâr damar, iki İsmet'i de birbirinin içinden geçilen iki ayrı ülkeye dönüştürüyor.

Neden Fatma Aliye kızlarını Dame de Sion'a vermişti ki! Yahya Efendi Dergâhı'nda medfun zatın torununun da Dame de Sion'a verildiğini anlatmıştı gençlere. "Şimdi şaşırıyorsunuz. Dündeki hatalar berrak bir aynaya düşüyor. Herkes görüyor hatanın hata olduğunu. Oysa bugünün hataları, farklı resimlerin parçaları olarak karanlık bir kuyunun içinde. Görmüyoruz. Resimleri farklılaştırmayı ya da ortak noktalarını birleştirmeyi düşünmediğimiz için..."

Dame de Sion'un "onlar" için temsil ettiği değerleri netleştirmeden yol alamadığını fark ediyor yine. "Onlar kim?"

"Hocam, siz anlatmamış mıydınız Ahmet Cevdet Paşa'nın misyoner okullarının tehlikesine işaret edişini?"

O soru hâlâ asılı havada. Cevaplanmamış sorular bahsinde, göğe doğru kervan olmuş gidiyorlar. Hayır gitmiyorlar. Cevaplanmamış sorular hiçbir yere gitmiyor.

Nimet ile İsmet Dame de Sion'a giderken, Halide Nusret Erenköy Kız Lisesi'ni bitirmiştir. Kerkük Mutasarrıfı Avnullah Kazımî, Bey'in büyük kızı Halide, Erenköy Kız Lisesi'ni bitirmiş muhafazakâr değerlerin savunucusu olmuştur ama İsmet'in yolu ablasından tamamen farklı. "Kimlikler okullarda kazanılıp, okullarda kaybediliyor." Bu cümle minibüsün camından fırlıyor. Ekose etekleri yerlere değen, lacivert başörtülü kızların yüzüne çarpıyor. Bir hafta sonra üniversite sınavı var. Kimlik. Temas ve kimlik. Kırmızı ışık yanıyor. Ekose etekli kızlara uzun uzun bakıyor. Dünün kollarında ve kıpırtısız.

Trafik akmaya başlayınca, zihni de yeniden hareketleniyor. Halide ve İsmet Kerkük Mutasarrıfı Avnullah Kazımî Bey'in kerimeleri. Birbirlerine pek düşkün olan iki kardeşten, iki kadın yazar dünyaya gelmiştir. Sosyalist Pınar Kür, İsmet Kür'ün kızı. Öteki, milliyetçi Emine Işınsu, Halide Nusret'in kızı.

Aklına ne gelirse yazıyor. Yer ve zaman ehemmiyetsiz. Elinde defter. Niye yazıyor bunları? Kime yazıyor? Her bulduğu isme karşılık başka bir isim koyuyor sayfayı ikiye ayırıp. Üstelik eğri büğrü bir yazı ile.

"Bayan, iki kere gittik geldik. Sizde hiçbir hareket yok. Yani..."

Şoför, in artık, demek istiyor. Sahiden iki kere gidip geldiler mi Kadıköy-Üsküdar arası?

Kıpkırmızı oluyor. Takılıp kaldığını bu şoföre anlatması elbette mümkün değil. Hastanede inecektim, doktorla randevum vardı üstelik; iki yolcunun konuşmasıyla savruldum, dememek için kendisini zor tutuyor. Tutuyor da denemez ya. Şimdi bu şoförün karşısında tutacak ama sonra en olmadık yerde çözülecek. Anlatmaya başlayacak. Her hikâyeye bir hikâye karıştırıyorum, diye anlatmaya başlayacak.

Arabaya iki kız biniyor. Yaşları birbirine yakın olmalı. Kardeş oldukları her hallerinden belli. Ama biri güzel kızların, biri çirkin. Gözleri, kaşları hemen hemen aynı. Ama mavi gömleklinin yüzü uzamış gitmiş sanki. Yüzündeki bu uzunluk, hayatının kıvamını da allak bullak etmiş. Yüzü kalbinin aynası. Dudakları öfkesine çekilmiş bir sınır gibi duruyor yüzünde. Kızlara ne diye daldı? Nimet ile İsmet geldi aklına. Şoför pis pis bakıyor. En iyisi üste bastırmak. "Dört defa daha gidip geleceğim." Beş milyon gönderiyor. Hâlâ, milyon. İnatla YTL demiyor.

Adamın şaşkın bakışlarına, hayretine ritim kazandırmak istermiş gibi başını sağa sola sallayışına kayıtsız görünmeye çalışıyor. Bu adamın anlattığı bir hikâye yok.

Başka bir hikâyeye bulaşmamak için defterine dönüyor. Halide Edip yazılı sayfaya dalıyor. Halide Edip, İsmet'in doğduğu yıl Üsküdar Amerikan Kız Koleji'nden mezun oluyor. Salih Zeki ile evleniyor. Kendisine matematik dersi veren hocasıyla. İsmet'in, Halide Edip ile yaşıt olan ablası Ayşe Sıdıka da kendisine ders veren hocasına âşık oluyor. Annesinin, yani kudretlû

Fatma Aliye'nin karşı çıkmalarına aldırmayarak... Kaçıp... Evleniyor. Kendi kaderini kızının kaderine bulaştırdığını hiç bilmeden. Yıllar sonra, bu defa kendi kızı Hümeyra, evden değil ülkesinden kaçacaktır. Romen konsolosuyla. Fatma Aliye, aşka karşı mantıktan kale ören Fatma Aliye...

Cümleyi tamamlayamıyor. Biraz önce minibüse binen kızlar tartışmaya başlıyor. Tartışmanın seyrinden, kızların kardeş olduğu hususunda yanılmadığını anlıyor. Anneleri hakkında tartışıyorlar. "Annem çok üzülür" diyor bir ses. Öteki, "Ne yapalım, üzülmemeyi öğrensin o zaman!" diyor. Bu acımasız cevabın uzun yüzlüden geldiğinden emin.

Kızların konuşmalarına tanık olmamak için, yeniden deftere dönüyor. Olmuyor. Şuracıkta inmesi gerekiyor. Ama şoföre, dört defa daha gidip geleceğim, dedi. Parasını verdi nasılsa. Gidip gelmese ne olur? Tırlatmış, demesinden korkuyor. Desin!? Dört defa gidip gelse de diyecek. Tırlatmak ne ki! Fatma Aliye'nin büyük kızı, adadaki köşkün üst katından düşüyor. Başının üstüne. "Aklını azat ediyor." Aklını azat etmek. Fatma Aliye'nin torunu, teyzesinden bahsederken bu kelimeyi kullanıyor. Tırlatıyor, deliriyor demiyor. "Aklını azat etti" diyor. Köleyi azat etmek gibi hoş bir çağrışıma bürünüyor, aklını azat edenin imajı. Demek ki güzel ya da çirkin hayat yok. Bizim onun hangi kelimelerle muhafaza ettiğimize göre değişip başkalaşan bir hayat var.

Dersin sonunda tıbbiyeli çocuklar, "Hoca uçmuş ya!" diyorlardı birbirlerine. Schopenhauer ile Fatma Aliye'yi bir arada anlatmaya kalkarsan. Kendisini CD'ye benzeten hanımdan sonra mı söylemişlerdi? Hatırlayamıyor. Uçarsın tabiî. Uçururlar ya da. Kötü değil uçmak. Hatta romantik bile sayılır. Katlanılan hayat, katlanılamayan hayat. Bu da değil. Kolay, zor. Sıradan, sıra dışı. Hayat. Bir kimya hayat; koyulduğu kaba göre azalan ve çoğalan. Kap ne? Bedenin doğduğu zaman. Büyük kız Hatice, Mustafa Kemal'in yaşında. Fatma Aliye, Lâtife Hanım'a hitaben bir mektup yazmıştır Paşa'nın da okumasını arzu ederek. Halkalar yine iç içe geçmeye başladı. İç içe geçen ama zincir olmaya isyan eden halkalar.

Aşka yenilenlerin, hayata da yenik düşeceğini yazmıştı Fatma Aliye. Kızlarının ve torunlarının kaderini bilmeden. Konsolos, bir Türk kızına âşık oldu diye işinden olmuştu. Hümeyra, bir Romen'e âşık olduğu için ailesinden ve ülkesinden. "Onurlu bir komünistti" diye anlatacaktı kuzeni, onu. "Siz komünistleri sever misiniz? Hümeyra, onurlu bir komünistti. Her sabah dört buçukta kalkıyor, postanedeki memuriyetine gidiyordu Romanya'da. Üstelik evlendiklerinden birkaç yıl sonra kocası hastalandı ve bir daha yataktan kalkamadı. Ama Hümeyra hiç şikâyetsiz yaşadı. Emeğe duyduğu saygı, hayat mücadelesinin çetinliğine rağmen hiç azalmadı."

Minibüsten inerken, şoförü bir hikâyenin içinde bırakmak istiyor. Arkasından tırlatmış dememesini garantiye almak için. Cep telefonunu açıyor. Hiçbir numara çevirmeden konuşuyor gibi yapmayı beceremeyeceği için, rehberden rastgele bir numara seçiyor. "Seni göremiyorum. Üçüncü defa geçiyorum önünden. Tamam tamam, şimdi iniyorum. Hadi, görüşmek üzere."

Şoför, bütün dikkatini telefon konuşmasına verdiğini hemen belli ediyor. Dur diyen olmadığı halde, zınk diye duruyor. Kiminle buluştuğunu izlemeye de kalkacaktır bu hafiye kılıklı adam. Hastanenin önünde, yolcuların homurdanmalarına rağmen bekleyecektir. İnmiyor. Tam eczanenin önünde inecek. Arkasından, madem eczaneye girecektin, neden üç kere gittin geldin, diye söyleneceğinden emin. Ama minibüs yolculuğundaki bu son hoşuna gidiyor. Dalgınlığını kamufle etmek için iyi bir son olduğunu düşünüyor. "İşçilik gerektiren bir çalışmaydı en azından" diyor. Dalgınlığını tercihe dönüştürmeye uğraşıyor. "Benim tercihim..." Sihirli cümlenin sihrine sığınıyor.

Telefon çalıyor. "Biraz önce ne demek istediniz, seni göremiyorum, derken? Siz kimsiniz? Nerede iniyorsunuz? Bana ne bundan!"

Minibüs şoförünü bir hikâye içinde bırakmak isterken, şimdi kendisi kimbilir kimin nezdinde dağınık bir hikâyeye dönüşüyor. Hiç konuşmamak en iyisi. Konuşmuyor. Sesini saklıyor. Sustukça güç kazandığını hissediyor. İzah yükümlülüğünden kurtuluyor.

Fatma Aliye ne zaman susmaya başladı!

"Aa, niye itiyorsunuz!"

"Yakalayın! Kadının cep telefonunu aldı. Apartmanın içine girdi. Polise haber verin."

"Polisle birlikte çalışıyorlardır. Biz kendimiz yakalayalım."

III-

Ne zaman toplandı bunca kalabalık? Minibüs şoförü niye burada? Ne zaman geldi buraya? Burası karakol mu?

"Komiserim ben her şeyi gördüm. Bu bayandan şüphelenmiştim zaten. Birkaç kere gitti geldi benim araba ile. Minibüste iki kadın vardı. Kendi halinde iki kadın. Dikiz aynasından onlara taktığını gördüm. İlk durak, son durak. Gidip geliyor arabada. Uyardım. Beş kere daha gidip geleceğim, dedi. Kıllandım. Yani pardon, huylandım. Boğaz vapuru mu bu yav! Sonra iki kız bindi arabaya. Bu sefer onlara dikkat kesildi. Elinde bir defter, durmadan yazıyor. Kütüphane mi bizim araba!?"

"Ne diyorsunuz bayan!?"

Hiçbir şey demeyecek. Fatma Aliye, izah etme yükümlülüğünden azat olmuştu.

“Anlamıyormuş numarası yapıyor komiserim. Kulaklarımla duydum. Cep telefonuyla konuştu. Sağır, dilsiz filan değil.”

Beyaz saçlı bir adam müdahale ediyor: “Komiserim, belki de şoför ve kapkaççı birlikte çalışıyorlardır. Sizi yanıltmasına izin vermeyin. Hırsızı bıraktık, mağduru suçluyoruz şurada.”

Komiser, adamın bilmişliğine sinir oluyor ama adam doğru söylüyor. Bu şoföre haddini bildirmeli. Çizmeyi aştı gitti.

Telefonu çalınmış kadına bir soru sormak istiyor. Tuhaf, aklına hiçbir şey gelmiyor. Bu kadında sorguya çekilemeyecek kadar naif bir yüz görüyor. Çok korktu belki de. Şok geçiriyor olmasın.

“Oğlum, bayana bir bardak su getir.”

“Telefonunuzun markası neydi bayan?”

Telefonunun markası neydi? Markasını söylemek yerine tarif etse. Şeklini çizse. İzah etmeye çalıştıkça yenileceğini ve yenildikçe suçlanacağını düşünüyor. Muzaffer olanlar suçlanmaz. Onlar kahraman ilân edilir. Benim telefonumun feneri vardı dese. Yani o telefonu seçmiş olmasının tek sebebi, fenerinin olması. Başka bir sebebi? Yok. Çantasına her zaman fener koyduğunu zannediyor ama. Unutuyor. Cep telefonu, kendini hiç unutturmayan bir nesne. Feneri için almıştım ben onu. İzah ettikçe, salaklığı bir paye gibi kazanacağını biliyor. Susmalı. En iyisi susmalı. Cevabın başkalarının cevabına benzemediğinde, susmaktan başka çıkar yol yoktur. Herkes güler, cep telefonum fenerliydi dese. Gerçek niye bu kadar komik oluyor. Adam ne renkti bayan, diye sorsa, fenerliydi diyecek. Adam, bu cevabı sarı lacivert olarak kodlayacak. Fanatik kadın, diye küfredecek içinden belki. Hayır öyle değil. Işık. Işık. Konuştukça batacak.

"Ben size söylemedim mi komiserim. Bakın, dilsiz numarası yapıyor. Telefonunun markasını bile söylemiyor."

Kadın kesin şokta olmalı. Bir tutanak tutup göndermek en iyisi. Olmadık işler açılır başına. Telefonunu kapanı da hatırlamaz şimdi bu!

Minibüs şoförü ile şu adamın ayrı ayrı ifadelerini almalı. Bakalım kapkaççıyı farklı farklı mı tarif edecekler? Apartmana girdiğini söyleyen bu adam. Apartmandan kimse çıkmadığına göre...

Ne tuhaf iş böyle! Oh, kadının umurunda değil. N'olcak, kocası yenisini alır. Şu hale bak, telefonunun markasını bile bilmiyor! Aklı sıra tenezzül etmiyor, hiç ağzını açmayarak. Yok yav. Günahını almayalım. Korktu herhalde. Defterini sıkı sıkı tutuyor. Hırsız telefonu değil de elindeki defteri almış olsaydı, mahvolurdu muhakkak. Ne var acaba o defterde? Kolonya döküyorum ayağına alsam elinden defteri de, şöyle lâf olsun diye bakıyormuş gibi yapsam.

"Ahmet, kolonya getir hanımefendiye. Elini yüzünü ovsun şöyle. Naciye ordaysa söyle gelsin."

"Ben gitmek istiyorum. Tutanak tutulacaksa... Yani imzam filan gerekiyorsa... Geç kalıyorum."

Nereye geç kalıyor? Okula geç kalıyordur. Evet evet, öyledir. Bak ya, garibanın günahını aldık. Yazık, kırkından sonra okula gidenlerden bu da. Boşuna defterine sarılmıyor. Hay Allah'ım!

"İyi ki telefonunuza almışlar. Ya defterinizi alsalardı!!!"

IV-

Birbirine karışmış nehirler gibi her şey. Karmakarışık hayatlar. Karşınızda kapkaç mağduru bir kadın var dese, geç kalmasını anlarlar muhakkak.

Fakat ne kadar kalabalıklar bugün. Hiç tanımadığı bir grup genç kız. Şu kahverengi başörtülü genç kız hocaları olmalı. Esas istekli olan o galiba. Derse başlamadan, gelenlerin heyecanını ölçmek için tek tek bakıyor hepsine. İki kişinin heyecanı yeter. İki dinleyicinin heyecanına, anlatıcı olarak kendi heyecanı karışır ve cemaat tamam olur.

Başlamalı hemen. İçinde dağlar dereler. Başlamazsa, hiç başlayamayacak. Karakoldaki adamların, başkomiserinden şoförüne, kendisinin ne salak olduğunu birbirlerine ima ederek sorular sormaya kalkmasını unutmalı. Evet, unutmalı. Hiç bu kadar aşağılandığını hatırlamıyor. Kim ki o adamlar! Zihinde taşımaya değmez. Unutacak.

"Geçen hafta, İşgal İstanbulu'nun halet-i ruhiyesinin hatıratlardan izini sürmüştük, değil mi? Bugün, bir hikâyeden İmparatorluğun dağılan resmini okumaya çalışacağız. Hazır mıyız? Benim için zor bir yolculuk. Yolculuğumuz kesintisiz olursa sevinirim."

Herkes derlenip toplanıyor. Eskiler kalemlerini bırakıyor. Yeni gelenler, bu izahtan sonra not almaları gerektiğini sanıp kâğıt kalem çıkarıyorlar.

"Not almıyoruz arkadaşlar. Küçük Geylâni'yi bir defa daha hatırlıyoruz."

Yeni gelenlerden iki küçük kız kıkırdıyor.

"Kimi hatırlıyoruz kimi!!?"

Hocaları, işaret parmağını dudaklarına götürerek yavaşça, "Sessiz" diyor.

"Aslolan, kalbimize ve zihnimize yazdığımız yazıdır. Kâğıtları yardıma çağırmadan. Kalbimize yazdığımız yazı!"

Başlıyor. Dünü çekip çıkaracak olan tek şey, kendi sesi.

"Savaş bitti diye boşuna sevinmişlerdi. İtilâf devletlerinin İstanbul'u işgal etmesini hiç beklemiyorlardı. Savaş bitince sefaletin de biteceğini sanmışlardı oysa. Hindi pişirmeyi bile düşünmüştü Selma'nın annesi. Selma kim? Namık Kemal'in torunu Selma. Selma Ekrem. Savaş yenilgiyle bitmiş bile olsa bitmişti işte. Savaşın bitişi kutlanmalıydı o vakit.

"Savaşın acısını paylaştıkları insanlar, şimdi bu yenilginin hüznünü paylaşmıyordu. Komşularının evinde sevinç vardı. Sokaklarda 'Zito! Viva!' sesleri bitmek bilmiyordu. Donanma Karadeniz'e ilerlerken, bütün Türkler evinde oturdu. Sokaklar başkalarınındı artık.

"Selma'nın babası Ali Ekrem, İtilâf Devletleri'ne kucak açmış öteki halkların zafer kutlamaları arasında eve geldiğinde, siyaha çalmış bir yüzün ardına sakladı kendini. Kelimelere sakladı. Saklanmak boşunaydı oysa. Her şey aşikârdı. Hüzün hiçbir yere saklanamayandı."

Ali Ekrem'i kâğıttan okuyacak. Anlatırsa ağlayacağını biliyor. Kâğıttakilerin mihmandarlığına bırakmalı kalbini. Bırakmazsa ağlayacak. Bir defa daha bakıyor hâzîrûna, yeni gelen küçükler sıkıldıklarını çok belli ediyor.

Bu isimler kim? İsimlerden iz sürememek dinlemelerini engelliyor. Hocaları ne kadar meraklı dinliyor. Sanki çok sevdiği programa kavuşmuş otuz çocuklu bir kadın gibi.

"Her zamanki gibi okula gittim. Talebeler çok üzgün, solgun ve hareketsiz oturuyorlardı. Talebeden biri, sınıfın en iyisi, konuşmak için izin istedi. İzin verdim. 'Sayın hocam' diye başladı sözüne, 'çok endişeliyiz. Buraya öğrenmek için geldiğimizi ve siyasete bulaşmamamız gerektiğini biliyoruz. Ama vaziyet çok vahim. Artık bir vatanımız yok. Düşman şehri işgal etti, her an gelip okulumuzu alabilirler. Bunlar Türkiye'nin son günleri olabilir. Buraya, dersinize neden geliyorsunuz? Okula geldiğiniz sürece, ülke henüz elden gitmemiş demektir. Bize söyleyin; vatanı kim, nasıl kurtaracak?'"

Ali Ekrem'in satırlarını masanın üstüne bırakıyor.

Bundan sonrasını yüzlerine bakarak anlatamayacağını anlıyor. Kuytu bir köşeye geçmeli. Ağlayacak. Biliyor, ağlayacak. Bu bahsi ağlamadan anlatmayı hiç beceremedi ki! Kâğıdın mihmandarlığı yetmiyor.

Odanın en loş kısmına geçiyor.

"Hayata devam etmek, yenilmemek demekti. Gelenleri ciddiye almamak ve korkmadığını ve yılmadığını göstermek, silâhsız bir savaşın en önemli taktiğiydi."

Sesini olabildiğince boğazının derinliklerinden çıkarmayı deniyor.

"Devasa İngiliz gemisi Queen Elizabeth, Galata Köprüsü yakınlarında demirledi. Denizciler güvertede toplanıp, topları İstanbul'a çevirdi.

"İstanbul'a bir şey olmazdı.

"İstanbul'a bir şey olmazdı.

"İstanbul'a bir şey olmazdı."

Sanki şu an, toplar yine İstanbul'a çevriliymiş gibi endişeli. "İstanbul'a bir şey olmaz" derken, kendisini Allah'a o kadar yakın hissediyor ki. Vecd hali. İstanbul'a bir şey olmaz. Kendi varlığını unutacak kadar, dua niyetine tekrarlıyor: "İstanbul'a bir şey olmaz." Bütün sınıf duaya katılıyor: "İstanbul'a bir şey olmaz." Zikir halkasındaymışçasına, her biri kendisini unutuyor.

Varlık, sadece kalpten çıkıp kalbe dönmesi beklenen zikirden ibaret.

"Galata Köprüsü üstünde toplanmış halk, İngilizlerin bu gösterisini basit bir sirk gösterisi niyetine seyrettiğini göstermek üzere, kahkahalarla güldü. Kalabalığa karışan her yeni insan, kahkahasını kurşun niyetine saldı sokaklara. Her kahkaha, sizi alaya alıyoruz, demekti. Yaptıklarınızı ciddiye almıyoruz, demekti.

"Osmanlı, yenilginin önce korkudan başladığını bilirdi. Gelenlere karşı korkusuzluğu, kahkahanın izlerinden ifadelendirmek kolaydı. Gelmişlerdi, giderlerdi elbet. Ama burada olanlar. Hep burada olmuş olanlar. Yıllarca aynı yağmurun, aynı karın, aynı sevincin ve aynı üzüntünün içinden geçmiş olduklarıyla, aralarına kahkahadan bir mesafe koyabilmek mümkün olmuyordu.

"Türkler sesiz ve vakur olmaya çalışırken, dün içlerinde olanlar caka satıyordu. Bayraklarla donatıyorlardı ellerinin değdiği her yeri. İşgalin müzik sesleri geliyordu, mümin İstanbul'un sükûtuna karşılık.

"Bir ülkenin yıkıntıları altında Kolej'i bitirmişti Selma Ekrem. Kolej'de okuduğu her ders, onu ilmek ilmek Amerika'ya bağlamıştı. İşgal İstanbulu'nda yaşarken, Kolej onu ârâfa taşıyan tek yerdi.

"Kolej bittiğinde avare bir genç kıza dönüştü. Gitmek, tek tutkusu haline geldi. Buraya ait değildi. Oraya aitti. Buradayken hep orada olmuştu.

"Yüzü acıdan siyaha çalan babasını dinlerken bile, buraya ait olmadığını düşünüyor. Buradayken buraya ait olunmuyorsa, gitmekten daha erdemli ne olabilir? Gitmesinin erdem olduğuna inandırıyor kendisini. Tam da o akşam. Babası savaşmaya giden öğrencileri anlatırken.

"Kendisini Amerika'ya götürecek gemiye binerken, ruhunun çoktan orada olduğunu biliyordu. Ruhunun yanına bedenini götürecekti bu gemi. Sadece bedenini.

"Amerika'ya gittikten birkaç yıl sonra, kendi macerasında saklı İmparatorluğun macerasını ve İmparatorluğun macerasında saklı olan kendi hikâyesini, birbirinin içinden geçen ilmeklerle ördü Amerikalılar için. Hikâyesinin özü, hürriyete kaçıştı. Şapkamı özgürce giyebileceğim yer, diye adlandırdı, kaçışını.

"Kendisinden seksen yıl sonra, bu defa gemiyle değil uçakla ABD'ye hürriyet için gidenler, şapkalarını değil başörtülerini özgürce takmak için gittiler. Ne kaçılan ülke değişmişti. Ne gidilen. Gidenlerin kimliği değişmişti yalnızca.

"Kızlar gidiyordu. Her sülaleden bir kız. Fatma Aliye'nin küçük kızı İsmet, belki de en çok Selma'nın ayak izlerine bastı. Namık Kemal'in torununun ayak izinde, Ahmet Cevdet Paşa'nın torununun ayak izi."

Yeni gelenler için heyecanlı, duygusal, değişik bir ders idi. Ne Fatma Aliye'yi biliyorlardı ne de onun tanassur eden kızı İsmet'i. Selma Ekrem'in hikâyesini, hikâyelerden bir hikâye olarak dinlediklerini görmemek için, onların tarafına hiç bakmadı.

Ama, eski öğrenciler fazlasıyla etkilenmiş olarak takip ettiler dersi. Kıpırtısız oturmaya devam ediyorlar. Biten derse rağmen oturmaya devam ediyorlar.

Gitmeye fazla mı vurgu yapmıştı? Onun için mi gitmeye direniyordu bu gençler?

"Gitmemiz gerekiyor."

"Neden?" diyor ip takkeli şaşkın şaşkın.

Herkes gülüyor. İp takkeli de gülüyor. "Ben, yani şey... Sanmıştım ki... Yani bizim de Amerika'ya gitmemiz gerektiğini söylüyorsunuz."

Kimse gülmüyor. Sükût, taş duvar gibi örüyor duyguların üstünü.

bir ay önce
sultanahmet

Yine karışıyor her şey birbirine. Bu teklifi kabul etmemeliydi. Sanki başka bir gezegenden düşmüş meteor gibi hissediyor kendini onların arasında. Katı, soğuk ve yanık. Taşlar da yanar. Bu pembeli, turkuazlı, morlu kadınlar ne kadar cıvıl cıvıl. Fatma Aliye'yi bilseler ne, bilmeseler ne!

Bakan Bey'in karısı anlatıyor.

"Ne güzelsiniz. Ne var böyle örtünecek, dedi bize. Manken gibisiniz, dedi."

Kim kime, "Manken gibisiniz" dedi?

"Başınızı niye örtüyorsunuz, dedi. Güzelliklerimizi saklamamız daha iyi değil mi, dedim."

Hangi güzellikleri? Bakan'ın karısı neden bahsediyor! Bu ne cüret, demesi gerekmez miydi! Demek ki, henüz kocasının mevkiini giyinmemiş. Henüz. Giyinse daha mı iyi olurdu? "Siz ne cüretle bana nasıl giyinmem gerektiğini söyleyebilirsiniz?"

Hayır, bu konuşma hiç olmuyor. Bundan incinmiş de görünmüyor Bakan Bey'in eşi. Evet, uzun uzun "Bakan Bey'in eşi" diyorlar. Bakan Bey'in eşi, kendisine söylenenler içinde sadece "manken gibi" kısmını algılamış. Bu kadar, hepsi bu kadar. Algılamıyor. Ya da her cümlenin, sadece kendisi için iltifat olabilecek kısmını algılıyor.

Fatma Aliye'yi nasıl anlatabilirdi ki? Anlatmıştı. Anlamışlar mıydı? Asil ve vakur Fatma Aliye'yi. Evlât acısı tatmış Fatma Aliye'yi. Niye burada hâlâ Bakan Bey'in eşine Fatma Aliye'yi, Osmanlı'nın muhafazakâr kadınlarını anlatmayı ümit ediyorsun ki! Zihninde ikisini neden bir araya getiriyorsun! Zamanın yapmadığını, sen bilincindeki zamanla yapmaya neden kalkıyorsun! Yeterince iyi anlatamadığın için mi? Anlattıklarından çok daha fazlası sende kaldığı için mi? Ya da sende kalanlar ile senden çıkanlar arasında uyumlu bir sentez kuramadığın için mi?

Hanımlar hayran hayran dinliyor Bakan Bey'in eşini. "Yok" diyorlar, "siz mankenlerden daha güzelsiniz. Çok güzel hem de. Onların yüzünde boya yokken tahta kurusuna benziyorlar."

Kim bu kadın? Mankenlerden daha güzelsiniz, diyen durmadan. Bakan Bey'in eşinin beyaz pudralı yüzü biraz daha parlıyor. Mankenlerden daha güzel. Rol model olarak mankenler. Oysa Fatma Aliye'nin doğduğu yüzyılda, Osmanlı kadınlarının rol modeli Kraliçe Eugénie idi.

Sultan Abdülaziz, Kraliçe'yi ağırlamak için Beylerbeyi Sarayı'nı yaptırıyor. Erkekler kime değer veriyorsa, güzel o mu? Rol model o mu? Kraliçe'nin bukleleri dillerde. Mavi elbisesinin ihtişamı dillerde. Pera'ya gidebilen gidemeyen bütün kadınlar, kendilerine mavi bir elbise yaptırıyor. Mavi elbiseli Eugénie oluyorlar.

1867'de aynalar dilini değiştiriyor.

Güzellik yüktür hanımefendi, diye girmek istiyor söze. Güzellik, kadınların yolunmuş kanatlarıdır. Güzel olmaktan vazgeçerseniz ya da güzelliğinizi parantez içine alıp, önce siz kendiniz, bizzat güzelliği umursamadığınızı fark ettirirseniz, kanatlarınız yerine geri gelecektir. Güzel olan kadınlar taş gibi ağırlaşırlar. Uçarı deriz, azıcık hafif meşrep olanlarına. Oysa en uçamayacak olanlar onlardır. Düşüncenin kanadı çelikten-dir. Hiç bükülmez. Eskimez, yıpranmaz. Ve düşünce bir defa kanat açtı mı, kimselerin gücü yetmez o kanatları koparmaya.

Konuya hiç giremiyor. Üniversite öğrencileri ile yaptığı dersler gibi olacak zannetmişti bu dersleri de. Ama dağılmıştı. Herkes dağılmıştı. Hemen çay servisine başlanmıştı.

Neden bu kadar ağırlaşıyor? Ciddiye aldığı için. Yaptığı her konuşmayı çok fazla ciddiye aldığı için. Sanki, biz falandan Fatma Aliye üzerine seminer aldık, diyecek bu eşler.

Evet, eşler. "Eş olmak", bir mesleğe dönüşüyor siyasilerin kadınlarında. Bir meslek. Önce Tanzimat ideolojisi; iyi eş, iyi anne olmaları için okutulması gereken kızlar. Sonra cumhuriyet ideolojisi; iyi eş, iyi anne, iyi vatandaş. Şimdi, "haydi kızlar okula." Başbakan'ın tesettürlü eşi, kırsal kesimin kızları için seferber: "Haydi kızlar okula." Oysa Başbakan, şehirde üniversiteye gidemeyen başörtülü kızlar için, sadece duygularını imajlar eşliğinde ifade edebilecek kadar hür: "Yüreğimdeki hıçkırık." Böyle diyor Başbakan, okumak için yurt dışına giden, başörtülü okumak için yurt dışına giden kendi kızlarını uğurlarken. "Yüreğimdeki hıçkırık."

Niye buradaydı? Tarih bizimle başlamıyor, demek için. Ahmet Cevdet Paşa'nın, ilim irfan sahibi Ahmet Cevdet Paşa'nın kızı Fatma Aliye'yi anlatarak, bir etiket olarak kondurulmuş muhafazakârlığın muhtevasını doldurmak için boşuna bir gayret. Burada olmaması gerekiyordu. Fatma Aliye dediğinde, dinleyenlerin kafasındaki imajların, televizyondaki Aliye dizisine gittiğini fark ede ede 19. yüzyılın panoramasını çizmek, topaçlı tarlada koşmaya çalışmak gibi bir şey.

Bulutların baskısı artıyor.

Kadınlar Sultanahmet'teki tesettür defilesinden bahsetmeye başlıyor. Tam bu noktada Nisvan-ı İslâm'ı devreye sokabilse, dinleyenlerin motivasyonunu arttırmayı başarabilir mi? İyi ama niye bunca gayret! Bu kadınlardan mesul değil ki!

Fatma Aliye kendisini bütün kadınlardan mesul görüyordu. Bütün kadınların sözcüsü. Bütün kadınların kalpten kalbe, düşünceden düşünceye akması için seferber.

Bütün kadınlar! Bütün kadınların içinde, kendi kızının olmayacağını nereden bilecekti ki!

"Fatma Aliye'nin en küçük kızı tanassur etmişti."

Niye söyledi şimdi bunu?!

Ansızın.

İştahla pasta yiyişlerini mi kıskanmıştı!

Birbirlerine bitimsiz bir heyecan içinde iltifat edişleri mi ağrına gitmişti?!

Şifon etek.

Başörtüsü şifon ile aynı desenden olursa mı daha iyi olur, olmazsa mı?

"Aa gördünüz mü ..... karısının verdiği pozları."

"Artist, artist."

"A, bizim bey kızar böyle şeylere."

"Demek ki kocasının hoşuna gidiyor."

"Bakan Bey'in izni olur mu?"

"Ay iyi ki sizin eşiniz Dışişleri Bakanı değil hanımefendi. Ne zor şu zamanda Dışişleri Bakanı olmak. Bütün Dışişleri Bakanları kadın Avrupa'da."

"Ay nasıl da Abdullah Bey'in içine içine giriyor kadınlar. Hele o Yunan Bakan."

"Güzel kadın, değil mi?"

"Ay yok, bence güzel değil. Rum dilberi n'olcak."

"A, demeyin öyle şeyler. Yerin kulağı var. Hükümetimizi zor durumda bırakmayalım durduk yere."

"Bırakanlar bıraktı zaten. Dayaklar filan. Rum dilberi işte. Sevmiyorum o kadını."

"Aman şekerim, âlemsin. Medyada gördüğün bir kadına niye bu düşmanlık!?"

"Yunan olması yeter. Bak nasıl bekletiyorlar bizi AB kapısında."

"Fatma Aliye'nin kızı tanassur etti."

Niye söyledi?

"O zaman da her şey bugünkü gibiydi. O zaman da Hıristiyanlık propagandası yapmak için, kıtalar aşıp İstanbul'a geliyordu misyonerler."

Pastalar çatalın ucunda havada öylece duruyor.

Zaman donar mı? Havadaki soğukluk zamanı dondurur mu?

Çay boğazlarında takılı. Yakıyor.

Hayat birden ağırlaşıyor.

Sultanahmet'teki şifon etek defilesi parça parça yırtılıyor.

Ev sahibi bin pişman. İyi olur sanmıştı. Şöyle çaylarını yudumlayıp Osmanlı üzerine konuşmanın şık olacağını, farklı olacağını düşünmüştü. "Ah" diyeceklerdi, "Canan Hanımcığım, senin toplantılarının eşi benzeri yok. Hem bilgileniyor, hem eğleniyor, hem de güzelleşiyoruz."

Keşke, kendisine söylenenleri dikkate almış olsaydı. "Biraz ciddidir" demişlerdi. "Vakte mukayyet olmak ister. İyi düşünün" demişti tanıyanlar. Buna ciddiyet mi denir canım! Şimdi bu mevki makam sahibi hanımlar -ne fark eder aile bir bütündür, mevki ha kocaların olmuş ha eşlerinin!- sanki Fatma Aliye Hanım'dan sınava girecekler. Üstelik davetlilerin kimliklerini de vermişti. Kendileriyle Aliye Hanım arasında empati kurmalarını sağlayacak özellikler üzerinde durmasını bilhassa rica etmişti. Ama sanki intikam almak ister gibi neler anlatıyor böyle. Kızı tanassur etmişti diyerek.

"Hanımefendileri üzecek bahisler açmayalım rica ederim."

"Mutlu bahisler!? Müsaadenizle. Size afiyet olsun."

Mutlu bahisler. Herkesin derdi, mutlu bahisler değil mi? Piyangodan milyarlar çıksın. Milyar demeyecek miyiz şimdi? Ne diyeceğiz atılan sıfırlardan sonra? Mutlu bahis. Kumarhaneler Kralı'nın yaptığı yardımı da konuşalım mı, yardımsever kalplerimize referans olsun diye. Genelevler Kraliçesi'nin vergi rekortmeni olduğu ülkede, mutlu bahisler kolay bulunur ne de olsa.

Aman efendim, üzülünmesin. Herkes birbirini onulmaz üzüntülere karşı korusun. Daire olalım da, üzüntünün rüzgârı kesilsin. Birbirimize bakalım ve bütün dünyayı yüzümüzün sınırlarında sabitleyelim.

"Ah hanımefendi, üzülmenizi hiç istemeyiz."

Fatma Aliye Hanım ne çok üzülmüştü, ne çok. Kimselere söylemedi. Kendini azaltacak hiçbir şeyi, hiç kimselere söylemedi.

Faik Paşa'ya bile.

Azalmamak için unutulmaya razı oldu.

on beş gün önce
üniversite
konferans salonu

Siyasilerin eşlerinin yıktığı kaleleri, şimdi burada bu gençlerin bakışlarıyla yeniden mi inşa edecekti?

Son zamanlarda nereye giderse gitsin, zihnindeki açılış cümlesi değişmiyordu: "Buraya gelmemeliydim."

Bir sürü yanlış anlamanın aynasında. Şeklin ve kıyafetin önsözden öte, metnin kendisine dönüşmüş olduğu bu yerde... Olmaması gerekiyordu.

Görünüşte aynı idi. Üsküdar'daki topluluk gibi buradakiler de. Yaşları ve görüntüleri bile aynı. Ama Üsküdar'dakiler gelmek istedikleri için geliyordu. Hiçbir mecburiyet olmadan. Üstelik hepsi yurdum insanı. (Tıbbiyeliler kendilerini tanıtmak için, kendilerine yakın olanı tanıtmak için "yurdum insanı işte" diyorlardı, şovmen artığı bir cümleden yardım beklercesine...) Ama buradakiler özel üniversitenin özel öğrencileri olarak, kerhen dinliyorlardı. Vücut dilleri, küstahlığa ve kaygısızlığa ayarlı.

Beş haftadır sessiz sedasız Üsküdar derslerine devam eden ve en sonunda kendisini tanıtan, kafasına beyaz gömlek ile kodladığı -adı Sinan'mış- bey, içten bir tebessümle fakirhaneye çorba içmeye teşrif eder misiniz edasında, misafir hoca olarak kendi dersine davet edince... Davet. Davete icabet etmek üzere... Sorun çıkmaz mıydı? Çıkmazmış. Gidilecekti o vakit.

'Muhadarat'ı anlatırken vücut dilini bir tehdit unsuru olarak kullanmakta olan genç çocuk, "Boşverin bunları" diyor. Anlamıyor önce. Neyi boş verecek? "Yani" diyor bacaklarını yan tarafa çıkartarak, "niye sahip çıkmaya çalışıyorsunuz ki, ilk romanı dediğiniz roman ortada işte. 1892'de yayınlandı, diyorsunuz. Ee, bir defa namaz kılan biri var mı roman boyunca?"

Saçlarını elleriyle tarar gibi yapıyor sorusunu sorduktan sonra. Uzun kırmızı saçları, bu genç adamın kartviziti esasında. Birden, eşit şartlarda olmadıklarını düşünüyor. Kendisi eşit şartları hiç tanımamıştı/tatmamıştı. Bu kırmızı uzun saçlı adam, kimliğini ele vermiyordu. Kimden yanaydı? Fatma Aliye'den yana değildi, ama kimden yanaydı? Oysa kendi kimliği, düşüncelerini bile şeffaf bir tas gibi ortada bırakıyordu. Fatma Aliye'yi anlamaya çalışmasını, ince ince empati kurmasını, hasılı fenafil Fatma Aliye olmasını anlaşılmaz kılıyordu kimliği. Şimdi şu kırmızı saçlı genç adamın karşısında, saçları ortada olan başka bir kadın anlatıyor olsaydı Fatma Aliye'yi; roman boyunca kahramanlarına bir defa olsun namaz kıldırmıyor, ona sahip çıkmayı bırakın türünden bir sınırlama ile karşılaşır mıydı?

Kürsüye elini koyuyor. Doğrudan, kırmızı saçlı genç adama bakıyor. "Romana namazın girmemesi son derece normal. Hayatlarında olan şeyi dile düşürmemişlerdi. 1970 sonrası romanlar ile, 1890'ların romanlarını birbirine karıştırmayın. 1880'lerde normal olan namaz kılmak idi. 1970'lerde ise, namaz kılmamak 'normal' kabul ediliyordu." "Normal" derken parmaklarıyla boşluğa tırnak işareti yapıyor.

"Size katılmıyorum" diyor ve salonu terk ediyor kırmızı saçlı. Ardında kocaman bir boşluk bırakarak. Karar veremiyor; bu gidiş kaçış mıydı, yoksa protesto mu? Giden gider kalan sağlar bizimdir diyemeyişi, içini yangından arta kalmış bir boşluğa dönüştürüyor. Geriye kalanlarda, kurtarılanlarda hep bir yanık izi, is kokusu olacak. Sinan Bey'in derste olmaması teselli yerine geçer mi? Sözü salona bırakmak en iyisi.

Biraz önce, "Kadınlar, ilk defa Tanzimat'tan sonra sayılmıştır" diye söze başladığında cümlesini hançerle kesen, uzun başörtüsünü kaşkol gibi boynuna dolamış kızı arıyor gözleri. O da mı gitmişti! Gözleri isyan renginde. Gittiğini fark ederdi oysa. "Demek Tanzimat'tan önce kadınlar insandan sayılmıyordu?"

"Hayır, mesele insandan sayılıp sayılmama meselesi değil. Hazinenin açık vermediği dönemlerde üretici elleri ve savaşacak elleri tespit etmek yeterli idi. Ne var ki, tüketim üretimden fazla olmaya başlayınca..."

"Neden savunuyorsunuz Osmanlı'yı. Yanlışa yanlış demek sizi niye bu kadar zorluyor!" Gözleri isyan rengi.

"Yanlışa yanlış demek beni niye zorlasın?"

İsyan rengi gözleri olan, gardını almıştı. Bağlantı noktalarını iptal etmişti. Peki, diyemezdi bu iptal karşısında. Hayır, demenin hiçbir anlamı yok. 'Muhadarat'tın sayfalarına geri dönülecek.

"Ama hocam, bu roman" dedi sarı saçlı kız. "Gerçek olması gerekmez ki!"

"Yaşadıkları dönem itibariyle gerçek dışı tiplemeler yapmaları söz konusu değildi. Cariye meselelerini en iyi romanlardan öğrenebiliriz. Eğer Fatma Aliye Hanım, toplumda gerçekliği olmayan bir şey yazmış olsa idi, ilk kadın romancı olması hasebiyle eleştiri oklarını fazlasıyla üzerine çekmiş olurdu."

"Siz kimden yanasınız?" diye soruyor bir ses. Ah evet, isyan renkli gözleri olan.

"Nasıl yani, kimden yana?"

Kız bocalıyor. Belli ki esas problem, onun kendisini kimden yana koyacağını bilememesi.

Başka bir yöne rota belirlemek?

"Harriet Beecher Stowe'u tanır mısınız?"

Ne alâka!!! Bakışların korosu.

"Tom Amca'nın Kulübesi'ni yazan. Hatırlayacaksınız muhakkak. Lincoln'ün kendisine, Kuzey-Güney Savaşı'nı başlatan küçük kadın siz misiniz, dediği kadın. Fatma Aliye'yi anlamak ya da anlamamak konusunda sizi haklı çıkaracak bir sürü yük var. Başka bir yerden gitmek istiyorum hedefe."

Amfide hafif bir dalgalanma oluyor. Hemen kararını veriyor. Hareketler ile ilgilenmeyecek. Tek bir kişi kalıncaya kadar anlatmaya devam edecek. Sayılar yok. Sayılar gündeminde değil. Sayılanlar gündemine girmeyecek.

"Kölelik karşıtı romanlar yazılmıştı biliyorsunuz. Özellikle Samipaşazade Sezai'nin 'Sergüzeşt'i çok etkileyicidir. İşte bu ortamda, Abdülhamit'in, 'Tom Amca'nın Kulübesi'ni yasakladığını biliyor muydunuz?"

Bir hareketlenme bekliyor. Kıpırtı bile yok. Düşünce, katı bir taş hükmünde. Bilgi kırıntıları bu taşı hareket ettirmeye yetmiyor.

Hedefe gitmek isterken, aldığını sandığı yolu bile hiç almamış olduğunu fark ediyor. Abdülhamit söz konusu olduğuna göre ne var şaşıracak! "Yasakçı padişahın tekiydi" klişesi, engin bir ülke gibi açık duruyor önlerinde. Bütün çıkış kapıları kapatılmış mı?! Tek bir hava deliği açmadan mı dönülecek eve? Tek bir perde kaldırılamadan.

"Abdülhamit'in yasaklarını savunmayacaksınız herhalde!?"

Evet o! İsyan renkli gözleri olan. Ne kadar şaşırtıcı. Bütün eleştirilerin şiddet diline çevrilişine, başörtülü bir kız üzerinden tanık olmak. Konferans vermeye gelen başörtülü konuk ile dinleyiciler arasında evvelinden gardını alan başörtülü öğrencinin düellosu. Neyin düellosu? Ben kılıç sallamıyorum, diyor kendi kendine. Sanki bütün salon duyuyor. Duyuyor mu? Tekrarlıyor; ben kılıç sallamıyorum. Kimse duymuyormuş. Rahatla hadi. Sana huzuru kendi kelimelerin getirecek. Önce sana, sonra salona. Huzur, kelimelerden yol çizecek.

"Siz yasakları savunmayı ister miydiniz?"

Bir uğultu kopuyor. Neden? Niye bu kadar şaşırdılar? Bekledikleri, Abdülhamit yasakçı bir padişah değildi, cümlesiydi herhalde. Onun için bu şaşkınlık.

"Yasakları savunmayı ister miydiniz?" Aralarında başka bir dil doğduğunu, bu ânı tekrar tekrar hatırlamaya çalıştığında fark edecek. Bütün salona rağmen başka bir dil. Kız o esnada, ansızın bir şeyin farkına varıyor. O da, kızın bir şeyin farkına vardığının farkına. Kız, şimdiye kadar kendisiyle nasıl konuşulduysa; bu salonda, bu okulda, o da karşısına çıkan ilk başörtülüde, o dili sınıyor. Sanki o dili ne kadar iyi öğrendiğini ispat ediyor salona. Acılarla öğrendiği dili. Kelimelerin kesici; ünlemlerin, soru işaretlerinin bomba hükmünde olduğu dili.

Cevap vermeyecek. Ama o bakışı çok iyi biliyor. Gençliğin isyan burcundan inip ihtimam burcuna giriverdiği, yavaşça sokuluverdiği o bakış.

Her ikisi için zaman donuk bir hal ile asılı kalmışken, "Ben feministim" diyor bebek yüzlü bir genç kız. Bir iki kişi lâf atıyor. "Esasında annesi feminist." Kız gülümsüyor. Ne kadar güzel gülümsüyor. Bu gülümseme hiçbir yerde karşılıksız kalmaz herhalde. İsyan renkli gözleri olan nerede! Zaman ikimiz için de durmamış mıydı?

Salonun kontrolünü kaybettiğini fark ediyor. Salonu toplu bir resim gibi görmeye başladığında, bir daha toparlanamayacak kadar dağılacağını biliyor. Artık biliyor.

Henüz toplu resim gibi görmüyor. Ama salonun tümünü yakalayamıyor. Öne çıkan birkaç resme odaklanıyor. Kendisine soru soranları ya da el kol hareketiyle karşı çıkanları fark ediyor. Düzgün bir şekilde dinleyenleri göremiyor. Oradalar biliyor. Ama göremiyor. Tek tek yüzlerini seçemiyor. Bu ne kadar tehlikeli. Yine o durum. Mekâna odaklanma. O mekân içinde tek bir kişiye odaklanma. Bütünü gözden kaçırmaması gerektiğini telkin ediyor kendine. Bütünü. Bütünü. Assolist gibi boşluğa şarkı söylemeye başladığını fark ediyor. Hiç kimse ile göz göze gelemediğini. Şu güzel kız ile; "Ben feministim" diye söze başlayan kız ile neden göz göze gelemiyor. Neden?

Salona bakıyor. Herkes tedirgin. Bebek yüzlü kız boşluğa bir soru işareti çiziyor. "Ben bu espriye artık kırılmıyorum" diyor.

Espri? Ne esprisi. "Âmâ olduğum için, arkadaşlarım benim kadın bakış açısına sahip olamayacağımı düşünüyorlar."

Dünya başına yıkılıyor. Aman Yarabbi! Demek göz göze gelememesinin sebebi buymuş. Bu ne katılık. Ne biçim espri.

"Ben, çok güzel olduğunuz için öyle söylediler zannetmiştim" diyor. Kendi sesi kulaklarına yabancı. Demek ki bilincin katmanları sonsuz. Şimdi kendi sesinde aşikâr olan katman, hangi katman? Merhamet? Yaratıcılık? İltifat?

"O, hayır!" Gülüşünü katmerlendirerek gülümsüyor, gözleri dünyaya değmeyen kız.

O sırada, isyan rengi bakışları olan kızı görüyor yeniden. Başörtüsünden tanımasa, biraz önce kendisini yaralamak için sorular soran kızın bu kız olduğunu mümkün değil anlayamaz. Biraz önce sadece isyan renkli gözleri olan, şimdi masum bir çehre ile bakıyor. İsyan renkli gözleri değiştiren ne? Gözleri dünyaya değmeyen kızın kendinden emin hali mi? Arkadaşlarının, "Annesi feminist" diyen edalarına karşı koymadan kendisi olması mı? Yoksa biraz önceki, siz yasakları savunmayı ister miydiniz sorusu mu?

Fatma Aliye'ye dönecek gücü yok. Bu gençler dinlemek değil sadece konuşmak istiyor. Konuşsunlar o vakit. Ben dinlerim. Farklı bir aynada kendilerini görmek istiyorlar. Tamam. Kabul. Kalbin cilası sınanacaktır. Sınansın. Beis yok.

üç gün önce üsküdar kültür merkezi

I

Günler kısaldı. Ama yine de geliyorlar. Her biri başka yerden. Farklı mekânların içinden süzülüp ortak zamana. Giriyorlar.

"Kimlik ve Edebiyat seminerine kim gelir ki!" demişti belediyenin sanat danışmanı. Geliyorlar. Sekiz haftadır Fatma Aliye'nin hayat hikâyesinde, Fatma Aliye'nin yazdıklarında dolaşmak için. Zaman, Fatma Aliye'nin zamanı. Saat ile ölçülmeyen. Ayara gelmeyen.

Bazılarını tanıyor gelenlerin. Bir grup tıp öğrencisi kendilerini tanıtmak hususunda cüretkâr davrandı. Cemaat olarak hareket ediyorlar. İmamlarını tanıyor. Adı Seyfi. Seyfi'nin yanındaki ip takkeli, nükte üretim merkezinin başdanışmanı. Mükemmel bir işbölümü var aralarında.

ODTÜ mezunu olduğunu her defasında ısrarla vurgulayan, önce ekonomi okuyup şimdi feminizmle ilgilendiğini aşk ile tekrarlayan, her tekrarlayışında tıbbiyelilerden gelen gülme efekti eşliğinde uzun uzun konuşan ve fakat konuştukça düşünceleri arasında bir düzen kuramayan kızıl saçlı kızı tanıyor.

Atatürk Kitaplığı'nda çalıştığını söyleyen, biraz hırçın, fazlasıyla eleştirel, vakit nakittir sözünü müdafaa etmek üzere tek kişilik bir dernek gibi çalışan, başında daima mavinin tonlarını taşıyan tesettürlü kızı tanıyor.

Sesi insana huzur veren kimya öğretmeni. Kıyafetinin olağanüstü modern çizgilerini, düşüncesinin muhafazakâr tonuyla mezcetmiş kimya öğretmeni. Bakırköy'den geldiğini biliyor. Bir kız lisesinde öğretmenlik yaptığını da. Kız lisesi kaldı mı?

Karıncayı incitmekten korkan, her yere ve her şeye geç kalmışlık duygusu ile yaklaşan, Güneydoğu ağzıyla konuşan ilkokul öğretmeni. Dünya ile arasına perhizkâr bir tavır koymuş. Ne kadar nazik. Derslere hazırlandığından emin. Ama hiçbir derste söz alamayacak kadar çekingen. ODTÜ mezunu kızın kavak ağacı duruşu, her dersi her an sabote etmeye yetiyor halbuki.

Güneydoğulu sınıf öğretmeninin adını öğrenmek istiyor. Ona adıyla hitap etmek... Onu, çocukluğunun öğretmenlerine benzetiyor. İtina ile saklanıp da tam şimdi ortaya çıkmışçasına, başka zamanların izini taşıyor tedirgin yüzünde.

Her hafta aynı saatte, tebessümden nasibini almamış bir kızla gelen kırmızı sakallı genç. Delikanlı, dinleyişi ile, derse maya katan bir geçmiş zaman dervişi. Somuncu Baba olarak kodluyor onu zihninde. Hep öğrenciler hocalara lâkap takacak değil ya. Delikanlının yanındaki kız hiç derse dahil olmuyor. Aynı zamanın içinde değil buradakilerle. Soramıyor. Nereden geldiklerini soramıyor. Yanlış anlaşılmaktan yorgun. Daha önceki gruplara sormuştu. En çok başörtüsü mağduru kızlardan tepki almıştı. Tahsilleriyle ilgili her soruyu, "başörtüsü mağduriyeti" üzerinden cevaplandıran bir grup kız çok yormuştu onu geçen dönem. Kızlardan ziyade, derse hiç katılmayan, ama sürekli ders dışı konularda tartışma çıkaran bir grup erkek. Son derse on beş tane kadın gelmişti. Sanki sokak eylemi için toplanmış, birbirine yabancı küçük kalabalık gibi. Dersin sonunda, baskın verircesine girmişlerdi içeri. Neden geldiklerini açıklama ihtiyacı bile duymadan. Ne anlattığı ile ilgilenmiyorlardı hiç. Sadece seyrediyorlardı. Hırçınlaştığını hatırlıyor.

"Lütfen beni seyretmekten vazgeçin!"

Her söylediğini tekzip etmeye meraklı kız, eleştirilerini iletiyor ders sonu: "Sizi seyrettiklerini nereden çıkardınız? Anlattıklarınızı anlamayacaklar mı zannettiniz? Bu kibir değil mi?"

Fatma Aliye'nin 'Refet' adlı romanını hazırlayacak olan öğrenci yok bugün. Hep böyledir. Önce meraklı bir şekilde ders üstlenilir. Sonra dersin verileceği gün hastalıklar, aksilikler, memlekete gitmeler... Sökün eder.

Şerife müstesna. O hiçbir mazerete sığınmayacak kadar gönüllü. Çok güzel anlatacağından emin. Ailesinden uzakta. Okumak için İstanbul'da. Tek başına. Sivas'tan kalkmış gelmiş. İlim Çin'de olsa aramaya, arayıp bulmaya talip. Ne kadar meraklı. Ne kadar ilgili ve ne kadar zeki bir kız. Yüzünde nur var. İnsan onun yüzündeki ışıkta kendini daha iyi görür sanki. Yok işte. İnşallah başına bir şey gelmemiştir. Ne yapmalı şimdi? Kimler 'Refet'i okudu, diye bir soru sormaması gerektiğini biliyor. Daha seminerin başında, "Sadece dinlemek için gelebilirsiniz. Ama bunu başından beyan etmeniz gerekiyor" demişti. Sadece dinlemek için gelenlerin çoğunlukta olacağını zannetmişti. Ama hayır, hiç kimse sadece dinleyici olmaya yanaşmamıştı. Sadece dinleyici olmak, spor olsun diye gelmek gibi bir şeydi.

Kot pantolonlu matematik öğretmeni geliyor. Yanında bir erkek. İlk defa geliyor olmalı. Matematik öğretmeni nefes nefese. Yanındaki adam tedirgin. Yerine oturmadan pantolonunun ceplerini karıştırıyor matematikçimiz. Toka arıyormuş. Kitabını çıkarıyor. Tokasını tekrar tekrar takıp kitaba bakıyor. Neden kitaba bakıyor?

Küçücük bir ayna. Kitap arasında.

Herkes kendisine verilen ödevi yapmaya talipti. Hayat ona fısıldamıştı ki, kimseye ödev verilmez. Sanki herkes ödevini zaten yapmış gibi davranırsan, kapasite daima artar. Neyin kapasitesi?

Yüzü insanı korkutacak kadar ışıklı olan kız, neredesin?

Matematik öğretmeni soluklandı. Yanındakini tanıtacak şimdi. Bir sırasını bulsa...

"Arkadaşlar, bugün bir arkadaşımız 'Refet'i tahlil edecekti. Belki yoldadır. Belki de önemli bir işi çıkmıştır. İki seçenek sunuyorum size. Bir; isteyenler kendi okudukları bir eser üzerine konuşabilir. Tabiî ki kastettiğim Fatma Aliye'nin bir eseri. İki; Fatma Aliye üzerine tematik bir yolculuk yapabiliriz."

Geçen hafta ilk defa gelen genç alıyor sözü. Konuşurken uzun saçlarına takılıyor gözü. Geçen hafta saçlarının uzun olduğunu fark etmemişti. "Hocam kusura bakmayın. Mekânı çok zor bulduk. Saatlerdir Üsküdar'da dolanıyoruz."

Saatlerdir Üsküdar'da dolanmaları bir iltifat gibi gelmişti demek ki. Akşamın bu saatinde. "Umarım dolandığınıza değer" demişti özür dilermiş gibi. Sanki dolanmaları kendi suçuymuş gibi.

"Tematik olarak konuşursak sanıyorum daha iyi olur. Önce gökyüzünden bir bakalım. Mesela ben kendi adıma, Fatma Aliye'nin Musa Carullah'tan etkilenip etkilenmediğini merak ediyorum."

Mavi rengi umut niyetine başında taşıyan kız itiraz ediyor: "Tematik bir yolculuk yapmamız için, neyi, niçin merak ettiğimizi detaylandırmamız gerekmiyor mu?"

Kimya öğretmeni, bu çıkışı çok beğeniyor. Şimdi fark ediyor. Bu sınıfta ya öğrenciler var ya öğretmenler. Neden?

Senin merakından bize ne ki, demek istiyor mavi başörtülü. Haklı mı? Göreceğiz.

"Musa Carullah" diye tekrarlıyor tıp öğrencileri. Belli ki adını hiç duymamışlar. Uzun saçlı delikanlı, "Evet, Musa Carullah ismini boşuna zikretmedim" diye devam ediyor. "Bağlantıyı kurmama müsaade edin lütfen."

Gök gürlüyor.

Gök gürlemesinden espri patlatmayı ihmal etmiyor tıbbiyeli grubun içindeki ip takkeli çocuk. "Biz izin veririz de, gökler razı değil."

Kimse gülmüyor.

Mavi başörtülü son derece aktif bu ders. "Bizler enformel bir zamanın içindeyiz. Yani buraya katılmaya mecbur değiliz hiçbirimiz. Katıldık diye diploma ya da sertifikamız olmayacak. Tamamen kendi isteğimizle buraya geldik. O halde alabileceğimizin en yüksek, varabileceğimizin en yüksek noktasına ulaşmak zorundayız."

Tıbbiyeli grup hâlâ gülüyor. Mavi başörtülüye "filozof" muamelesi yaptıkları kesin. Zaten hepsi aynı yurtta kalıyormuş.

Tıbbiyelilerin üstüne buz gibi bir hava esiyor. Kimse onların gülüşüne eşlik etmiyor.

"Musa Carullah ismi değişik geldi muhakkak. Her birimizin ilgileri, aldığı eğitim farklı. Arkadaşınız sizinle, önce Musa Carullah ile nasıl tanıştığını ve teşrik-i mesaisini nasıl geliştirdiğini paylaşacak herhalde."

Bütün sınıf gülüyor bu defa. Hayret. Teşrik-i mesai tabiri mi tuhaflarına gitti? Ölmüş biri ile teşrik-i mesaide bulunmak!? Havanın ısınmasından memnun yine de. Kendisine gülmelerini daha kolay hoşgörüyor. Sanki burası evi ve bir misafirin başka bir misafire gülmesinden kendisi mesul. Ev sahibine gülünebilir oysa. Ev sahibi? Neden her mekânı ev metaforu ile izah etmeye çalışıyor ki! Yine suçüstü yakaladı kendisini işte. Kendisini reddetmeyen tek mekân ev mi? Girdiği bütün mekânlara ev metaforu üzerinden bakması bunun için mi?

Uzun saçlı genç anlatıyor. Evden ve ev metaforundan kurtulması gerekiyor. Bir şeyler kaçırdığından tedirgin.

"Hocam, geçmişte bugünü aramıyor muyuz? Musa Carullah, geçmişte bugünü ararken çıktı karşıma. Çok bilgili bir zat. Kur'an'ı yedi okuyuşu ile biliyor ve hafız. Fakat çok modern bir adam. Kazanlı. Zamanında çok taraftarı var. Şeyhülislâm Mustafa Sabri Efendi, Musa Carullah'ın görüşlerine reddiye olmak üzere bir kitap kaleme alıyor. Geçen ders ben geç kalmıştım ama siz Mustafa Sabri Efendi'nin kitabında Fatma Aliye Hanım'a cevap verdiğini, bunun çok önemli olduğunu söylemiştiniz. Taaddüd-i zevcat konusunda. Önce bir L harfi düşündüm. İkisini birbirine bağlayan köşe noktası, Şeyhülislâm Mustafa Sabri."

Mavi başörtülü ne kadar güzel dinliyor. Onun dinleyişi, anlatanın anlatışına hız katacak bir kimya gibi. Zorda kaldığında ona baktığını hatırlıyor. Mavi başörtülüye minnettar. Ev metaforuna takılıp kalmasını mavi başörtülü bertaraf ediyor.

Yağmur başlıyor. Eve nasıl gidecek! Çocuklar kapıda kalacak muhakkak. Ev. Düşüncenin evi, evin düşüncesiyle yer değiştiriyor. Deniz amansızlaşıyor. Çoğu karşıda oturuyor. Ama bu uzun saçlı delikanlının anlattıkları, tıbbiyeli grubu bile sarıyor. Nükte doğurmadan dinlemeyi başarıyorlar bu defa.

"Geçen ders Mösyö Eskin'den bahsetmiştiniz. Çocuk Aliye'nin ona bakarken ağladığı sahne hani. Siz yanacaksınız; yanmanızı istemiyorum, dediği sahne. İşte bağlantıyı tam bu noktada kurdum."

Herkes susmuş. Cinayet sahnesine odaklanmış bakışların kendinde toplandığını fark eden uzun saçlı da susuyor. Heyecan biraz daha artıyor.

Yanlış zaman!!! Elinde çay tepsisi, çaycı giriyor içeri. Bu kadar mı sabote edilir!!! Bu kadar mı dağılır her şey un ufak!?

Çaylar, akşamın bu yorgun rengine, barındırdığı sabote riskine rağmen yakışıyor. Mekânı daha bir ev yapıyor gelen çaylar. Yine ev. Her şey kendisini eve götürüyor. Şerife gelmedi. Keşke gelebilmiş olsaydı. Kendisini Şerife'nin annesi gibi görüyor. Anne, ev. Uzaklaşmayı dene. Uzaklaş. Nesne ile özne arasındaki mesafe kapanıyor. Özne eve dönüyor.

Çaycı, ona çay vermeden gidiyor. Yutkunarak bakıyor çocukların ellerindeki çaylara. Rengi güzel. Taze. Hoş bir koku yayılıyor. Kendisine çay verilmediğini, Güneydoğu aksanıyla konuşan sınıf öğretmeni fark ediyor yalnız. Usulca kendi çayını bırakıyor. Diğerleri tam o zaman fark ediyor. Çoğunun bardağı boşalmış bile. Belki karınları da aç. Haftaya tuzlu kurabiye getirmeyi düşünüyor. Haftaya dönmüş olacak mı?

Ev. Her mekânı eve çevirmek. Vazgeçmeye çalışıyor bu düşüncesinden. Evler bile ev olmaktan çıkarken, yavaş yavaş niye her yeri evleştirmeye çalışıyor ki! Evleştirmek. Bu çocukların -Çocuklar kim? Aralarında öğretmenler var, avukatlar var- karnının aç olup olmamasından kendini mesul hissediyor.

İp takkeli tıbbiyeli atılıyor. Çaycı boşları toplamak için geldiğinde, "Hocamıza çay vermeyi unuttun!"

Çaycı özür dilemek, şaşırmak yerine, "Hoca niyetlidir; bugün günlerden perşembe" diyor.

Çaycı lâtife mi ediyor? Yoksa burada, birbirinden bu kadar alâkasız bir grubu toplayabilmiş olan "hocânım"ın ehl-i takva olması gerektiğine dair bir hüsnüzan mı bu? Çay boğazından aşağı geçmiyor. Çaycının öylesine söylediği bir cümle, günler boyu zihnini meşgul edecek. Zihnine batan bıı kıymık olacak. Pazartesi, perşembe oruçları.

Mavi başörtülü, uzun saçlı delikanlıyı dinlemekte kararlı. Dersin sabote edilmesini engelleyen bir öğrenciden âlâ ne olabilir. Uzun saçlıya dönüyor, "Evet, Mösyö Eskin sahnesini hatırlıyoruz. Küçük Aliye, bir Hıristiyan olduğu için Eskin'in yanacağından korkarak ağlamıştı. Mösyö, Ahmet Cevdet Paşa'ya, çocuğa böyle şeyler anlatmayın, demişti. İhtimal, Fatma Aliye de kendi kızlarına Müslümanlar ile gayrimüslimler arasındaki hiyerarşiden hiç bahsetmemiş olmalı, demişti hocamız. Musa Carullah ile alâkasını nasıl kurduğunuzu anlatıyordunuz..."

Uzun saçlı, mavi başörtülüye dönüyor. Sınıf, taraf tutmaya hazırlanmış gibi bir konum alıyor. Dinleyişlerinden kimin kimi tuttuğu ne kadar belirgin. Tıbbiyeliler ikisini de tutmuyor. Onlar durumdan, akşama yurtta dalga geçecekleri bir tat yakalamak istiyor.

Yarışma olmayınca, sanki dikkatleri dağılıyor gençlerin. Hayatı bir tercih gibi algılayınca rahat ediyorlar. Bütün varoluşsal kavgaları dibe batıyor. Dibe battıkça yok saymaları kolaylaşıyor.

Halbuki ne uzun saçlı, ne de mavi başörtülü kendisini yarışmacı olarak görüyor. Taraftarlarına rağmen. İkisinin de tek derdi anlayabilmek ve anlatabilmek.

"Musa Carullah" diyor uzun saçlı, mavi başörtülüye bakarken. Sesindeki heyecanı bastırmaya çalışıyor, bu dinleyiş ve bu muhakeme delikanlıyı heyecanlandırıyor. Tam bu noktada yine ev sahibeliği tutuyor.

"Arkadaşlar, bugün çok iyi bir noktadayız. İki arkadaşınıza da müteşekkirim. Fatma Aliye'nin ruhu geldi adeta. Ondaki muhakeme gücü derse karıştı."

"Ay yapmayın hocam, ben ruhlardan korkarım" diye bağırıyor matematik hocası.

ODTÜ'lü feminist, kırmızı saçlarını usul usul parmaklarıyla tarayarak "Ay yapmayın, bir kadının ruhundan kimseye zarar gelmez" diyor.

Tıbbiyeliler iptal. Kimisi ayaklarını yere vuruyor, kimisi ellerini dizlerine. Güneydoğulu sınıf öğretmeni tedirgin.

II-

ODTÜ'lü kız ile tıbbiyelilerin tartışmasına izin verdiği için pişman. Vakit ne çabuk geçmişti. Ah, zaman. Zamana kayıtlı olmak.

"Eyvah çocuklar! Çocuklarım kapıda kaldı."

Aşağıdaki kadınları nasıl geçeceğini düşünüyor. Kermesteki el işi ürünlerle ilgileneceğine söz vermişti. Hay Allah! Bir dahaki sefere. Tutarlar şimdi ille de ayak üstü. Ne yapsa!?

Notlarını toplamaya çalışırken, ip takkeli buruk bir gülüşle geri dönüyor. "Bugün buradayız galiba!.."

Şakanın sırası ya. ODTÜ'lü kıza sataşmaları kesmedi.

"Ağır bir imtihandan çıktınız herhalde."

"Hayır! Esas ağır imtihan yarın. Ve biz burada kilitli kaldık."

Bu çocuk espri filan yapmıyor.

Arkadaşları geliyor. "Kafa bulma lan."

İp takkeli, "Yanında patoloji notları olan var mı?" diyor.

"Sıyırmış bu" deyip gülmek istiyorlar. Ama olmuyor. Gülemiyorlar. Uzun saçlı geliyor nefes nefese.

"Üzgünüm hocam. Kapıları kilitlemişler."

Tam o anda, camdan bir cümle düşüyor. Düşüyor ve harf harf kırılıyor. Mavi başörtülünün, "A ne güzel, sabaha kadar Fatma Aliye bizimle kalacak bu durumda" cümlesi.

Biraz önce, kadınların ruhundan mı kötülük gelirdi erkeklerin ruhundan mı, diye tartışan montlu ile ODTÜ'lü, endişenin yol arkadaşlığında birbirlerine sığınıyorlar.

Hoca bir of çekiyor. Çocukları ne olacak! Onları kime emanet edecek! Eşini arıyor. Cep telefonu kapalı. Demek henüz uçak inmedi. Mesaj yazmayı deniyor. Başaramıyor.

"Arkadaşlar, içinizden biri benim mesajımı yazabilir mi?"

Hayatı durdurmak diye bir lüksün yok. Mecbursun bu hayatın ritmine ayak uydurmaya. 19. yüzyıl, eh hadi 20. yüzyılın başları. Kal bakalım sen orda, kal. Kendine kızıyor. Kendine ne çok kızıyor. Cep telefonuna mesaj yazamayan kendine.

Güneydoğulu (kendisini tek bir şehre sığdırmıyor çünkü) öğretmenin eline bırakıyor telefonunu. "Kültür merkezinde mahsur kaldığım için..." diye başlayan cümlesini kesiyor öğretmen. "Hocam, işinize karışmak gibi olmasın ama... Eşiniz araba kullanırken filan alırsa bu mesajı. Panik yapar. Hani derim, Allah korusun. Yazmasak böyle."

Haklı. Nasıl düşünemedi. Panik hali böyle bir şey. Nasıl bir yöntem bulmalı? Etüt merkezinin kapanmasına yarım saat kaldı. En iyisini oğlunu aramak.

Panik yapmadan aramak. Olağanüstü bir şey yokmuş gibi.

Oğlunu aramalı. Evet. Kesin anahtarı yoktur. Hadi, anahtarın olsun da beni şaşırt çocuk.

Numarayı çeviriyor. "Alo anne. N'oldu, dershanedeyim."

"Bir şey yok. Dersi uzatmak zorundayım. Sen şimdi hemen dershaneden çıkıyorsun. Kardeşini eve götürüyorsun."

"Yok anne. Götüremem. Anahtarım yok hem."

"Kardeşinin etüt merkezine git. Onların iş yaptırdıkları bir çilingir ustası var. Selda Öğretmen'e söyle sana yardımcı olsun. Hadi çocuğum, kardeşin önce Allah'a sonra sana emanet. Şarjım bitiyor. Bit..."

Cümlesini tamamlamadan, şarjı bitmiş gibi telefonu kapatıyor.

"Güzel numara" diyor ODTÜ'lü. "Kapatmasanız itiraz eder, dediğinizi yapmazdı."

"İnsanları iyi tanıyorsun!"

III-

Göz göre göre kilitli kalmak. Olacak şey mi? Olmuştu işte. Her şey denenmişti. Belediyedekiler, anahtarın Hacı Amca'da olduğunu, Hacı Amca'nın da kültür merkezinde yattığını söyleyip, "Yapılabilecek bir şey yok" dediler. Bir şey yapmaya gönülsüz olduklarını fazlasıyla hissettiren bir sesle.

Bütün katlar, odalar didik didik arandı. Ne Hacı Amca bulundu, ne de ona dair bir ize rastlandı. Bulunacak bir iz, dışarı çıktı birazdan gelir umudunu besleyip büyütmeye yardımcı olurdu en azından.

"Öğrencilerin imtihanı var. Nasıl kalırız burada!!! Aç, susuz. Yapabileceğiniz bir şeyler olmalı. Farz edin ki yangın çıktı. Yanmamıza razı mı olacaktınız?"

Razı olacaklarmış demek ki! Kâğıt üzerinde saçma ve mantıksız görünen şey, yaşarken sıradanlaşıveriyor işte.

İp takkeli çay demliyor. Herkes cebindeki, çantasındaki yiyecek kırıntılarını çıkarıyor.

"Daha kötüsünü düşünelim. Lavabo var ve uykumuz gelince mescitte yatabiliriz. Böyle düşünürsek daha zevkli geçer zaman" diyor Seyfi.

"Arkadaşınız haklı. Bu benim Almanya seyahatimden önceki son dersti. Bakınız lûtf-u ilâhî bitimsiz bir zaman bıraktı bize. Böyle düşünün. Hediye paketi gibi kucağımıza bırakılıvermiş bir zamanı açalım mı yavaş yavaş?"

Mavi başörtülü, tam da böyle bir açılış cümlesi bekliyormuş gibi ansızın konuşmaya başlıyor. Kilitli kalmak umurunda değil. O, en yüksek verimi yakalamanın peşinde.

"Yazarların idealize ettiği kimlikler var. Tevfik Fikret'in Haluk'u, Akif'in Asım'ı ve Fatma Aliye Hanım'ın bütün romanlarında birinci kahraman üzerinden inşa ettiği çalışkan, azimli, sabırlı, kendi ayakları üzerinde durabilen, olayları birbiriyle bağlantılandırarak tahlil eden, gayretli, en az bir yabancı dili anlayıp -okuyup- konuşabilecek kadar bilen, matbuat âlemini takip eden, sağduyu sahibi, temiz ahlâklı, aile büyüklerine karşı saygılı, itaatkâr, kocasını seven ancak ihaneti kabul etmeyen, kadınlık gururunu koruyan, çocuklarını pedagojik bilgiler eşliğinde yetiştirecek kadar iyi anne!!"

Off çekiyor.

"Bakınız hocam, ben sayarken bile yoruldum. Bunları yapmak kolay mı? Ya da şöyle söyleyeyim. Fatma Aliye'nin idealize ettiği kızlar ile kendi kızları arasındaki mesafe ne kadar? Ya da şu: Fatma Aliye, idealize ettiği kimliklere kendisini biraz fazla mı katmıştı?"

Mavi başörtülü tam susmuşken, birisi "Ya da şu" deyip, elindeki kurşun kalemi gösteriyor. Tıbbiyeliler grubu gülüyor.

Onların gülmesi lokomotif gibi. Biraz sonra, neden güldüğünü bilmeden gülmeye başlayacak herkes. Bu gülme seansına, çay getiren "Efendi Amca" da dahil olursa eğer, kahkahayı yuvarlanıp duvara dikilmesi gereken ağır bir halı gibi zorlaması gerekecek. Ortadan kaldırılacak bir halı gibi kahkahalarla boğuşmak. Efendi Amca dahil olmayacak. O çoktan evine gitti. Belediyedekilerin Hacı Amca dediği, bizim çaycı mı yoksa?

Halının nasıl kaldırılacağını biliyor ama... "Arkadaşınız, Fatma Aliye'nin idealize ettiği kadın kahramanları çok güzel hülasa etmiş. Bir kadın yazarın kadınlardan bekledikleri olarak tamamlamış okumasını. İdeal erkekleri nasıl çiziyor yazarımız?"

İp takkeli atılıyor: "İyi baba, iyi eş, mesuliyet sahibi, okumuş yazmış bir adamdır herhalde."

Bütün sınıf tekrar gülüyor. "Herhalde" her yeri işgal ediyor.

"Herhalde'den ne anladığınızı öğrenmek istiyorum."

Somuncu Baba, insanı hayran bırakacak bir sükût içinden ansızın çıkmış şelale gibi dökülüyor. Mermer basamaklarda su sesi. Bir insana, konuşmak bu kadar mı yakışır! "Herhalde ile arkadaşımız, Fatma Aliye'nin kitaplarını okumadığını, ama okusa da fark etmez, ideal erkek kahramanın fazla özelliğinin olmasının beklenmediğini söylemeye çalışıyor. HERHALDE."

İp takkeli tıbbiyeli, herhalde'nin şerefine hiç çıkarmadığı takkesini çıkarıyor: "Bak dostum, sen benim herhalde'yi güzel açıkladın fakat ben senin herhalde'yi açıklayacak teçhizattan yoksunum. Ama hastanelik bir durumun olursa. Bakarız. Bu hafta acildeyim."

Tekrar herkes gülüyor. Neden böyle...N'oldunuz !!!

Neclâ gülmüyor. "Ya hocam. Kadınlar, önce kadınlara haksızlık ediyor. Şimdi bu kadın, yazar değil mi?"

"Şüphen mi var!"

"Siz gerçekten dağıttınız bu akşam. Hiç bu kadar günümüz insanı olarak görmemiştim sizleri."

"Hocam yurdum insanı demek istediniz herhalde."

"Bu akşam ölürüm beni kimse tutamaz/ Sen bile tutamazsın/ Yıldızlar tutamaz..."

"Sesiniz çok güzelmiş. Şunu mu düşünmeliyim arkadaşlar! Mecburiyet yokken, yani burada olmayı seçen siz olduğunuzda her şey daha medeni, daha tercih edilmiş bir incelikler dizgesi içinde devam ediyorken, şimdi artık bu mekâna hüküm giymiş kişiler olarak, tercih değil de mahkûmiyete evrilmiş hal sinirlerinizi bozdu. Yanılıyor muyum?"

"Yanılmıyorsunuz hocam da..."

Neclâ, "da" diye bir boşluk bırakmışken birden aklına geliyor. Çocuklar eve geldi mi acaba? Kapıyı açtırabildiler mi? Yavaşça açıyor cep telefonunu. Tamam, babaları gelmiş. Aradığına göre. Tamam. Evin numarası da düşmüş ekrana. Tamam, benim onları merak etmem gerekmiyor. Ama onlar beni merak ediyordur. Nasıl düşünemedi ya. Bu gençleri arayan da olmadı.

"Arkadaşlar, telefonlarınızı mı kapattınız?!"

İlkokul birinci sınıf çocuklarının üslûbuyla keskin bir "Evet" doluyor içeri.

"Neden? Durun tahmin edeyim. Trajikomik bir durumdayız ve bunu kimseler bilmesin istediniz. Aileniz merak etmeyecek mi?"

"Ders çalıştığımız için telefonumuzu kapattığımızı düşünürler!"

"Nasıl yani? Herkes ailesinden uzakta mı yaşıyor?"

"Siz de kapattınız hocam!"

"Tamam, ben açıyorum."

"Açmayalım hocam. Açarsak herkese hesap vermek zorunda kalacağız. Ve üstelik ses kirliliğine muhatap olacağız. Düşünebiliyor musunuz, bir TV kanalının bizimle telefon bağlantısı filan yaptığını. Biz dersimize devam edelim."

"Arkadaşınızı yılın öğrencisi seçiyorum. Kabul edenler? Etmeyenler? Kabul edilmiştir!"

Mavi başörtülünün yılın öğrencisi seçilmesinden Neclâ hiç hoşnut değil. Doğru ya, biraz önce o bir cümleye başlamıştı.

"Peki öyleyse... Arkadaşınızın sözünü kesmiştik..."

Neclâ, nihayet diyen bir baş hareketinden sonra başlıyor:

"Ben başka bir şey söyleyeceğim. Niye bu kadın yazar, kadınları dantel gibi ince ince işliyor da erkekleri odun gibi, ay yani şey... Çok afedersiniz, dört başlık altında idealize ediyor. Yani ne demek istiyor bu kadın? Yani afedersiniz hocam. Kadın demek ayıp oldu tabiî de. Yani merhum. Yani merhum Fatma Aliye'miz."

Neclâ'nın "yani" derken, küçücük ellerinin büklüm büklüm, "yani"sine eşlik edişi komik gözüküyor. Sanki göz boyayıcının elleri iş başında. Ne sihirdir ne keramet.

Bütün sınıf Neclâ'nın ellerine odaklanmışken ve sanki o tam da bu odaklanmayı gerçekleştirmek adına buradaymışçasına, "yani"lerini arka arkaya dizerken bir ses duyuluyor. Ama mümkün mü? Bu saatte. Saat kaç oldu? Of, saat dört olmuş. Benden başka kimse duymuyor mu bu sesi? Bir kişi daha duymalı. Yorgunluktan ve uykusuzluktan ses duymaya başladım. Ama, niye kedi sesi? Evet, bu kedi sesi. Tekrar. Nerede bu hayvan? Neden kimse duymuyor?

IV-

"Arkadaşlar bu Almanya'ya gitmeden önceki son dersimizdi. Ben dönünceye kadar bahar gelmiş olur. Hayat, beni bu havalar mahvetti kıvamında akmaya başlar. Ama..."

"Aması ne hocam!"

"Eğer isterseniz. Sıcaklara rağmen. Aması bu. Kaldığımız yerden devam ederiz. Kaldığımız bir yer olursa."

"Hocam, ilk defa inşallah demeyi unuttunuz."

"Evet. Haklısınız. Kalmak fiiline takılı kaldım. Bakın yine kalmak dedim. Uykusuzluk hali galiba bende 'kalmak' fiilini bir sendroma dönüştürecek."

Kilitli kaldık. Ve bir kedi sesi kilidimizi açtı. Bir ses. Bir ses. Kedi sesi. Gençlerle paylaşmayacak düşüncelerini. Hayır paylaşmayacak.

"İki kalmaya birden ihtiyacımız var hocam. Bir, biz hayatta kalırsak. İki, Fatma Aliye bizde kalırsa."

ODTÜ'lü şevkle atılıyor: "A tabiî ki Fatma Aliye bizde kalacak. Günlerimizi verdik. Ve tabiî gecemizi de. Biz neredeyse Fatma Aliye olduk. Kendimizi unuttuk onu anlamak için. Haksız mıyım hocam? Hele siz...!?"

Çeker giderim dünyanızdan
Hiç yaşamamış diye not düşer
Yorgun beyinleriniz
O zarif edalar
Aynaların kıskançlığında kalır

Gidişimi kolayca unutursunuz
Yaşadığımı unuttuğunuz gibi
Kokusu kovulur esvaplarımdan
Bedenimin
Evvel zaman içinde anılan
Bir masal olur adımız

Bazen hasretinizi çekerim sizin
Rüyalarınıza girerim
Hayırdır inşallah, deyip
Uyanırsınız yarısı unutulmuş rüyalardan
Hatıralarınızda nefeslenmek dilerim
Lâkin...
Sabahın telâşında beni bırakıp gidersiniz
Bir fatihayı boşuna beklerim

İp takkeli atılıyor: "Vay hocam şiir. Ne iş? Bu mahpus gecenin şerefine mi?"

İp takkelinin sesi havada asılı kalıyor.

Zihin boşluktan hoşlanmıyor. Ya kalp!? Hepinizi çok sevmiştim, demek istiyor. Neden sevmiştim? Sevdim!? Seviyorum. Çok yavan. Yavan ve yapmacık. Yapmacık ve yanlış. Yanlış ve... Devam edip gidecek ve bağlaçları.

"Işığımdınız." Söyleyemeyecek. Söylenmedik sözlerle ayrılacaklar.

"İsimlerinize rağmen, sizleri bir imaj olarak kayıtlı tuttum zihnimde. Arkadaşınızı Somuncu Baba diye kaydetmiştim. Bilmiyorum, neden. Siz, mavi başörtülüydünüz. Siz ODTÜ'lü feminist, siz ip takkeli tıbbiyeli, siz Güneydoğulu sınıf öğretmeni, siz matematik öğretmeni. Siz kimya öğretmeni, siz yeni gelen uzun saçlı genç."

"Ama hocam, haksızlık bu. Sadece beş altı kişiyi hafızanıza kaydetmişsiniz. Ben yokum mesela. Arkadaşım da yok." Yanındakini işaret ediyor.

"Ama derste de varlığınızı fazla hissettirmediniz. Sizin hepinizi tıbbiyeliler olarak kodladım."

"Yani sekizimizi birden. İsim kazanamadık ha!"

"Dedem Korkut geldi. Boy boyladı. Soy soyladı. Aslanım, isim kazanacak bir şey yapmamışsınız hocanın zihninde demek ki."

"Seninki de pek isim sayılmaz hani. Bizimle dalga geçenin ismi de ip takkeli tıbbiyeli neticede."

Boğulurcasına gülüyorlar.

"Ben ta başından, hocanın zihninde ip takkeli olmayı planlamıştım zaten. Siz toplu resimsiniz hocanın tabiriyle. Ben ise aslanlar gibi özneyim."

"İtiraz ediyorum hocam. Ne demek, salt matematik öğretmeni. Başka kimliğim yok mu? Sizin zihninizde hiç karşılığım yok mu yani?"

"Ağlamak istiyorum."

"Ama ciddi bir şey. Niye sarıyorsunuz...?"

"Aslında tam karşılığınız şu: Edebiyat seven matematik öğretmeni."

"Ay çok teşekkür ederim hocam. Evet, benim tam karşılığım bu."

"Doğruya doğru. Tabiî, dünyada başka edebiyat seven matematik öğretmenine rastlanmayacağına göre. Bu imaj noter tasdikini hak ediyor kanımca."

Çenesinde olmayan sakalı sıvazlıyor düşünceli düşünceli.

"Siz, Neclâ idiniz. Ve Şerife. Daha önceden tanıdığım için."

Ama, Şerife yok. Burada olduğu halde olmayanlara inat, olmadığı halde hep burada olan Şerife. Almanya'ya uçmuş mudur? Niye gelmedi?

Ayrılamayacaklar. Vedalaşma olmasın.

"Hadi arkadaşlar, birden kalkalım. Hiç burada sabahlamamışız gibi."

"Ayrılmayalım hocam!"

İp takkeli şarkıyı patlatıyor: "Biz ayrılamayız."

"Yani, şey diyorum. Şemsipaşa'ya insek... Hem şimdi taksi bulamazsınız. Yani bulursunuz da, güvenilir olmaz. Şemsipaşa'ya inersek orada taksi durağı. Yani daha güvenli olur diye."

"Tamam. Herkes katılacak mı? Çay içeriz. Hayatımızın en erken çayını."

"Müthişsiniz hocam!"

"Hocam, iyi ki kilitli kaldık. Hayatımız boyunca unutamayacağımız bir geceyi tattık. Ve şimdi de hayatımızın en erken sabahıyla göz göze geldik."

Kilitli miydik sahiden?

o gün - berlin

Bir yazar olarak davet edilmişti. Bir yazar olarak kalamayacağını biliyordu. Yazarlığı parantez içine alınacak, kadınlığı ve Müslümanlığı nişan tahtası niyetine sahneye konulacaktı.

Türkiyeli yazar değildi aradıkları. Türkiyeli bir kadın yazar da. Tesettürlü bir kadın yazarın yazarlığını sorgulamak olarak başlayan tartışma, biraz sonra İslâm Medeniyeti'ni tartışmaya dönüşecekti. Bunu düşünmüştü. Bunu tahmin etmişti. Şaşıracak bir durum yoktu esasında. Her şey birbirinin aynısı olarak tekrarlanıyordu. Kahramanların kişilik farkları ya da kültürleri yeni nüanslar katıyordu ancak. Fark, öğrenmek isteyenler ile yargılamak isteyenlerin farkıydı. Öğrenmek isteyenler sordukça soruyordu. O da cevap veriyordu. Sorulan her soruya cevap veriyordu. Kaçmadan ve yuvarlamadan. Yıllar önce. Galiba 1987 idi. Kariye'de feministlerin ilk defa yaptığı, "Koca Dayağına Son" yürüyüşüne katılmıştı. Bir muhabir olarak. Kadın ve Aile Dergisi'nin muhabiri olarak. Meydandaki tek tesettürlü kendisi olduğu için ve üstelik 23 yaşın bütün naifliğini üzerinde taşıdığı için herkes üzerine yürümüştü. Türkiye'de dayak yiyen bütün kadınların sorumlusuymuş gibi. "İslâm olmasa dayak olmaz" diyordu kızıl saçlı bir kadın, kendisini gösterip.

Öğrenci olduğunu söyleyen bir delikanlı yaklaşmıştı. "Konuşabilir miyiz?" demişti. "Siz niye buradasınız?" diye sormuştu önce. Muhabir, felsefe yüksek lisans öğrencisi, üstelik tesettürlü bir muhabir... Durmadan sormuştu. Kız her soruya cevap veriyordu. Delikanlının sorup, kızın cevap verdiği ağacın altına gelenler artıyordu. Kürsüde konuşan kızıl saçlı kadını dinlemeyi bırakanlar, ağacın altına doğru geliyordu yavaş yavaş. TV'lerde henüz Siyaset Meydanı'nın, Ateş Hattı'nın olmadığı bir dönemdi. Ve ağacın altı en canlı tartışmaya sahne oluyordu.

Belden büzgülü basma bir elbisenin altına, bileklerine kadar çıkan postallar giymiş, kırmızı kıvırcık saçlı, mor rujlu kadın öfkeyle bağırıncaya kadar...

"Toplantımızı niye sabote ediyorsunuz?"

Delikanlı soruyor, kız cevaplıyordu. Delikanlının sorularında yargılama ve aşağılama, kızın cevaplarında propagandanın rengi yoktu. Yağmur hızlanıyordu. Şemsiyeler açılmıştı. Kırmızı saçlı kadının bağırmasıyla birlikte, ağacın altında toplananların yargılayıcı soruları ve homurdanmaları başladı. Kız o zaman sustu. Ne olduğunu anlayamadı önce. Bir dakika önce sessizce dinleyen kalabalığın, şimdi niye öfkeyle üzerine yürüdüğüne bir mana veremeden. Belli aralıklarla, Boğaziçi'nde okuduğunu söyleyen delikanlı -niye durmadan tekrarlama gereği duymuştu bunu- kızdan daha şaşkındı. Kalabalığın gürültüsüne rağmen sorularını sormaya devam etti. Kız kalabalığın öfkesine baktı ve sustu. Öfkenin bu kadar görülebilir ve resmedilebilir bir şey olduğunu daha önce hiç fark etmemişti. Delikanlı son bir gayret gösterdi: "Lütfen" dedi. "Bunlarla konuşmam her zaman mümkün olmuyor. Şimdi konuşan ve cevap veren birini bulmuşken."

"Bunlar?!" diye tekrarladı genç kız. Kızın ses tonu ve vurgusuyla, delikanlı kendine geldi. "Yanlış anlamayın" dedi çaresiz bir sesle. "Bizim okulda da var sizin gibi."

Kız, "Bunlar" vurgusundaki ürpertici ses tonunda tekrarladı yine: "Benim gibi?!.."

Bağlantı kesilmişti. Delikanlı, bir daha bağlantı kuramayacağını biliyordu artık. Söze, söz karşılık gelmiyordu. Ağızdan çıkan sesler, manayı taşımıyordu. Tam ikisinin ortasında birikken öfkeli kalabalık, bütün manaları parçalayandı artık. Bu kalabalık olmasa, biri soru soran, öteki sorulara cevap veren olarak, şikâyetsiz bir duruş içinde kendilerini tekrarlamaya devam edeceklerdi. Her tekrar, birinin ötekini anlamasını kolaylaştırmak üzere bir yol açacaktı belki. Belki... Filozof haklı çıkacak mıydı? "Sevmek anlamakla başlar." Ya da tam tersi, "Anlamak sevmekle başlar."

"Yani" diye devam etmek istedi delikanlı. "Sizin gibi giyinenler." Hemen arkasından kızın gönlünü almak istediğini belli eden bir vurguyla ekledi: "Ama onlar konuşmuyor. Sizi dinlemek çok güzel. Siz farklısınız."

"Siz farklısınız." Ne çok duyuyordu bunu genç kız. Ve her defasında ne çok yaralanıyordu. Önce "siz"in içinde harman edip, sonra harmandan arta kalmış kırık saplı bir buğday gibi kenara ayırış: "Siz onlar gibi değilsiniz. Çok farklısınız."

Sonra kalabalığa döndü delikanlı. Herkesin içinde olmaya doğru yol aldı. "Her zaman böyle bir şeyle karşılaşmamız mümkün değil. Şimdi sorularımıza cevap veren birini bulmuşken..."

Kız, yavaşça çıktı kalabalığın içinden. Hiç kimseye, geçebilir miyim, diye sormadan, kendisi için açılan yolun kendisi için açılmış olduğunu fark etmeden, geçip gitti. Ağacın altındayken şemsiyesi açıktı. Sınırlarını hep koruyacağı bir ülke gibiydi şemsiyenin altındaki bedeni. Kimse yaklaşamıyordu. Kimse de uzaklaşmıyordu. Sınırlarının içinde sonsuz bir coğrafya olarak algılıyordu kendisini.

"Sizin hiçbir kitabınızı okumadım." Böyle söylüyor, sesini en teatral vurgularla bezeyen, yuvarlak gözlüklü, kahverengi kadife ceket giyen uzun saçlı adam. Kadın, Kariye'nin sokaklarından apar topar dönüyor. Geçmişi, fermuarı çekilmemiş bir çanta gibi yavaşça ayaklarının dibine bırakıyor. Susmalı şimdi. Kahverengi ceketli adama karşı susmalı. Duymazlıktan gelmek en iyisi. Ev sahibi devreye girer, susmaya devam ettikçe. Ama kahverengi ceketlinin vücut dilindeki küstahlık, çünkü sizin gibilerin kitaplarını okumam, diye devam edeceğini ele veriyor. Ev sahibi, adamı susturmak yerine teşvik edici baş hareketleri yapıyor. Cesaretinden dolayı adamı kutluyor adeta.

Orada dur, demesi gerekiyor. Sizinle kavga etmem.

Adam ayağa kalkıyor teşvik edici baş hareketlerinden sonra. Bu toplantıyı kabul etmemesi gerekiyordu. Oturumu yönetenin kim olacağını sormalıydı. Bir kadın... Başkanın dili ve dini farklı olsa bile, sırf kadın olmasına güvenerek kabul etmemeliydi. İstisnası yoktu. Kadınlar, kendileri gibi düşünmeyen, kendileri gibi yaşamayan kadınlarla kadınlık paydasında eşitlenmemek için, taşı ilk atan olma hakkını görüyorlardı kendilerinde.

Birazdan kopacak fırtınanın mesulü değilim, diyor. İçine doğru akmakta olan kelimelere aldanıp. Ağzını açtığı anda, ancak böyle zamanlarda çıkıp gelen, ama nereden geldiğini kendisinin de asla bilmediği ses tonu, bütün salonu etkisi altına alacak.

"Hiçbir kitabını okumadığınız bir yazarı dinlemeye niye geldiniz? Hiçbir kitabımı okumadığınız için sizden özür mü dilemem gerekiyor?"

Kahverengi ceketli adam hiç böyle bir cevap beklemiyor. Dönüp arkasına bakıyor. Salondan güç almak istiyor. Salon henüz kimi tutacağına karar verememiş. İki başörtülü kız var, sanki şimdiden kimi tutacağı belli olan. Diğerleri öyle sanıyor. Halbuki o iki başörtülü kızın da verilmiş bir kararı yok. Kızlardan biri kendince bir karşı çıkışa hazırlanmış bile. Fırsat bekliyor. Yazdıklarınızda geleneksel dünyanın izlerini fazla öne çıkarıyorsunuz, diyecek fırsatını bulsa. Diyecek ve takdir görecek, kitaplarını okumadık diye atış yapanlardan. Böylece kitaplarını okumuş ama beğenmemiş birinin takviyesiyle, kale, muhkem bir ortaçağ şatosuna dönüşecek.

Oturum başkanı, soğukkanlı bir söyleşiden ziyade elektrikli bir hava istediğini belli ediyor.

Bulmuşken vurmak, diyor, yaşadığı ânı kavramlaştırmaya çalışırken. Bulmuşken vurmak. Burada olmasaydı vuramayacaklardı. Bulmuşken vurmak.

Mikrofonu eline alıyor, ayağa kalkıyor, salondaki bütün yüzleri hafızasına yerleştirmeye çalışırken susuyor. O sustukça mırıltılar azalıyor. Mutlak bir sessizlik. "Emanete verilecek bir bedenim ve kiralanacak bir yüreğim yok" diyor bir şiirin mısralarında gezinir gibi. Tarafsız bir yüz seçmek istiyor. Anlamdan yana taraf olmuş bir yüz. En azından burada olmanın anlamına sadık kalmış bir yüz arıyor. Salondaki Türklerin Almanlardan daha öfkeli olduğunu seçebiliyor yalnızca.

"Bir edebiyatçı, dünyayı eksiltmek için sığınmaz kelimelere. Dünyanın manasını çoğaltmak için, perdelerden bir perde açabilmek için kendi bedenini katar yazdıklarına. Neye karşı çıktığınızı bilmiyorum. Bildiğim, şu an bana karşı çıkmanın size iyi geldiği. Sizin öfkenizi çoğaltmaktan yana kullanmayacağım tercihimi. Bir kitabın sayfalarında buluşmuş olsaydık geri çekilmezdim. Ama siz, okumadığınız kitaplardan yola çıkıp kavga etmek istiyorsunuz."

Oturum başkanı sözünü kesiyor. "Hayır, hayır. Gerilim çıkaracak cümleler söylemeyelim lütfen."

"Gerilim!? Peki" diyor. Keskin bir peki. Teslimiyet renginin sızmadığı bir peki. "Bulmuşken vuruyorsunuz. Hiç gelmedim. Burada yoktum. 'Başlangıçtan Günümüze Türk Kadın Romancıları' diye bir oturum hiç düzenlenmedi. Ben, ilk Türk kadın romancısı Fatma Aliye Hanım'ın yaşadığı dönem ile kendi yaşadığım dönemin edebî kamusunun portresini çıkarmak üzere davet edildiğimi zannediyordum. Ama şu an görüyorum ki, bağcının kanı isteniyor. Üzümler önemsiz."

Yavaşça iniyor kürsüden. Önce bir sessizlik, arkasından bir uğultu kopuyor. Fatma Aliye, kendisini davet eden sergilere yalnız kitaplarını göndermişti. Yalnız.

Oysa şimdi kitapları değil, kitapları yazan bedenleri istiyorlar. Vurmak için. Bedenini hiçbir yere götürmeyecekti bundan böyle. Bedenini? Bir ruh olarak yaşamak mümkün müdür? Değmeden ve dokunmadan. Bedenimiz sınırlarımız mı? Benim bedenim, onların dünyasını sınırlayan bir duvar gibi nasıl görülebilir!?

"Sizden korkuyoruz. Çünkü siz örtülüsünüz!"

Kim söylüyor bunu? Kalabalığa boşuna bakıyor. Söyleyeni görebilmeyi ne kadar çok istiyor.

İndiği kürsüye tekrar çıkıyor. Oturum başkanının şaşkın bakışlarına aldırmadan mikrofonu eline alıyor. Kapalı. Kim kapatmış? Biraz önce açıktı. Yavaşça açıyor mikrofonu. Böyle zamanlarda kendisini bile şaşırtan ses tonu, bütün salonu ele geçiriyor.

"Biraz önce bir cümle duydum. Sizden korkuyoruz çünkü örtülüsünüz, dedi. Muhtemelen Türk asıllı birisiydi. Bir erkek. Seslerin cinsiyetini ayırma yeteneğim devam ediyorsa, evet bir erkeğe ait idi o cümle. O cümle için, biraz önce indiğim yere geri döndüm. Her şeyi göze alarak yeniden çıktım. Evet, göze alarak. Göze alarak diyorum. Altını çizin. Yani korkmuyorum. Çünkü kendimden eminim. Kendimden emin olmam, sizlerden korkmamı engelliyor. Niyetimi biliyorum. Sözü şuraya getireceğim..."

Bütün salon tek kare çekilmiş bir fotoğraf gibi gözüküyor. Sessiz. Belirsiz. Herkes tek bir duruştan ibaretmiş gibi.

"O sesteki korku gerçekti. Ben gerçekten birini korkutuyor olabilir miyim? Yıllar önce Pierre Loti, kendisiyle tanışmaya gelen üç Osmanlı kadınına, yüzlerini görmediği için onlardan korktuğunu söyler. Kendisine muhabbet sunmak için her şeyi göze alarak gelmiş olan üç muhibbine, yüzlerini göremediği için onlardan korktuğunu söyler. Korku kimden neşet etmektedir? Yüzünü göstermeyip kalbini verenden mi? Kalbini kilitleyip yüzünü maske niyetine taşıyandan mı? Ey sesi ve korkusu kalbime değen! Bir gecede sizin korkularınızı gideremem. Ama lütfen şunu düşünün."

Salonda bir dalgalanma oluyor. Yine de herkes tek kare fotoğraf.

"Şunu düşününüz lütfen. Korkularınızın sahibi kim? Siz korkunuzu kendi bedeninizde kimin adına ve niçin misafir ediyorsunuz? Korkuya bu kadar teşne olmasaydık ve 'gözetleme kültürünü' bu kadar içselleştirip içimize sindirmeseydik, şu an belki de dünyanın hiçbir yerinde hiç kimse, o beni öldürecekti öyleyse ben önce davrandım ve onu öldürdüm diyemeyecekti.

Ben korkmuyorum! Sahibimiz Allah."

Yavaşça iniyor kürsüden. Anlatmak üzere geldiği Fatma Aliye Hanım'ı esasında tam o anda anladığını idrak ediyor. Chicago sergisine gitmeyen Fatma Aliye'yi.

Berlin'e hiç gelmemeliydi.

Oturum başkanı taş kadar katı. Bir teselli veriniz Fraulein. Nezaketen bir iki cümle…

Sadece bir uğultu yükseliyor salondan.

Tarihi yazan bu uğultu mu?